互联网环境下知识产权民事诉讼制度研究

相庆梅 ◎ 主编

中国法制出版社
CHINA LEGAL PUBLISHING HOUSE

序　言

互联网的普及和广泛使用正深刻地改变着人们的生活方式，给经济社会带来巨大的变化。2021年9月26日，中国网络空间研究院在世界互联网大会乌镇峰会上发布了《中国互联网发展报告2021》和《世界互联网发展报告2021》蓝皮书。《中国互联网发展报告2021》系统全面客观地反映了一年来中国互联网的发展情况，根据该报告，我国的网民数量从10年前的5亿人增长到现在的10亿人，互联网的普及率超过70%。由此可见，网络已彻底改变了人们的生活方式，我国真正进入了互联网时代。

与此同时，随着科技创新的增强，我国已成为知识产权大国。互联网环境下的知识产权保护面临很多新情况、新问题。在知识产权保护的全链条里，知识产权的民事司法保护是最重要的一环。随着知识产权立法和司法的不断完善，我国知识产权维权"举证难、赔偿低、周期长、成本高"等问题得到有效缓解。而这些法律制度的发展和创新，一方面提高了知识产权案件审判程序的规范性和完备性，加大了知识产权司法保护力度；另一方面也方便和鼓励了知识产权权利人积极维权，为产业发展提供了一个稳定、公平、透明、可预期的法治化营商环境。

但是，不能否认的是，由于新技术、新产品、新业态不断出现，新类型案件增多，审理难度增加，网络环境下新类型知识产权的权利属性、保护范围依然面临新的挑战。本书以当前知识产权理论和实践中的热点问题为研究对象，对互联网环境下知识产权诉讼的法律适用问题进行了梳理，同时对确认不侵权之诉、诉前行为保全、知识产权领域的禁诉令等问题进行了探索。

希望本书的研究能够对知识产权民事诉讼的前沿和热点问题研究贡献微薄之力。

本书分工：第一章，相庆梅；第二章，梁喆旎；第三章，段晓琪；第四章，史云朋；第五章，穆启鹏；第六章，薛丽丽；第七章，蔡珊姗；第八章，杜怡晴；第九章，洪图。

目录 CONTENTS

第一章 互联网环境下民事纠纷的法律适用 / 001

第一节 互联网对民事纠纷法律适用的挑战 / 001
一、互联网全球化对传统民事法律制度的挑战 / 001
二、互联网对民法调整对象范围的挑战 / 002
三、互联网对民事法律行为意思表示的挑战 / 003
四、互联网对民事行为能力认定的挑战 / 004
五、互联网对连接点的挑战 / 005

第二节 互联网环境下知识产权网上侵权行为的法律适用 / 005
一、网上知识产权侵权责任的立法梳理 / 006
二、网上侵权的归责原则 / 008
三、网上侵权责任的构成要件 / 009
四、我国网上侵权责任制度存在的问题 / 021
五、完善我国网上侵权纠纷法律适用的建议 / 025
六、涉外网上侵权的法律适用问题 / 028

第三节 互联网环境下电子合同的法律适用 / 035
一、电子合同概述 / 035
二、电子合同的形式要件 / 037

三、电子合同的实质要件 / 041

四、电子合同的签名要件 / 047

五、电子合同的成立与生效 / 055

六、涉外电子合同的法律适用 / 060

七、解决涉外网络合同法律适用困境的方案 / 062

第二章　互联网环境对民事诉讼的挑战 / 065

第一节　互联网环境对民事诉讼当事人的影响 / 066

一、互联网环境下的当事人诉讼权益 / 066

二、当事人的信息安全 / 070

三、当事人的诉讼能力 / 072

四、当事人诉权滥用的规制 / 074

第二节　互联网环境对民事诉讼管辖的挑战 / 076

一、互联网法院的管辖范围 / 076

二、涉网管辖连接点的确定 / 079

三、协议管辖条款的效力 / 082

第三节　互联网环境对民事诉讼证据制度的挑战 / 084

一、电子证据的收集 / 085

二、证明责任分配 / 087

三、证据证明力的认定 / 089

第三章　知识产权确认不侵权之诉研究 / 092

第一节　知识产权确认不侵权之诉概述 / 093

一、知识产权确认不侵权之诉的概念 / 093

二、知识产权确认不侵权之诉的制度价值 / 094

第二节　知识产权确认不侵权之诉的理论基础 / 095
一、知识产权确认不侵权之诉的法律性质 / 095

二、知识产权确认不侵权之诉的诉之利益 / 098

第三节　我国知识产权确认不侵权之诉的立法和司法考察 / 099
一、知识产权确认不侵权之诉的立法考察 / 099

二、知识产权确认不侵权之诉的司法考察 / 101

三、我国知识产权确认不侵权之诉立法和司法分析 / 107

第四节　我国知识产权确认不侵权之诉制度的完善 / 109
一、将案由覆盖所有知识产权权利种类 / 110

二、进一步明确受理条件 / 110

三、确认不侵权之诉的举证责任分配 / 116

四、知识产权确认不侵权之诉与他诉合并的问题 / 117

第四章　专利侵权损害赔偿标准适用探究 / 120

第一节　我国专利侵权损害赔偿标准梳理 / 120
一、《专利法》有关损害赔偿标准制度沿革 / 120

二、2020年修改的《专利法》中关于损害赔偿标准的变化 / 122

第二节　专利侵权损害赔偿标准适用中的问题 / 123
一、惩罚性赔偿规则适用方面存在的问题 / 123

二、法定赔偿标准适用方面存在的问题 / 129

三、其他损害赔偿标准适用方面存在的问题 / 133

第三节　专利侵权损害赔偿标准的比较考察 / 136
一、美国专利侵权损害赔偿适用标准 / 136

二、德国专利侵权损害赔偿适用标准 / 139

三、日本专利侵权损害赔偿适用标准 / 142

四、外国专利侵权损害赔偿标准对我国的借鉴意义 / 144

第四节　完善我国专利侵权损害赔偿标准适用的建议 / 145

　　一、完善我国专利侵权损害赔偿标准的立法建议 / 145

　　二、我国专利侵权损害赔偿标准适用的司法完善 / 148

　　三、完善其他配套制度 / 156

第五节　结　论 / 157

第五章　涉外知识产权诉讼中的禁诉令制度研究 / 159

第一节　禁诉令制度概述 / 159

　　一、禁诉令的概念和分类 / 159

　　二、禁诉令的起源和发展 / 160

　　三、禁诉令的功能 / 162

第二节　我国涉外知识产权诉讼中禁诉令适用的实践分析 / 163

　　一、涉外知识产权诉讼中禁诉令适用案件梳理 / 163

　　二、典型案例分析 / 164

第三节　确立我国涉外知识产权诉讼禁诉令制度的必要性 / 167

　　一、我国涉外知识产权领域建立禁诉令制度具有现实急迫性 / 168

　　二、我国涉外知识产权领域确立禁诉令制度的理论必要性 / 170

第四节　域外禁诉令制度比较分析 / 174

　　一、英国禁诉令制度 / 174

　　二、美国禁诉令制度 / 175

　　三、欧盟禁诉令制度 / 176

　　四、域外禁诉令制度借鉴 / 177

第五节　涉外知识产权诉讼中禁诉令制度的具体构建 / 177

　　一、确立单独的禁诉令制度 / 177

　　二、明确规定禁诉令的具体内容 / 178

　　三、明确签发禁诉令制度的考量因素 / 181

第六章　商标侵权诉讼中的诉前禁令 / 185

第一节　商标诉前禁令制度概述 / 185
一、诉前禁令的概念 / 185
二、诉前禁令产生的原因 / 186
三、诉前禁令的特征 / 186
四、商标诉前禁令的概念及其特殊性 / 189

第二节　我国商标诉前禁令的立法现状及评析 / 192
一、我国商标诉前禁令的立法现状 / 192
二、我国商标诉前禁令的立法评析 / 193

第三节　域外商标诉前禁令的比较研究 / 194
一、美国 / 195
二、英国 / 200
三、《TRIPS 协定》的临时措施中关于商标诉前禁令的研究 / 201

第四节　我国商标诉前禁令的完善建议 / 202
一、完善商标侵权认定标准 / 202
二、完善"不可弥补的损害"的判断标准 / 203
三、明确商标诉前禁令核发的考察因素 / 204

第七章　著作权侵权惩罚性赔偿司法适用研究 / 206

第一节　著作权惩罚性赔偿的概念与区分 / 206
一、惩罚性赔偿的概念与发展起源 / 206
二、惩罚性赔偿、补偿性赔偿和法定赔偿的关系 / 207

第二节　我国惩罚性赔偿司法适用现状 / 209
一、适用惩罚性赔偿的分析路径 / 210
二、举证妨碍制度适用 / 215

第三节　惩罚性赔偿制度完善的合理建议 / 217

一、放宽惩罚性赔偿制度事实认定的要求 / 217

二、改进侵权损害赔偿的程序适用 / 218

三、完善惩罚性赔偿的倍数适用的具体情形 / 219

四、著作权人主动适用惩罚性赔偿的维权意识 / 219

五、结语 / 219

第八章　知识产权民事诉讼中证据提出命令研究 / 221

第一节　知识产权民事诉讼中证据提出命令制度的价值 / 223

一、更好查明案件事实 / 223

二、实现诉讼平等 / 224

三、贯彻协同主义 / 225

第二节　知识产权民事诉讼中证据提出命令制度现状考察 / 226

一、知识产权民事诉讼中证据提出命令相关规定梳理 / 226

二、知识产权民事诉讼中证据提出命令制度相关规定分析 / 228

三、知识产权民事诉讼中证据提出命令制度典型案例梳理 / 231

四、知识产权民事诉讼中证据提出命令制度实践问题分析 / 234

第三节　域外知识产权民事诉讼中证据提出命令制度分析 / 237

一、大陆法系国家（地区）证据提出命令制度分析 / 237

二、英美法系国家证据开示制度分析 / 241

三、比较研究小结 / 242

第四节　知识产权民事诉讼中证据提出命令制度的完善建议 / 243

一、证据提出命令制度层面的完善建议 / 243

二、证据提出命令司法层面的完善 / 249

第五节　结　论 / 251

第九章　知识产权纠纷多元解决机制研究 / 253

第一节　知识产权纠纷多元解决机制概述 / 253
一、知识产权纠纷的概念和特征 / 253
二、知识产权纠纷多元解决机制的概念和内涵 / 256
三、知识产权纠纷多元解决机制确立的必要性 / 257

第二节　知识产权纠纷多元解决机制境况分析 / 259
一、我国知识产权纠纷多元解决机制的境况 / 259
二、我国知识产权纠纷多元解决机制中存在的问题 / 261

第三节　域外典型国家知识产权纠纷解决机制研究 / 270
一、美国知识产权纠纷解决机制 / 270
二、日本知识产权纠纷解决机制 / 273
三、对域外典型国家的知识产权纠纷多元解决机制的思考 / 275

第四节　我国知识产权纠纷多元解决机制的完善 / 276
一、知识产权纠纷诉讼解决机制的完善 / 276
二、知识产权纠纷行政解决机制的具体完善 / 278
三、知识产权纠纷仲裁解决机制的完善 / 279
四、知识产权纠纷民间 ADR 机制的完善途径 / 280
五、做好不同纠纷解决机构之间的协调 / 281

第一章
互联网环境下民事纠纷的法律适用

随着互联网时代的到来,传统民法规则的适用注定面临来自诸多方面的挑战。在民事纠纷领域,受其影响最明显的当数合同和侵权纠纷的法律适用问题。而互联网对传统民事纠纷法律适用的挑战,也包含着对传统知识产权纠纷法律适用的挑战,为此,本章着重以传统民事纠纷在实体法层面所面临的冲突为研究对象。

第一节 互联网对民事纠纷法律适用的挑战

一、互联网全球化对传统民事法律制度的挑战

民法是调整普通民事主体之间在民事生活过程中所发生的权利义务关系的法律规范的统称。民事立法以民事关系为规范对象,以国界地域范围为适用空间;而民事生活关系是一定时期社会经济生活的一个方面。因此,在各国市场独立存在的情况下,各国的法律和法制也相对独立,彼此虽然有着不少共同点,但差异仍然是矛盾的主要方面,即使在相同法系的不同国家之间,在相关法律方面往往存在很多不协调甚至相互冲突的现象。然而,网络环境的开放性将由地理上国界地域分隔开来的各国密切联系在一起,在这个虚拟的网络环境中,地理概念上的国界地域彻底消失。网络环境的开放性特征和全球经济一体化趋势,将使网络环境中的民事生活具有更多的共同性和普遍性,客观上要求具备与之相适应的法律环境,要求网络民事活动应当遵循一

致或相同的规则;在此条件下,全球范围的法律理念、法律价值观、执法标准与原则乃至法律和法制将逐步走向一致,此即法律的全球化。[①] 可见,网络环境的无国界性特征和网络交易的快速发展在客观上要求原来那些被隔开的不同国家的法律制度开展对话,各国民事立法在网络环境中要趋向一致;与此相应,以国界地域为单位和以法律形成的历史传统及法律制度特色作为法系划分的理论在网络环境下遇到前所未有的挑战。

二、互联网对民法调整对象范围的挑战

一般认为,现行民法在宏观调整对象上主要包括财产关系和人身关系。互联网对民法调整对象的宏观影响在于它使得信息财产权关系成为民法的重要乃至主要的调整对象;在微观方面主要体现在它既拓展了其中的财产关系,也拓展了其中的人格关系。

一方面,网络环境的特征使得信息产权关系成为民法的重要调整对象。由于网络环境的开放性为任何主体进入其中进行信息交流提供了无比方便的条件,互联网使信息成为包括民事生活在内的社会生活中具有重要乃至决定意义的事物,互联网甚至被称为"信息之网"。同时,网络的互联互通和数字化为利用网络进行信息收集、加工和传播提供了极好的条件,从而使网络上分散的信息经过加工、处理后具有更大的使用价值,并使之成为重要的交易对象。但在网络时代这些信息的作用已经变得越来越大,有时,其作用在某些方面甚至超过某些知识产权。因此,客观上又要求必须将那些基本上不具有独创性但具有经济价值、没有公开的信息库及个人资料的支配关系等纳入民法的调整范围,赋予主体一定范围的支配权,从而对充分发挥有关主体提供信息的积极性、合理规范网络秩序具有重要意义。[②] 事实上,除了个人信息权、信息财产权,传统的财产权在网络时代也将面临信息化的趋势。由于传

---

① 刘德良:《民法学基本理论在网络时代所面临的问题》,载《比较法研究》2004 年第 4 期。

② 刘德良:《民法学基本理论在网络时代所面临的问题》,载《比较法研究》2004 年第 4 期。

统的知识产权在本质上是主体对其知识信息的独占权，加上传统的物权在网络时代将面临广泛的债券化趋势，这种证券化的物权在网络环境下进行交易也主要是以信息交易的方式进行的。而且，由于非独创性信息库在网络时代的地位和作用也日益提升，逐渐体现出财产关系，也需要民法及时地作出相应的调整。

另一方面，网络环境的技术性和数字化特征，使得作为主体在网络空间的位置和标志的域名日益体现出财产性质，并因此需要法律作出相应的调整。虽然，域名从产生及其直接作用上看，无非计算机在互联网络上相互通信或彼此识别的 IP 地址的外在翻译形式，但其实际使用的结果却能够成为有关主体在网络环境中的标志。这种标志，对于商人而言，它可以成为其商业信誉的载体，因而具有像商标、商号一样的无形资产性质；对于非商人而言，它也是主体在网络环境中的标识符，虽不直接涉及财产关系，但因其是主体在网络环境中的化身，成为主体网络人格的标志，因此，对其进行类似于姓名权或名称权的侵害，不仅会对主体的人格利益造成损害，还会间接伤害主体的财产利益。在目前的实际使用中，不仅经常出现所谓的"恶意抢注""域名盗用""域名侵犯在先商标权、商号权"等纠纷，还会出现因将他人在先"知名域名"注册为商标、商号等而产生的纠纷以及利用与他人域名相似的域名进行有损于域名使用人的名誉或商业信誉等而产生的纠纷。所有这些纠纷的产生和存在，乃至在司法过程中出现法律适用的不统一问题，显然与法律缺位密切相关。因此，我们不能无视域名及其使用过程中所产生的这些问题，必须将它纳入现行法律的调整范围。

总之，互联网络对民法调整对象的宏观影响在于它将使网络虚拟财产权、信息产权、信息财产权关系成为网络时代民法的重要乃至主要调整对象，传统民法也亟须对此作出回应，并从法律规则的适用上及时进行调整。

三、互联网对民事法律行为意思表示的挑战

法律行为是指法律主体旨在实现设立、变更或消灭某种特定的法律关系的手段或方式。现行民法理论认为，民事法律行为是当事人之间旨在设立、变更、终止彼此间的民事权利义务关系的意思表示行为，在现实环境条件下，

其意思表示行为的方式通常有口头、书面、默示形式等。其中，口头形式多适用于即时结清及小额交易；书面形式多适用于非即时结清和大额交易；默示形式只适用于双方当事人之间存在特定关系的情形。总体而言，书面形式具有比口头形式和默示形式更加广泛的适用范围，因此，现行交易制度基本上是以书面形式为基础进行构建的，书面形式也因此成为现行民商法上许多重要制度的基础。在很多情况下，书面形式成为民事活动和交易制度的法定要件，违反此要件可能产生不受法律保护的后果。

在网络环境中，互联网的虚拟性及网络行为的非谋面性、数字化、无纸化特征使得主体在互联网上进行民事活动时，彼此既不能在面对面的情况下以口头形式进行意思表示，又不能通过传统的书面形式进行意思表示，而只能通过敲击键盘或点击鼠标或由计算机程序自动控制等方式完成。换言之，在网络环境下，人们的一切行为都是以数据电文或数字通过自动化的方式表示的，这将使传统的民事法律行为意思表示方式在网络环境下面临困境。其困境不仅在于这种意思表示方式是否能够得到现行法律的肯认，还在于如何根据这种意思表示方式的特点构建相应的意思表示规则。显然，这种数字化和无纸化的意思表示方式，不能直接归入现行意思表示方式中的任何一种。那么，这种自动化工具的使用，是否应该被视为介入了"传达人"，当发生意思表示错误时，可否适用现行民法有关意思表示错误的规则等仍不无疑问。因此，这种无纸化、数字化、自动化的意思表示方式的效果如何，应当遵循何种规则等，都是网络时代的民事法律行为制度所必须解决的问题。

四、互联网对民事行为能力认定的挑战

现行民法理论认为，民事法律行为的效果是由行为主体的适格性、行为内容的合法性、意思表示的真实性等因素决定的。就行为主体而言，有效的民事法律行为应当由适格的民事主体所为。从现行的民法理论和法律规定来看，对于自然人作为民事主体而言，其是否适格通常是由主体的年龄、心理健康状况两个方面共同决定的；对于非自然人而言，其是否适格，通常是看其是否通过登记或批准而取得相应的主体资格。在现实环境中，无论是对于自然人，还是对于非自然人的适格性问题，当事人大多可以通过实际接触和考察进行了解，通过形成的视觉或听觉效果做出正确的判断，从而决定是否应与对方进行民事活动。在网络环境下，网络的开放性、技术性、虚拟性和网络行为的非谋面性特征使得任何人都能够利用网络进行民事活动，网络民事法律行为的双方当事人由于不能通过实际接触等传统方式了解彼此的真实身份、年龄、健康状况、是否已经通过登记取得主体资格等影响意思表示效果的重要因素，因此，在网络环境下如何解决民事行为能力或主体的适格性判断问题，已经成为民法理论和民事立法所必须关注的问题。

五、互联网对连接点的挑战

在传统国际私法中，连接点是确定民事行为法律适用的主要依据。通过连接点，我们可以确定涉外民事法律行为所适用的某一国家的法律。但是在网络环境下，由于互联网具有无国界性和虚拟性的特点，网络行为难以确定一个准确的连接点的情况是经常出现的。以侵权结果地为例，在传统侵权中，侵权结果发生地经常只局限在某一个或某几个地方，但在互联网环境下，侵权行为的实施结果却可以通过网络传输到世界各地。这必然对侵权结果发生地的确定带来极大的困难，而将其作为连接地确定所要适用的某国法律更是困难重重。更重要的是，由于互联网的迅速发展，很多国家的实体法难以跟上。有时甚至会出现根据连接点确定适用某国法律后，却发现该国实体法对此没有规定的情况，即所谓的准据法落空。所有这些都是传统国际私法在互联网环境下需要考虑和面对的问题。

第二节 互联网环境下知识产权网上侵权行为的法律适用

互联网作为一个虚拟的网络空间，虽然和现实社会有许多不同，但网络空间仍是现实社会的反映。当我们在网络上使用或传播文字、照片、图片、音乐、影片时，都可能构成侵权。当在网上发生纠纷时，人们一般习惯于用网下的相关权利涵盖网上的法律权利，认为传统侵权法完全可以调整网络。但是，由于网上网下的传播方式与技术手段不同，且互联网活动具有隐蔽性，作为一种在网络环境中繁衍的知识产权违法形式，知识产权网上侵权行为表现出与传统侵权行为的诸多不同，它在责任主体、侵权客体、归责原则、责任构成及责任形态等方面有其特殊性。

一、网上知识产权侵权责任的立法梳理

知识产权侵权是民事侵权的一种情形，因此有关网络侵权的法律规定同样适用于网络知识产权侵权，下面首先梳理与知识产权侵权有关的网络侵权法律规定。2006年，国务院颁布了《信息网络传播权保护条例》，对信息网络传播权的保护作出了全面且具体的规定。该条例规定了著名的避风港规则，即通知删除规则。其具体内容为"网络服务提供者接到权利人的通知书后，应当立即删除涉嫌侵权的作品、表演、录音录像制品，或者断开与涉嫌侵权的作品、表演、录音录像制品的链接，并同时将通知书转送提供作品、表演、录音录像制品的服务对象；……"[①] 从通知删除的程序安排上，该条例采用的是"通知—删除—转通知—反通知—恢复"的程序。

2010年7月《侵权责任法》(已失效)正式实施，并在第36条对网上侵权进行了规定。第36条共包括3款，即网络用户、网络服务提供者利用网络侵害他人民事权益的，应当承担侵权责任。网络用户利用网络服务实施侵权行为的，被侵权人有权通知网络服务提供者采取删除、屏蔽、断开链接等必要措施。网络服务提供者接到通知后未及时采取必要措施的，对损害的扩大部分与该网络用户承担连带责任。网络服务提供者知道网络用户利用其网络服务侵害他人民事权益，未采取必要措施的，与该网络用户承担连带责任。[②] 在条文内容上，第1款为网上侵权的一般规则，第2款为避风港规则，第3款为红旗规则。从通知删除的程序上，《侵权责任法》并未借鉴《信息网络传播权保护条例》有关反通知的规定，而仅仅规定了通知并采取必要措施程序。

2019年1月《电子商务法》正式实施。为了加强电商平台的知识产权保护义务，该法从第41条到第45条共用5个条文规定了电商平台的侵害知识

---

① 《信息网络传播权保护条例》第15条。
② 《民法典》第1194条、第1195条。

产权责任。《电子商务法》最大的亮点在于规定了有效通知以及反通知的相关内容，其第 43 条规定"平台内经营者接到转送的通知后，可以向电子商务平台经营者提交不存在侵权行为的声明。声明应当包括不存在侵权行为的初步证据。电子商务平台经营者接到声明后，应当将该声明转送发出通知的知识产权权利人，并告知其可以向有关主管部门投诉或者向人民法院起诉。电商平台经营者在转送声明到达知识产权权利人后十五日内，未收到权利人已经投诉或者起诉通知的，应当及时终止所采取的措施"。可见，在《电子商务法》中，《侵权责任法》中简单的"通知—删除"规则又细化为类似于《信息网络传播权保护条例》中的"通知—删除—反通知—恢复"，整个程序更加完整充实，能够更好地平衡各方利益。

2021 年 1 月《民法典》正式实施。《民法典》吸纳了《信息网络传播权保护条例》和《电子商务法》的相关规定，对《侵权责任法》的相关条文进行了调整和完善。其主要亮点包括：明确了网络服务提供者对于权利人通知的转通知义务，增加了反通知的规定；增加了有效通知的规定；明确了权利人错误通知造成损害承担侵权责任的规定；明确了网络服务提供者承担间接侵权责任的主观要件为"知道或者应当知道"。总体上，民法典侵权责任编采各家之所长，将通知删除的程序最终优化为"通知—转通知（采取必要措施）—反通知—二次转通知—（合理期限内未回复）恢复"程序。

必须指出的是，从《信息网络传播权保护条例》到《侵权责任法》和《电子商务法》，最后到《民法典》，是从专门立法到一般立法，再到专门立法，又到一般立法的过程，体现了我国在网络服务提供者侵权责任认定领域的立法探索。尽管上述法律均涉及了网络侵权问题，但其调整对象还是有很大差异的。总体来说，《信息网络传播权保护条例》调整的是涉及信息网络传播权的纠纷；《电子商务法》调整的范围则涉及电商平台在知识产权领域的侵权问题，且其第 2 条还明确规定信息网络传播权不在其调整范围。因此，对于司法实践中大量出现的因信息网络传播权而引发的侵犯知识产权纠纷，并不涉及《电子商务法》的适用问题。至于《侵权责任法》和《民法典》则是从民事权益的角度泛泛加以规定，且其作为一般法之地位也决定了其是网上侵权纠纷适用的主要法律依据。

二、网上侵权的归责原则

归责（imputation）一词，在德国学者拉伦茨看来是"负担行为之结果，对受害人而言，即填补其所受之损害"。道茨奇认为是"决定何人，对于某种法律现象，在法律价值判断上应负担其责任而言"[①]。归责原则（criterion of liability），是指根据何种标准和原则确定行为人的侵权民事责任，它解决的是侵权的民事责任之基础问题。[②]

侵权的归责原则在侵权法中的地位举足轻重，在侵权责任中居于核心地位，直接决定着责任构成要件和举证责任规则，损害赔偿原则和方法体现了侵权行为规制的立法取向和价值功能。承担过错责任的基础是侵权人的过错，承担无过错责任的基础不是过错而是法律的规定。侵权法的归责原则是对各种具体侵权案件的可归责事由（责任基础）进行的一般性抽象，抽象出同类侵权行为共同的责任基础。我国侵权法的责任基础一般抽象为过错责任和无过错责任。[③] 此外，一般认为，除了这两种归责原则之外，还有第三种归责原则，即公平责任，其依据在于《民法通则》（已失效）第132条的规定："当事人对造成损害都没有过错的，可以根据实际情况，由当事人分担民事责任。"但多数学者认为公平责任仅是责任承担的一种分配原则，本身并不是一种归责原则。

网上侵权适用何种归责原则的讨论，直接影响网络服务提供者等民事主体的责任。回顾网络服务商侵权的归责原则，在早期国际上适用的是严格责任。1995年美国颁布的《知识产权与国家信息基础设施：工作组关于知识产权的报告》中明确反对以网络服务提供者在主观上知道侵权行为的发生和具备制止侵权行为的能力作为其承担责任的前提条件。[④] 其后，法国、德国等

[①] 王泽鉴：《民法学说与判例研究》（第五册），中国政法大学出版社2001年版，第272页。
[②] 张新宝：《侵权责任法》，中国人民大学出版社2006年版，第20页。
[③] 张新宝：《侵权责任法》，中国人民大学出版社2006年版，第20页。
[④] 陈杭燕、钱腾飞：《论网络服务提供者的侵权责任》，载《吉林工商学院学报》2011年第4期。

国家修订后的知识产权法都有类似规定。但各国立法者很快意识到上述归责原则的弊端：让网络服务商承担严格的监控义务，严重超出了网络服务商的实际控制能力，不利于这种新兴产业的发展，也不能在根本上保障权利人的权益不受侵犯。此后，以1998年美国《数字千年版权法》（DMCA）的出台为标志，各国纷纷确立了网上侵权的过错责任原则。笔者认为，对网络服务商采取较严格的责任，当然会最大限度地保护权利人权益，但也会使网络服务商将更多精力投入防止侵权和避免承担责任中，不利于互联网产业的发展，最终也不利于整个社会的进步。[①] 更重要的是，网络服务商不同于传统媒体，网络的特点决定了网络服务商对海量信息进行筛选和审查是根本无法实现的；为了一个根本无法实现的目标而牺牲互联网产业的健康发展并非明智之举。因此，对于网上侵权责任的归责，依然采用传统侵权行为中通用的过错原则是一个较为稳妥的选择。《民法典》关于"通知—删除"规则的规定，既能给网络服务商提供一个免除法律责任的"安全港湾"，又能对网络行为做出相应的约束，明确在何种情况下网络服务提供商应当承担侵权责任，以促进其进行自我约束和自我保护、维护权利人的合法权益，从而最终实现网络用户、网络服务商和社会公众之间利益的平衡。

三、网上侵权责任的构成要件

网上侵权作为网络环境下的一种新的侵权行为，其侵权主体多样，侵犯的客体种类繁多，且侵权行为方式也复杂多样，下面结合网上侵权责任的构成对其进行分析。

侵权行为的构成要件，是指构成具体侵权行为的各种作为必要条件的因素。构成侵权行为，应具备法律规定的全部构成要件，缺乏任何一个构成要件，则不构成侵权行为。由于网上侵权归责原则为过错责任原则，其构成要件应适用一般侵权责任。基于过错责任原则认定的一般侵权行为的构成要件，主要有两种主张：一是三要件说，法国民法持此主张，认为侵权行为构成要

---

① 张新宝：《互联网上的侵权责任》，载《中国人民大学学报》2010年第4期。

件有三个,即损害事实、过错、因果关系。二是四要件说,德国民法持此主张,认为侵权行为的构成要件有行为的违法性、损害事实、过错、因果关系。我国民法理论的通说认为侵权责任由四要件构成。下面,我们就以四要件说为基础来分析网上侵权行为的构成要件。

(一)行为人的行为违法性

1. 关于网上侵权的行为人

在传统侵权中,侵权行为人的界定比较简单。但是在网络环境下,如何理解侵权人是极其复杂的问题。根据《民法典》第1194条的规定,网上侵权主体包括网络用户和网络服务商两类。对于利用网络服务商的服务在互联网空间进行各种活动的人,被称为网络用户。网络用户包括自然人用户和企业用户,对于他们是网上侵权的主体毫无争议,[①] 需要讨论的是网络服务商这一主体。网络服务商的界定和范围目前依然是有争议的问题。在《侵权责任法》制定时,有学者提出了如下观点,"网络侵权主体分为网络用户、网络中产品和服务的提供者和网络经营者。网络服务和产品的提供者主要是指利用因特网从事以营利为目的的经验活动,以及为经济组织进行形象设计、产品宣传、拍卖和发布广告的市场主体"[②]。该观点主要是从网络服务商的市场主体出发,而对网络服务商的技术性则未作出明确要求。也有观点认为,"网络经营者可以按照其具体职能分为:一是网络服务商ISP;二是网络接入服务商IAP,它包括联线服务、IP地址分配、电子布告板BBS;三是网络内容提供者IAP,通过设立网站提供信息服务,如新浪、YAHOO等门户网站;四是在线服务提供商,他们主要提供数据库、论坛等服务"[③]。多数学者认为应当按照网络服务提供者提供的服务内容进行分类,有学者认为"所谓互联网服务商包括网上信息经营者和上网服务者"[④]。也有学者认为"网络服务提供者可以分为联线服

---

① 张新宝:《互联网上的侵权责任》,载《中国人民大学学报》2010年第4期。
② 全国人大常委会法制工作委员会民法室编:《侵权责任法立法背景与观点全集》,法律出版社2009年版。
③ 全国人大常委会法制工作委员会民法室编:《侵权责任法立法背景与观点全集》,法律出版社2009年版。
④ 张玉瑞:《互联网上知识产权——诉讼与法律》,人民法院出版社2000年版,第186页。

务提供者和内容服务提供者"①。还有学者认为"网上林林总总的网络参加者大致可以分为三类，即网络内容提供者、网络服务提供者和网络信息获取者。第一类参加者，顾名思义，是选择信息并通过网络向公众提供的主体。第二类参加者包括网络服务商、电子布告板系统经营者等为网上信息传输提供设施、途径和技术支持的各类中介性的主体。第三类参加者则是指一切从网上获取信息的主体，包括为个人信息消费目的上网浏览的用户"②。但也有学者从很狭义的角度界定网络服务提供者，例如杨立新教授主持的《侵权责任法草案建议稿》中特别说明"网络服务提供者，专门指网络服务的内容服务提供者，而不包括仅仅提供联接服务的网络服务商"③。并且认为，针对《侵权责任法》第36条，"将该条进行不利于网络服务提供者的理解和解释，都是不正确的"④。

侵权责任法未能对网络服务者的概念和范围进行明确界定的做法一直延续到民法典。《民法典》第1194条依然简单给出了网络服务提供者的名词而未进行解释。由于民法典中的网络侵权条款主要是在我国已有的网络侵权规则基础上的更新，重点落脚于网络侵权行为与责任的相关规定，尤其是关于"避风港"规则的完善。并且，随着科技应用、商业模式的不断发展变化，内容分发网络服务商及其所服务的内容服务提供商对接口的自动化要求越来越高，网络服务提供者更深程度地参与到内容创作与提供的过程中，增强内容服务与技术服务互联互通是亟待解决的问题，对于概念的区分界定似乎无关宏旨。

对于这一问题，笔者认为，网络内容提供商（ICP）作为网络侵权的主体是毋庸置疑的。互联网内容提供商作为向广大用户综合提供互联网信息业务和增值业务的运营商，是一个为互联网提供新闻、信息、资料、音频或者视频内容的机构或企业，它包括提供互联网信息服务的各种门户网站和专业网站。纯粹的ICP通常以网站的面貌出现，通过接入互联网来向用户提供内容和信息服务，其本身就是一个互联网接入服务的用户。由于ICP通常是将自

---

① 沈仁干主编：《数字技术与著作权》，法律出版社2004年版，第208页。
② 薛虹：《网络时代的知识产权法》，法律出版社2000年版，第194页。
③ 杨立新主编：《电子商务侵权法》，知识产权出版社2006年版，第4页。
④ 杨立新：《〈侵权责任法〉规定的网络侵权责任的理解与解释》，载《国家检察官学院学报》2010年第4期。

己或者他人创作的作品经过选择和编辑加工后刊登在互联网页面上或者客户端上，供公众浏览、阅读、使用或者下载的，其对内容的选择和编辑存在一定程度的可控性，因此认定其构成《民法典》第1194条规定的网络侵权责任主体。

但是，将网络服务商仅仅理解为网络内容提供者并不妥帖。实践中，持有ICP证照进行经营的网站经营者，并不一定都是纯粹的网络内容提供者。例如，很多门户网站提供博客、论坛，这些博客、论坛上的文章并非网站自行上载，而是网络用户注册后上传的。于此意义上，不能将其称为网络内容提供者，而应是网络存储服务提供者。因此，对于网络服务提供者的理解，不能仅仅局限于网络内容提供者。而且，随着社会进入以云计算为代表的大数据时代，各种网络服务的分工愈加多样化，网上侵权的情况将更加严峻，本着救济被害人利益优先的原则，应尽可能扩大网络服务商的范围。为此，笔者认为，应将技术服务提供商也纳入网络服务提供者的范畴。一般而言，网络技术服务商包含依照其提供的服务形式能力采取必要措施的信息存储空间或者提供搜索、链接服务等网络服务的提供商，包括在自己网站上发表作品的网络内容提供者。正如有学者所言，它的组成比较复杂，有网络信息传输基础服务提供者、网络接入服务提供者、网络内容服务提供者、网络信息搜索服务提供者、网络链接服务提供者以及综合服务提供者等。①

当然，由于行业细分的加强，网络服务商的分类会越来越多，广义的网络服务商的外延确实已经很难界定。因此，也有学者提出之所以没有明确界定网络服务商的范畴，采取的是不依"主体"，而依"行为"来判断的立法原则，是因为这样可以避免列举式规定带来的遗漏。② 目前存在的通说观点为依据网络服务者的具体服务方式，对其法律地位（即概念和范围）和责任类型进行具体分析。

2. 行为人存在违法行为

明确了网上侵权主体的外延，就可以在此基础上研究其违法行为。虽然

---

① 张新宝：《互联网上的侵权责任》，载《中国人民大学学报》2010年第4期。
② 杨明：《〈侵权责任法〉第36条释义及其展开》，载《华东政法大学学报》2010年第3期。

网络侵权是一种新的侵权形态，但其侵权行为依然可以根据传统侵权分为两类：积极的加害行为与消极的加害行为。"负有消极不作为义务而为积极行为致人损害者，谓之积极的加害行为，负有积极义务而不为积极作为义务导致人损害的，谓之消极的加害行为。"① 下面，就以网络用户和网络服务商这两个主体分别介绍其违法行为。

第一，网络用户的违法行为。网络用户分为网络信息获取者和网络信息提供者，其不法行为一般构成直接侵权，是一种积极作为形式的侵权行为，可表现为对他人知识产权、人格权和财产权进行侵害的行为。网络信息获取者，是指从网络上获取信息的主体。其行为违法性主要体现在对网络版权作品的非法使用上，如未经著作权人或其授权的人许可，对不属于合理使用和法定许可范围的作品的下载行为；破解技术保护措施获取他人版权作品的行为等。这种行为侵犯了著作权人的作品使用权和获得报酬权，是一种积极的故意侵权行为，属于直接侵权。网络信息提供者，是在网上发布传播信息的主体，包括自然人、法人和其他团体。其行为违法性主要表现为在网上发布侵犯他人著作权等知识产权的信息；侵犯他人人格权，如未经本人同意使用他人肖像在网上传播；以侮辱、诽谤等形式对他人名誉权进行侵害；非法利用他人的个人信息，或擅自在网上公布他人的隐私；泄露商业秘密和国家秘密等。上述侵权行为都属于积极的违法行为。

第二，网络服务商的违法行为。网络服务提供商的行为比较复杂，可以是积极作为，也可以是消极不作为。对于其积极侵权行为而言，比较容易理解。通常表现为网络服务商积极作为形式的侵权行为，如网络内容服务商将他人作品非法上传，或者将其作为网站的画面等侵犯他人著作权的行为；以侮辱、诽谤等形式对他人名誉权进行侵害，非法利用他人的个人信息，擅自在网上公布他人的隐私等侵犯他人人格权的行为等。这种积极侵权行为属于直接侵权，在法律适用上比较容易判断。除了直接侵权行为外，违法行为还通常表现为消极不作为形式的间接侵权。我国《民法典》第1195条第2款和第1197条就是网络服务商消极侵权的规定。

《民法典》第1195条第2款规定："网络服务提供者接到通知后，应当及

---

① 张新宝：《侵权责任构成要件研究》，法律出版社2007年版，第38页。

时将该通知转送相关网络用户，并根据构成侵权的初步证据和服务类型采取必要措施；未及时采取必要措施的，对损害的扩大部分与该网络用户承担连带责任。"该款被学界称为"通知规则"，也是第 1195 条的核心条款，主要在明确主张侵权行为的权利人通知网络服务提供者内容要求的基础上，增加了网络服务提供商对该侵权通知的转送义务，同时采取必要的措施，比如删除、屏蔽、断开链接等，如果网络服务提供者在接到权利人的通知后，未对侵权行为采取必要的措施，则网络用户实施的行为可被认定为侵权行为，实际上即为消极意义上的侵权行为。《民法典》进一步明确了有效通知的条件，第 1195 条第 1 款明确规定，通知应当包括构成侵权的初步证据及权利人的真实身份信息。

关于该款中"及时"一词的理解。第 1195 条第 2 款要求网络服务商接到权利人的通知后应当及时将该通知转送相关网络用户，并根据构成侵权的初步证据和服务类型及时采取删除、屏蔽、断开链接等必要的措施防止侵权后果的进一步扩大，但是对于何谓"及时"，法律并没有给予相关解释。《最高人民法院关于审理利用信息网络侵害人身权益民事纠纷案件适用法律若干问题的规定》第 4 条的要求是："……认定网络服务提供者采取的删除、屏蔽、断开链接等必要措施是否及时，应当根据网络服务的类型和性质、有效通知的形式和准确程度、网络信息侵害权益的类型和程度等因素综合判断。"学者们一般也认为，"所谓及时，是网络服务商在接到权利人通知后的适当时间内，或者是网络服务提供者接到侵权通知后的合理时间内。具体是否构成及时，需要法官根据案件的具体情形，例如技术上的可能性与难度具体分析确定"[①]。笔者赞同这一观点，对于网络服务提供者采取措施的时间应当结合其具体技术水平及审查能力予以判断，而不能限定一个固定的时限。

除了第 1195 条第 2 款规定的通知规则，《民法典》第 1197 条还规定："网络服务提供者知道或者应当知道网络用户利用其网络服务侵害他人民事权益，未采取必要措施的，与该网络用户承担连带责任。"该条被称为"知道规则"，也即著名的"红旗规则"，明确并完善了网络服务提供商与侵权行为人承担连带责任的情形。根据该条，网络服务商知道网络用户利用网络实施侵权行为，

[①] 王利明：《论网络侵权中的通知规则》，载《北方法学》2014 年第 2 期。

但是没有采取诸如删除、屏蔽或者断开链接等必要措施，放任网络用户利用网络平台实施侵权行为，并对权利人造成损害时，网络服务商就应当对侵权行为所造成的全部侵权后果与网络用户承担连带责任。该条与第 1195 条第 2 款都属于网络服务商消极不作为违法行为的规定。

需要说明的是，对于两个条款的法律适用先后问题。网络"通知规则"是以通知作为前提，在"通知"后网络服务商不采取及时措施即构成违法，而"知道规则"是以网络服务商"知道"而不采取措施作为违法条件；目前，理论界倾向于认为，应当将通知条款作为一般规则，知道条款作为特殊适用规则。也即，红旗规则是避风港规则的例外，如果网络服务商的行为符合红旗规则，便不再适用避风港规则。

（二）网络用户或网络服务商有过错

过错表现为故意和过失。故意是指行为人预见到自己行为的结果，仍然希望或放任结果的发生，包括直接故意和间接故意。过失是指行为人应当预见自己行为的结果，或虽然预见到了但轻信可以避免，包括疏忽大意的过失和过于自信的过失。

主观过错是网络侵权行为的构成要件之一，若行为人不存在过错，则其行为不构成侵权。在网络环境下，对行为人过错的认定是一个较为复杂的问题。

对于网络用户而言，其上传和下载侵权信息、发表侵权言论、破解技术保护措施的行为，网络用户在主观上应出于明知，才构成侵权；对于网络服务商而言，其侵权方式如果为直接侵权，对其过错的认定相对简单，只要其在网络上传播的信息构成对他人权利的侵犯，可以认定其有过错。但如果其行为方式为帮助侵权，如提供的是信息存储空间、搜索和链接中介服务，对其过错的认定就相对复杂。

对于网络服务商而言，如前所述，《民法典》第 1195 条第 2 款是对网络服务提供者侵权行为模式的规定，其实也是对其主观过错的规定。具体而言，"通知—移除"制度体现的就是过错责任的适用。也即，网络服务商在不知道侵权行为存在时不承担侵权责任，但是在被"通知"后，知道侵权行为存在时，即可认为网络服务商知道了侵权行为的存在，此时，如没有采取作为的方式进行"移除"则存在过错。也可以说，此处体现的正是不作为的过错观念。至于《侵权责任法》第 36 条第 3 款，因其使用了"明知"的表述，显然是对网络服务商主观过错的规定。不过对于该条款中的"知道"究竟应如何理解，学术界依然有很多争议。

多数学者认为知道应当解释为"明知"。也有学者认为"知道"包括"明知"和"应知"两种情况，但是需要法官在操作层面区分不同的标准予以判定。① 还有学者提出将"知道"解释为"推定知道"或者"有理由知道"。② 笔者认为，首先该条文的"知道"不仅仅局限于明知，从该条文立法情况上看，该条文在《侵权责任法》起草过程中，在第一次和第二次审议稿中还是"明知"，第四稿在吸收了专家意见的基础上又将"知道"修改为"知道或者应当知道"，直到在最后颁行的《侵权责任法》中，该款确定使用"知道"。如果将此处的"知道"解释为"明知"，那么规定"知道"则毫无意义，从立法过程中的几经变化上看，法律规定的"知道"应当不仅仅局限于"明知"。而且如果仅仅将"知道"解释为明知，则无疑加大了权利人的举证难度，这无疑会纵容网络服务商帮助侵权的行为。

我们看到，《民法典》第 1197 条将其明确为"知道或者应当知道"，这就在一定程度上避免了司法适用的争议。"知道"是一种在事实上确切的主观认识状态，认定"知道"的客观证据关键在于权利人通知，需要符合《信息网络传播权保护条例》第 14 条第 1 款关于通知有效形式的规定："……（一）权利人的姓名（名称）、联系方式和地址；（二）要求删除或者断开链接的侵权作品、表演、录音录像制品的名称和网络地址；（三）构成侵权的初步证明材料。"关于"应当知道"这一过错认定形态，即网络服务提供者"应为而不为"，可以从两个角度考虑，一是知道侵权行为的可能性，二是从一般人即常识角度考虑，《最高人民法院关于审理利用信息网络侵害人身权益民事纠纷案件适用法律若干问题的规定》第 9 条规定了认定网络服务提供者构成"应

---

① 全国人大常委会法制工作委员会民法室编著：《中华人民共和国侵权责任法解读》，中国法制出版社 2010 年版，第 185 页。

② 最高人民法院侵权责任法研究小组编著：《〈中华人民共和国侵权责任法〉条文理解与适用》，人民法院出版社 2010 年版，第 125 页。

知"的考量因素："（一）基于网络服务提供者提供服务的性质、方式及其引发侵权的可能性大小，应当具备的管理信息的能力；（二）传播的作品、表演、录音录像制品的类型、知名度及侵权信息的明显程度；（三）网络服务提供者是否主动对作品、表演、录音录像制品进行了选择、编辑、修改、推荐等；（四）网络服务提供者是否积极采取了预防侵权的合理措施；（五）网络服务提供者是否设置便捷程序接收侵权通知并及时对侵权通知作出合理的反应；（六）网络服务提供者是否针对同一网络用户的重复侵权行为采取了相应的合理措施；（七）其他相关因素。"

最后，承接上文中关于"应知"的内涵及认定标准的讨论，需要说明的是，既然法官在处理具体案件时需要判断网络服务商是否"知道或应当知道"网络用户侵权，就势必要借助一个非常重要的标准——注意义务。因为注意义务的高低直接影响对某人主观过错的认定。

注意义务是指一个人造成对他人的损害后，只有法院判定被告在当时的情况下，对原告有不为加害义务或不让加害行为发生的法律义务，而被告却未加注意，或未达到所要求的注意标准，或未采取法律要求的预防措施。而违反此种注意义务时，他才在法律上对受害人承担过失责任。[①]据此，笔者认为，网络服务商的注意义务应当是指网络服务商在提供网络服务时，为保护权利人的利益应当达到的注意要求，以及在知道侵权行为存在时为防止侵害进一步扩大而应当达到的注意要求，如果其采取了相关的注意措施，即使未能达到阻止损害事实发生或者扩大的目的，应当认定为其履行了注意义务，主观上没有过错，如果其没有尽到相应的注意义务，则推定其主观上有过错，应当承担相应的侵权责任。那么网络服务商应当承担何种注意义务呢？

网络服务商的注意义务和过错判断之间的关系起源于英美法。在英美法中，通常将过失看作注意义务的违反，从而将过错判断标准客观化。这一观念后来逐渐为大陆法所吸收。在网络侵权中，正是网络服务商注意义务的设置，才使得追究其主观过错有了依据。换言之，当我们明确了网络服务商的注意义务后，才更有利于追究网络服务商因其消极不作为造成的对他人信息

[①] ［英］戴维·M.沃克：《牛津法律大辞典》，北京社会与科技发展研究所译，光明日报出版社1988年版，第137页。

网络传播权的损害的侵权责任。另外，如果设置不同的注意义务标准，也能有效地为不同情况下的间接侵权行为确定更加精确的界限，更好地判定网络服务提供者是否构成"知道"。①

结合我国互联网发展的阶段，综合平衡网络用户、权利人和网络服务商的共同利益，笔者认为，网络服务商的注意义务包括以下内容：（1）一般注意义务，从各国立法情况上看，网络服务商对第三方制作的信息内容不具有审查义务，但是其应当采取过滤手段对一些侵权信息予以排除，防止其传播，而对于一些明显侵权的信息则应当及时删除；（2）对网络用户的告知义务，网络服务商与网络用户之间是服务合同，因此其应当在网络用户使用网络平台之时告知其使用方法、相关的权利义务、隐私权保护政策、注意事项等信息；（3）提供加害人资料的义务，当网络用户利用网络平台实施了侵害权利人的行为之后，权利人通过法定程序，并且向网络服务商提供合法证据证明某网络用户侵权，网络服务提供者有义务向权利人披露该网络用户的信息，以便于其维护自身合法权益。

（三）网络侵权行为致他人权益损害

任何一项侵权行为的构成必须以有损害事实为要件，这是由侵权行为的本质决定的。损害是指因一定行为或事件使某人受法律保护的权利和利益遭受某种不利益的影响，包括财产损害和非财产权利的损害。只要对权益造成损害，均构成损害事实。目前网上侵权的客体，归纳起来有以下几种。

第一，侵害他人人身权。人身损害主要指对名誉、隐私、肖像、姓名等的损害，在现实生活中，在网络平台服务提供商提供的网络平台（如网络论坛、公告板、个人博客等）上，网络用户经常会有侵犯他人合法权益的行为。由于网络本身的开放性和匿名性特点，网络用户在网络平台上发表各种不良言论，侵害他人的名誉权、隐私权等，如"人肉搜索"。另外，网络内容服务提供商在提供信息服务和搜索链接时，也容易构成对人身的侵权。

第二，造成对他人知识产权的损害。侵害他人知识产权包括对著作权、专利权、商标权和商业秘密的侵害。网络服务提供者侵害著作权的形式多种

---

① 颜峰：《网络服务提供者的注意义务及侵权责任》，载《人民司法》2014年第8期。

多样，其中最为常见的是将未经权利人许可的电影、音乐上传到服务器，或者在第三人上传后，接到权利人通知未及时履行移除义务等。

第三，网络服务商侵害物权的行为。除了传统意义上的物权，网络环境下侵害物权的范围还包括虚拟财产。虚拟财产的性质一直是民法学理论界争议的话题。对其法律属性也有诸多不同观点。笔者倾向于将其性质界定为物权。这是因为，虽然传统的法学理论认为物权应占有一定的空间并有形地存在，但是随着社会经济的发展和科学技术的进步，物权的范围不应局限在有形、有体的范围内，而是应根据范围的本质属性，即是否具有法律上排他支配可能性或管理的可能性来判断。只要具有法律上的排他支配可能性，即应认定为物权。

第四，网络服务商侵害债权的行为。目前最常见的侵害债权的行为体现在通过网络钓鱼程序欺骗网络用户，造成网络用户错误支付的行为。其他还包括利用域名实施侵害债权行为等。

（四）侵权行为与损害之间具有因果关系

因果关系是指行为人的侵权行为与损害事实之间的引起和被引起的联系。因果关系是承担责任的基础和前提，它确定谁的行为造成了损害，并确定可能要负责的主体。对因果关系的确定，有必然因果关系和相当因果关系两种学说。前者是指行为人的行为与损害结果之间存在必然的、内在的因果关系；后者则是指其间只存在相当的因果关系。

显然，网上侵权行为如果为直接侵权，要考虑的是侵权行为与损害结果之间是否存在必然因果关系；如果客观上侵权人的行为并非权利人所受损失的原因，则两者之间不存在因果关系。但在间接侵权的情形下，因果关系的认定就是一个非常复杂的问题。如果依然以必然因果关系来解释，就会使一些有过错的网络服务商逃脱法律制裁，不利于保护权利人的合法权益，也不利于网络的健康发展。此时，就需要借助相当的因果关系来加以解释。根据《民法典》第1195条第2款和第1197条的规定，网络服务提供者的帮助侵权，属于间接侵权之一种；从因果关系上看，属于相当因果关系，即认为受害人的损失是网络用户积极行为与网络服务提供者消极行为共同作用的结果。

但是，对于这种因果关系的认识，学术界一直有不同的观点。较为温和的反对观点认为，网络用户的侵权行为是直接行为，网络服务商的侵权行为是间接行为，其并不构成共同侵权。因为，造成被侵权人损害的全部原因在于利用网络实施侵权行为的网络用户，其行为对损害结果发生的原因力为百分之百，其过错程度亦为百分之百。网络服务商尽管也有一定的过错，甚至也有一定的原因力，但其没有及时采取必要措施的过错和原因力是间接的，不是直接的，并不影响侵权网络用户的责任。为此，这种将其责任认定为连带责任的理解是不妥当的；相反，其更接近于不真正连带责任，法律将其作为共同侵权不过是公共政策考量的结果。①

更激进的观点则认为，网络服务商充其量为侵权行为提供了一个平台，但网络服务商提供平台不是为了与侵权人共同实施侵权行为，它对损害结果称不上具有原因力。因此，对于网络用户实施的侵权行为，网络服务商的不作为与侵权行为人的侵权行为对损害结果的原因力相去甚远，认为其与网络用户承担连带责任非常牵强。

笔者认为，网络服务商的行为与权利人的损害具有相当的因果关系有一定的合理性，尽管网络用户的侵权行为是权利人利益受损的直接原因；但作为平台提供者的网络服务商对该平台有完全的掌控力；而网络用户则无法控制网络，仅仅有利用之机会。因此，从管控力的角度看，网络服务与侵权事实之间存在直接的因果关系；也可以说，是网络用户和网络服务商的共同作用导致了侵害事实的发生。进一步讲，帮助者与直接侵权者的行为关联，共同造成侵害之结果，即各方主体之行为对于损害结果均存在因果关系，任何一个当事人的行为都是不可或缺的。②另外，也正是由于网络服务商对网络平台的完全管控力，在网络服务提供者因"通知"知道或客观上已经知道权利人利益受损的情况下，如果依然采取"鸵鸟政策"，无视侵权行为的存在，任网络内容无限传播，其消极行为与损害后果之间的因果关系更是一目了然。为此，尽管网络服务商的帮助侵权行为与损害后果之间的因果关系与传统意义上所理解的因果关系有所不同，但这是由于网上侵权的特点、网络服务商与

---

① 杨立新：《〈侵权责任法〉规定的网络侵权责任的理解与解释》，载《国家检察学院学报》2010年第4期。

② 杨明：《〈侵权责任法〉第36条释义及其展开》，载《华东政法大学学报》2010年第3期。

网络之间的管控关系决定了其消极侵权行为与损害事实间的因果关系是确实存在的。

四、我国网上侵权责任制度存在的问题

网上侵权行为多数是通过互联网实施的，如前所述，目前对于网上侵权管理的法律法规主要有《民法典》《刑法》《著作权法》《信息网络传播权保护条例》，司法解释则主要有《最高人民法院关于审理侵害信息网络传播权民事纠纷案件适用法律若干问题的规定》《最高人民法院关于审理利用信息网络侵害人身权益民事纠纷案件适用法律若干问题的规定》《最高人民法院关于审理涉及计算机网络域名民事纠纷案件适用法律若干问题的解释》等。总体而言，我国现有网上侵权制度法律适用的难点和困境主要体现在以下方面。

（一）网络服务商的范围界定和适用尚有分歧

从《信息网络传播权保护条例》到《侵权责任法》，再到2021年1月实施的《民法典》，我国网上侵权的规定正日益完善。但这并不意味着有关网上侵权的制度已经尽善尽美。例如，从网络服务提供者的范围看，《信息网络传播权保护条例》中规定了四类网络服务提供者：自动接入、自动传输、搜索链接服务、信息存储空间服务提供者。而《侵权责任法》和《民法典》则是从泛泛意义上规定了网络服务提供者这一主体。根据《信息网络传播权保护条例》，基础性网络服务提供者不适用通知删除规则，只有搜索链接服务、信息存储空间服务提供方才能适用。但根据《民法典》的规定，一般意义上的所有网络服务商皆可以适用通知取下规则。随着新型网络服务商的不断出现，在涉及信息网络传播权保护的纠纷中，究竟如何判断某一网络服务商的属性，直接影响其相应的责任。因此，对于这两者之间如何区分和适用，依然存在探讨的余地。另外，不同的网络服务商，其提供的服务种类并不相同，其在信息传输过程中的地位也会不同；如此，究竟该种类型的服务商在传输过程中有何种注意义务，其损害赔偿责任的范围为多大都需要结合其具体服务种类加以考虑。因此，结合法律和实践状况，对网络服务提供者进行细分，进一步明确其属性依然有现实必要。

（二）必要措施的理解存在争议

对于"必要措施"一词的理解。《侵权责任法》第36条第2款明确规定了删除、屏蔽、断开链接三种措施，并以"等"字使必要措施的范围有一定弹性解释的空间。例如，在较为著名的北京乐动卓越科技有限公司诉阿里云计算有限公司侵害作品信息网络传播权纠纷[①]与杭州刀豆网络科技有限公司诉长沙百赞网络科技有限公司、深圳市腾讯计算机系统有限公司侵害作品信息网络传播权纠纷[②]中，法院均认为根据《侵权责任法》第36条的规定，网络服务提供者收到权利人的有效通知后，应采取的必要措施包括但不限于删除、屏蔽和断开链接。同时，法院认为，"必要措施"的判定应当以网络服务商的技术能力为限，如果网络服务商由于技术能力的限制已经采取了其所能够采取的措施，虽然没有达到防止侵权后果进一步扩大的目的，但是也应当认定其采取了"必要措施"，不需要承担责任。《民法典》在此基础上进行了优化，规定网络服务提供者可以根据构成侵权的初步证据和服务类型采取必要措施，充分考虑了当前数字网络技术快速发展的背景，赋予网络服务商在采取必要措施时一定的自主权，为未来适用新兴网络服务技术预留了空间。

不可否认，随着网络技术的提高，网络服务提供者可采取的措施也会更加多样化，因此笔者认为，只要网络服务提供者采取的措施足以防止侵权的继续以及侵权后果的进一步扩大，即为"必要措施"。但值得一提的是，仅仅进行了转通知是否可以理解为"必要措施"仍然是值得讨论的问题。例如，在"阿里云案"中，北京市第一中级人民法院明确指出，阿里云公司所采取的"转通知"是符合其技术能力的必要措施。笔者认为，这种理解兼顾了网络服务商的不同分类，尤其是新型网络服务商的技术特点，但如果将转通知作为必要措施加以理解，会使具体措施的弹性空间过大，扩大法官的自由裁量权，从而带来法的不安定性，甚至带来法官自由裁量权的滥用，最终导致难以保障网络用户、权利人和网络服务商的利益平衡。所以，笔者认为，将必要措施的效果明确为防止侵害继续应该更符合通知加必要措施的制度目的；

[①] 北京知识产权法院（2017）京73民终1194号民事判决书。
[②] 浙江省杭州市中级人民法院（2019）浙01民终4268号民事判决书。

同时，为了避免这种适用上的混乱，未来修法还是应该将重点放在网络服务商的类型研究上，即尽可能根据网络服务商的不同类型或者其行为特征，确定哪些网络服务商类型或行为可以适用通知删除规则，哪些网络服务商类型或行为不适用通知删除规则。

（三）通知删除规则依然存在虚设或滥用的问题

通知删除规则是侵权责任法和民法典都着重加以规定的制度，但并不乐观的是，该制度能否起到根本抑制网上侵权的作用并不确定，即该制度虚设和滥用的问题依然会大量存在。所谓制度虚设，主要体现在实践中存在大量网络服务商在收到通知后未移除相关内容而引发的诉讼。为何网络服务商没有履行通知移除义务，究其原因，有学者曾指出，如果网络服务商认真遵守通知移除制度，其往往并不能获得声誉的显著提高，因为权利人和同业竞争者认为这是理所当然的，而网络服务商却需要承担用户流失的重大风险，包括用户注册量与访问量的减少以及用户活跃度的降低。因为移除用户上传的盗版内容既会降低网站内容的丰富性，也会打击用户上传自制内容的积极性。因此，由于行业发展的规律和特点，希望网络服务者都能自觉移除被通知的侵权内容有很大难度。通知规则的滥用则体现在，由于《侵权责任法》第36条在通知删除制度的设计上，并没有规定相应的配套制度，因此，实践中，该制度往往成为打击对手的工具。而民法典尽管规定了反通知规则，能够在一定程度上避免通知规则的滥用，为网络用户提供了维权渠道。不过，根据《民法典》第1196条的规定，网络服务提供者在转送声明到达权利人后的合理期限内，未收到权利人已经投诉或者提起诉讼通知的，应当及时终止所采取的措施。在笔者看来，此处的合理通知仍然带有一定的不确定性，容易导致权利人继续滥用通知权利，且这一现象在知识产权领域的表现会尤为明显。

（四）有关有效通知的规定不够完善

"通知+必要措施"规则的前提条件就是网络服务提供者根据收到的有效"通知"对平台内的信息进行屏蔽、删除或其他必要措施。在前述"阿里云案"中，正是因为通知要件的欠缺，乐动公司的三次通知都被阿里云公司以不符合法律要求进行抗辩，且该通知最终也未得到法院的认可，并判决由于通知不符合法律要件，也就不再需要阿里云公司承担之后的责任。我国《侵权责任法》并未涉及有效通知的构成要件。另外，尽管在《信息网络传播权保护条例》中规定了有限通知相应的证明要求，但由于《侵权责任法》无有效通知的要件规定，在无法适用《信息网络传播权保护条例》的规定时，对通知是否构成有效通知就存在很大的争议，因此，增加有效通知的相关规则理应在立法考虑范围之内。不过，令人欣慰的是，民法典对有效通知的条件作出了规定，即权利人行使通知权须提供构成侵权的初步证据和权利人的真实身份信息。不满足上述要件则不构成有效通知，这也意味着网络服务商不承担满足通知人要求的义务。

（五）缺乏对反通知的规定

《侵权责任法》第 36 条第 2 款只规定了通知权，没有规定反通知权。这对争议双方当事人的法律保护不平衡。根据法律规定，通知是认为某一网络行为侵犯其权利的当事人对网络服务商的权利；而必要措施则是网络服务商接到通知后所履行的义务。在这个逻辑下，受到法律保护的只有权利人一方，作为发表信息的网络用户一方因欠缺法律上必要的救济手段，其表达自由权利受到严格限制。因此，基于权利义务一致性原理，应对被举报侵权的一方规定相应的救济途径，以使网络服务提供者侵权责任认定的规则更为完整。正是为了解决这个立法缺陷，平衡双方的利益关系，《民法典》第 1196 条规定了反通知权。具体而言，在反通知的规定下，网络用户在接到侵权投诉通知后，认为自己没有侵权的，有权对此进行声明，为网络用户提供了一个抗辩救济的机会，当平台方收到声明之时及时转交给权利人并告知其他维权方式，此举有利于对双方权利的公平救济，但也如上文所述，存在对转送合理期限的不确定性适用困境，另外，平台居中裁判虽然平衡了投诉人与被投诉人之间的利益，有利于纠纷的解决，但实践中往往是加重了未实施反通知程序的电子商务平台的责任。

（六）对于网上侵权的责任规定缺乏针对性

《侵权责任法》第 36 条并未对网络侵权责任的承担方式进行单独规定。据此，其责任方式应适用侵权责任法关于侵权责任承担的内容。其主要方式应包括停止侵害、消除危害、消除影响和恢复原状，以及赔偿损失等。这本无可厚非，但由于网上侵权在主体、行为、空间等方面和传统侵权有所不同，因此，其承担责任的方式也应有所不同。例如，由于直接侵权人通常难以确定，而仅能起诉承担连带责任的网络服务商，因此赔礼道歉这一责任方式基本无法实现，消除影响、恢复原状也基本没有实施的可能。而停止侵害、消除危害也基本是依赖于网络服务商的删除等行为来实现的。为此，网上侵权的民事责任体系应有别于传统侵权，将重点放在停止侵害和赔偿损失上。结合网上侵权的特点，探索适合网上侵权民事责任承担的全新体系很有必要。基于此，《民法典》侵权责任编在侵权责任法的基础上，对网络侵权责任作出规定，重申网络侵权的一般规则，细化了网络侵权责任的具体规则，完善了避风港原则通知规则流程及内容要求，新增反通知与二次转通知规定。但究其细节内容，本质是对《电子商务法》的"复制粘贴"，整体流程复杂，缺少对于等待期等具体细节的规定。如何创建完善的网络侵权责任规范体系，如何处理好一般性规则与网络特殊情形适用的关系，还有待解决。

五、完善我国网上侵权纠纷法律适用的建议

（一）进一步统一不同法律法规中的概念

尽管依"行为"而不依"主体"的立法理念有一定的合理性，可以避开单一化的类型界定导致的归责时的麻烦，但由于不同类型的网络服务商，其义务履行和责任承担有所区别。笔者认为，根据不同类型的主体，规定其权利、必须履行的义务以及责任限制条件的适用，可以对网上侵权形成更好的制约机制。例如，提供链接服务的主体，其仅仅是为他人提供了搜索服务，即使被搜索到的信息是违法的，提供链接服务的主体也并不一定构成侵权而是要具体案情具体分析。因此，为了更好地对不同的网络服务商的主观过错、责任大小进行判断，从主体上对其进行细致划分依然有其必要性。

（二）完善网上侵权相关制度，破解通知规则适用困境

对于通知规则被滥用的问题，笔者认为最有效的方法是建立通知保证金制度。所谓通知保证金制度，就是网络服务商受到侵权判断较为困难，处理

时又牵涉到较为重大商业利益的侵权通知时，可以要求权利人提供一定金额的保证金作为担保，以督促权利人更为谨慎地发送通知。对于通知规则虚设的问题，其理由相对复杂，从权利人的角度而言，可能是在特定情况下适用了《民法典》第1197条的知道规则；从网络服务商的角度而言，则可能是因为考虑到网站自身利益，对通知视而不见。对于通知规则被搁置的问题，有学者主张，我国司法实践中存在大量以知道或应知来认定网络服务商主观过错并判决其承担侵权责任的现象，因此可以有效发挥知道规则在我国网络侵权治理体系中的作用，使其成为破解通知移除制度局限性的替代性制度。① 但是，这种主张知道规则优先适用于通知规则的观点并不十分合适。众所周知，对于两个条款的法律适用问题，从《侵权责任法》制定至《民法典》出台，坚持沿用了将通知条款作为一般规则，知道条款作为特殊适用规则的原则。其理由就是考虑了如不作此规定，权利人可能选择适用知道条款，排除通知条款的适用，这将加重网络服务商的责任，不利于互联网产业的发展，并使通知条款形同虚设。只有在有证据证明权利人不可能不知道侵权事实，并且侵权行为极为恶劣，后果极为严重时，才较为适宜适用知道条款。换言之，知道规则的优先适用实质上会带来对网络服务商事先审查义务的加重，而这对于互联网行业的发展将带来成本的大量增加。可以说，通知规则虚设问题的解决实则考验了立法者在网络用户、网络服务商和权利人之间利益平衡时的态度。

笔者认为，对于权利人而言，其作为社会创新的主要力量应优先加以保护是毫无疑义的，但互联网作为一个产业，如果对其过于苛责，也会妨碍技术进步，进而阻碍整个互联网产业和社会的发展，而对于发展阶段的中国而言，尤其如此。对于社会公众而言，法律也要保护其利益，能让他们享受技术进步带来的便利。因此说在三者利益的背后是一个公共政策选择问题。为了实现利益分配的最优结果，我们在考虑保护权利人的同时，必须兼顾产业界和社会公众的利益。在法律解释与适用时过于倾向任何一方都不利于社会整体利益的增长或维护。②

---

① 徐伟：《网络侵权治理中通知移除制度的局限性及其破解》，载《法学》2015年第1期。
② 杨明：《〈侵权责任法〉第36条释义及其展开》，载《华东政法大学学报》2010年第3期。

综合以上理由，笔者认为，为了彻底解决上述问题，推行网络实名制应成为较为妥当的选择。网络实名制要求网络用户进行实名制登记注册，这样在其实施了危害权利人利益的行为时，就可以有效追究网络用户的侵权责任。这种做法可以破解通知删除规则虚设的问题，成为解决网上侵权问题的利剑。当然，网络实名制可能导致对用户隐私的潜在威胁、对言论自由的限制，因此，在推行网络实名制时，如何实现对用户隐私的保障，同时有效追究网上侵权用户的责任，是一个需要考虑的问题。

（三）确立适合于网上侵权的民事责任体系

首先，在停止侵害的方式上，扩展网络服务提供者停止侵权的方式。美国 DMCA 规定，网络服务商可以通过将与具体侵权人相对应的账号注销，或阻止其使用这个账号再进行侵权行为，直至对某些设备永久停止使用等方式。笔者认为，这种做法相比仅仅移除侵权信息等可以更彻底地保护权利人的利益，也可以更好地对侵权人的行为进行规制；当然，在实施该停止侵害措施时，需要综合考虑权利人、其他用户和服务商的利益，将综合影响降到最低限度。

其次，在赔偿损失这一责任方式上，《最高人民法院关于审理利用信息网络侵害人身权益民事纠纷案件适用法律若干问题的规定》第 18 条适当扩大了赔偿范围，明确规定了被侵权人为制止侵权行为所支付的合理开支可以认定为被侵权人的财产损失，大致明确了其所包含的内容，并规定了最高 50 万元的损害赔偿数额。但其仍然没有对网上侵权的损害给出具体、明确可量化且容易操作的具体计算方式，也没有明确网上侵权的惩罚性赔偿制度。笔者认为，在确定损害赔偿具体数额时，应对具体案情中网站域名级别、侵权页面的转载量、引用量，以及侵权人的动机、侵害行为方式、侵权人的获利情况等综合加以考虑，以避免因法官自由裁量权过大而出现对当事人权益保护不公的状况。同时，可以根据网上侵权的不同情形，建立类型化赔偿制度。另外，立法可明确规定，对于情节严重的网上侵权行为实施惩罚性赔偿制度。

六、涉外网上侵权的法律适用问题

（一）网络对传统侵权行为法律适用的冲击

互联网自身所具有的无国界性、虚拟性等特征，动摇了传统的法律制度的适用基础。互联网的无国界性导致跨国法律问题的大量产生，也使司法管辖区域的界限变得模糊，并且从根本上否定了国家的控制和管辖网空间有它自己的运行规则，许多传统的观念在网络空间中很难实现，与当事人相关的一些因素在确定网络侵权行为时变得毫无意义。在这种背景下，传统的以物理空间属地主义为主导的冲突法的适用也面临生存与发展的考验。概括来看，互联网对侵权行为法律适用的冲击主要表现在以下三个方面。

1. 对连接点的挑战

在传统国际私法中，连接点是确定侵权行为法律适用的重要纽带。通过冲突规范中的连接点指引我们找到某一特定的法律关系与某一国家、地域的法律，从而确定侵权所应适用的法律。然而在实践中，网上行为无法指向一个确定的连接点，导致传统连接点在网络中"失灵"。于是，我们面临的最大问题就是如何利用或者改变传统连接点来确定网上侵权行为应适用的法律。

首先，侵权行为地难以确定。侵权行为地是最重要的连接点之一，在物理空间中确定侵权行为地较容易，但在网络空间中侵权行为实施地的确定较复杂，即使能确定，如果侵权人在公共场所实施侵权行为，由于网上大多采用匿名或假名，有时知道侵权行为地也难以确定具体的侵权人。一个侵权行为所造成的后果往往只局限在有限的几个地方，而由于网络的全球性特点，一个侵权行为实施后，其结果可以通过网络传播遍布全世界任何地方。因此在网络中，无论是侵权行为实施地还是侵权结果发生地，都不符合作为指引准据法的连接因素所要求的确定性、唯一性，侵权行为地在网络空间下作为连接点受到极大挑战。

其次，与侵权人有关的部分属人连接点难以适用。在网络活动中，有的行为不需要确认行为人的身份，行为人可以使用虚假的名字及个人信息来进行网络活动，其真实身份很难确定。虽然可以通过网络技术确定侵权人的地址，但无法据此来判断电脑用户的国籍和住所。可见，侵权人的属人连接点在网络案件中难以适用。但对受害人来说，他的国籍、住所、惯常居所地可以作为连接点加以适用，因为这些连接点与受害人有密切联系，在网上侵权中也是能够确定的。

2. 对传统法律选择方法的挑战

在传统国际私法理论中，法律选择方法包括单边冲突法、多边冲突法和统一实体法。由于网络冲突的复杂性和场所的不确定性，按照传统侵权法律适用理论，法院很难找到应适用的法律。就单边冲突规范而言，其最具代表性的是政府利益分析说，它强调法院地法优先，主要考虑的是该案件与本地是否有利益关系，是否应该适用本地的法律，其他因素则很少考虑。在网络中，单边冲突规范似乎比多边冲突规范具有更强的可操作性，然而在冲突法所追求的公平与正义价值方面却不尽如人意。利用多边冲突规范选择法律，先要对争议的法律关系进行识别定性，然后选择适当的连接点，根据连接点的指引找到应适用的某国法律。国际私法的连接点具有比较强的地域特征，在网络环境中，网上侵权行为可以发生在任何地方，网络空间与物理空间不具有一一对应性，所以在网络侵权中，想要通过传统连接点找到应适用的国家的法律相当困难。统一实体法在网络中具有一定的优越性，但在网络侵权方面，统一实体法的立法较少，在短时间内广泛制定和推广也不太现实。可见，网络的出现给传统法律选择方法带来了极大挑战，我们需要选择更加灵活实用的法律选择方法来适应复杂多变的网络侵权行为。

3. 准据法的落空

准据法，是指经冲突规范的指引来确定涉外民事法律关系当事人权利与义务的特定法域的实体法。准据法是能够具体确定涉外民事法律关系当事人的权利与义务的实体法，被选定的准据法可能是某个国家的法律，也可能是国际公约或者国际商事惯例。就国外来说，自互联网广泛应用以来，许多国家立法的速度滞后于网络发展的速度，只有少数国家通过了关于电子贸易的相关立法。但这些立法仅仅是原则性规定，不足以解决实践中各种各样的问题。对我国来说，政府根据现实需要颁布实施了一系列法律、法规、规章，内容涵盖了域名注册、国际互联网安全、信息传播、密码保护等众多方面。但是法律的制定速度远远赶不上互联网发展的速度，随着互联网的发展而涌现出来的新问题、新现象、新事物，在法律上仍存在盲点。

在这样的情况下，尽管我们通过冲突规范的指引找到了准据法的所属国，但最后失望地发现，该国对这一问题并无规定，之前费尽心力去做的一切都是白费力气，这就是所谓的"准据法落空"，也就是说，在一些案例中，通过冲突法根本找不到应该适用的准据法。

互联网对国际私法最大的冲击是使公法的冲突普遍化。传统法学理论把法律分为公法和私法两大领域，一般认为，公法的适用具有严格的属地性，不会发生法律冲突，发生法律冲突的只是可能具有域外效力的私法部分。这也是冲突法又称为国际私法的原因之一。"互联网却打破了地域限制，使许多原本只规范国内事务的公法的效力溢出了国界，对所有的网上活动产生了'普适性'影响，从而将法律冲突从私法领域扩展到了公法领域，这对传统冲突规则在网络空间的应用带来极大的挑战。"[①]

（二）涉外网上侵权的法律适用原则

在涉外侵权领域中，对于法律适用这一理论问题，最初采用的是由巴托鲁斯提出的侵权行为地法原则，[②]其核心思想是场所支配行为。该原则具有确定性，不仅有利于法官判案的高效性，而且对当事人权利的救济以及侵权行为地社会公共利益的保护具有重要意义，因此一直作为一项基本并且重要的法律适用原则，引导人们选择准据法，为解决纠纷找到合适的法律依据。随着实践的发展以及涉外案件的频发和多样化，国际私法日益蓬勃发展起来，适应新形势的最密切联系原则、当事人意思自治原则逐渐被提出，并且广泛运用于实践。基于涉外网上侵权行为所具有的特点，传统的法律适用原则将无法对其僵硬适用，在实践中究竟如何进行变通和操作？下面将一一进行阐述。

1. 侵权行为地法原则

侵权行为地法原则的适用范围是涉外侵权纠纷，是指法院在处理案件时以侵权行为地的实体法作为依据。基于其在传统国际私法理论中的基础性地位，被很多国家采用。

[①] 王冠：《论互联网对法律冲突的挑战》，载《黑龙江社会科学》2006年第3期。
[②] 李双元、金彭年：《中国国际私法》，海洋出版社1991年版，第55页。

然而，由于网络空间的虚拟性和不确定性，使其很难与物理空间中的地理位置对应起来，侵权行为地法原则在适用上的难度逐渐被凸显。但这是一项在长期实践中被大多数国家认可和采用的原则，因此笔者认为，针对如今大量存在的涉外网络侵权纠纷，不用在根本上改变连接点，只要对其进行适当扩充即可，即赋予网络环境中的"侵权行为地"新的内涵。

第一，侵权行为实施地的重新界定。法国很早之前就规定："非合同之债适用原因事实发生地的法律。"之所以选择侵权行为实施地的法律为依据，是因为行为人在实施行为时通常是以该地的法律作为衡量标准，对自己的行为进行评价和预测的，实施侵权行为当然也是如此。因此，选择侵权行为地的法律对其行为进行规范为最佳方案。①

网络虽然是一个虚拟的世界，但是各项网络活动的发生总是依靠客观存在的外部设备，基于这种客观性，网络空间始终与现实世界有着千丝万缕的关联性。因此，有学者提出依据"来源国规则"②，实现对行为实施地的定位。来源国规则，是指采用卫星技术将信息发散至世界各地，由此对他人合法权益造成侵害，则以信号发出国的实体法作为准据法，这是世界上绝大多数国家通行的做法。

综上所述，笔者认为，针对涉外网上侵权案件可以选择来源国法，具体来讲就是做出行为的计算机终端或者服务器所在地的法律。③

第二，侵权行为结果地的重新界定。信息资源在网络高速公路中不停流转、迅速传播，导致网上侵权行为的损害后果可能波及全球，从而使结果地的确定成为一个难题。美国《第一次冲突法重述》对侵权结果地的界定为"最后事实地""损害结果地""侵权责任人承担不利后果的事实发生地"。部分学者认为"最后事实地"的合理性在于，若行为人只是实施了损害行为，并没有相应的损害结果出现，其无须承担法律责任。该理论虽然受到来自英、法等国学者的批判，但也有国家采用了这种规定，比如日本等。④ 笔者认为，只

---

① 李双元：《国际私法（冲突法篇）》，武汉大学出版社2001年版，第585页。
② 何其生：《电子商务的国际私法问题》，法律出版社2004年版，第239页。
③ 任桂霞：《涉外网络侵权的法律适用问题研究》，北方工业大学2001年硕士学位论文。
④ 赵相林主编：《国际私法》，中国政法大学出版社2010年版，第324页。

要依照涉外网上侵权的特点对结果地进行适当的扩大解释，比如将被侵权人发现侵权内容的终端以及服务器的地点作为结果地，该原则在涉外网上侵权纠纷的解决中同样可以发挥重要作用。

2. 法院地法原则

法院地法原则作为一种古老的冲突规则，不论是在何种历史背景和社会制度下，都在涉外民商事纠纷中被高频率地运用，究其原因，主要有以下几个方面：首先，适用法院地法便于涉外纠纷的处理和争议的解决。若在涉外民商事纠纷中以外国法作为准据法，必然会面临法律查明的问题，而各国法律规定存在很大差别，种类更是多样，让法官做到全部熟悉是不现实的。将法院地法作为准据法就不会存在这样的问题，法官在维护双方权益和公平正义的前提下对其优先适用，属于情理之中。其次，选择法院地法能有效保障本国的秩序和利益，因为法律制定的初衷是维护国家利益。最后，在涉外民商事纠纷中适用法院地法也会使文书的送达、判决结果的执行等程序相对简单，从而节约司法资源。

和所有事物都无法尽善尽美一样，法院地法原则也有其先天的弊端。若在实务中不加限制地适用该原则，会违背国际私法的初衷，限制外国法律的适用范围，从而使利益相关国争夺管辖权，严重影响国际关系的安定团结；同时，过度运用该原则经常会面临判决结果不被他国承认并执行的困境，无法真正实现对当事人权利的维护和救济。在网络环境中，这些缺陷不断被放大和凸显，尤其是对于案件起诉地点的挑选，每个涉网侵权纠纷几乎都无法避免。即使存在一些不完美之处，法院地法原则在涉外网络侵权纠纷的解决中依旧起着不可或缺，甚至是举足轻重的作用。因为当依据其他原则最终选择外国法作为准据法时，有可能导致对法院地公序良俗和公共利益的危害，这时法官可依职权运用法院地的法律对其进行纠正，实现兼顾利益平衡和秩序维护的目的。

综上所述，虽然受到一定冲击和一些学者的批判，法院地法原则在网络背景下仍有其独特的优势，必将占据一席之地。网络将不同制度与传统的国家联系起来，致使大量涉网侵权案件出现，进而产生法律冲突，各国的法律制度和主权遭受不同程度的冲击，法院地法则可作为调整的依据，在外国法的适用有损法院地秩序和公益时及时纠正，起到平衡和协调的作用。因此，笔者认为，在网络环境之中，当侵权行为危及法院地的公共秩序和善良风俗以及社会利益时，理应选择适用法院地法，尤其是对于严重违反公法的涉外网上侵权个案，法院地法原则的重要性更为明显。实务中，平等主体之间的网络侵权纠纷，通常无关公共利益和秩序，在这种情况下，法院地法原则的适用应当慎重。总而言之，法院地法原则在涉外网上侵权纠纷之中的运用需要具体问题具体分析，具体案件具体对待。

3. 最密切联系原则

网络技术的日益更新，使传统的法律适用原则显得更加僵化，难以应对复杂多样的侵权纠纷。学者在继承与保留的前提下，得到了适应网络时代要求的全新理论成果，最密切联系原则就是其中重要的一项。

最密切联系原则是一项较为新颖且重要的理论，其核心要义为：受案法院在选择准据法时，应避免僵硬适用冲突规范，而是在多个连接点中，具体问题具体分析，综合评价对本国利益和秩序、他国相关法规以及当事人双方期望可能产生的影响，从中确定最合理的一个作为准据法，该国法律与存在纠纷的事实和双方之间有最紧密的关联。①

最密切联系原则被普遍地接受和运用，主要是因为它有两大优点：首先，有利于确保案件结果的公正性。传统的法律适用理论是按照预先设定的连接点来确定准据法的，忽略了具体案件的独立特点，没有考证该准据法能否保障公平正义。最密切联系原则一改单一连接点的模式，成为一种富有弹性的法律选择方法，使法官具有自由裁量的空间，在深入分析案件的基础上，挖掘出争议焦点隐藏的实质利益冲突，选择最符合公平正义价值的法律。其次，最密切联系原则可以使冲突规范更加灵活，且适应性更强。法律关系类型的多样化和复杂化，使传统法律适用规则显得过于简易而难以继续适用。以侵权行为地法原则在涉外网上侵权的适用中遭遇的困境为例：网络的连接范围扩展至全球，无法精确定位行为地。将最密切联系原则引入这些新型问题，可以填补传统法律适用规范的空缺，起到备用和兜底的作用。

在网络背景下适用最密切联系原则，最重要的环节是最密切联系地的确定，因为这决定着当事人追求的实体权益最终能否实现。对于最密切联系地

---

① 肖永平：《国际私法原理》，法律出版社2003年版，第46页。

的确定，存在多种主张：一是依照连接点的密集度选择数量上占优势者；二是依照法官的裁量权选择质量上最具优势者，即最有实质联系的连接点；三是折中说，即综合考虑质和量。笔者认为，在网络环境中寻找最密切联系地，不可采用量的标准，因为如此机械容易损害正义价值，而应当由法官根据具体的网络侵权案件，综合分析各方利益，包括国家、当事人以及法律利益，选择真正焦点利益对应的法域，从而确定应适用的法律。应当注意的是，最密切联系原则需要受到一定限制，否则可能使法官滥用裁量权，主观臆断地选择准据法，而难以确保其合理性和确定性。在涉外网络侵权中，基于网络的全球性，可供选择的法律数量通常很大，这种潜在危害性更是被放大，这些弊端还应当在将来的法律适用中逐渐予以弥补和调整。

4. 有限的意思自治原则

意思自治原则是指尊重双方的自由意志，以其合意所选定的法律作为依据。该原则由法国法学家查理·杜摩兰率先提出，最初只是在合同领域适用，并且始终是契约法律关系法律适用中最重要和最基本的原则，其核心就是双方当事人按照自由意志选择准据法，并承担相应后果。经过不断变革与完善之后，最终将该原则引入侵权领域。

但是根据前文所述，我们知道网络侵权与一般侵权在很多方面都存在一定的差异，要想在涉外网络侵权中引入意思自治原则，首先应当对其设置一定的限制。在传统理论中，侵权行为是绝对排斥意思自治的，因为侵权行为关乎社会公共利益，所以具有严格的法定性，其产生、变更、消灭等都由法律明文规定。但是随着"人"在法律适用中地位的不断提高，国际私法理论将传统思维的藩篱打破，在侵权行为领域引入意思自治。如今很多国家的法律以及国际公约，都允许主体双方在特定范围内协商确定侵权纠纷的准据法。这一方面使被侵权人选择对自身有利的法律，以实现权利的救济，体现了对弱势方的保护；另一方面又对被侵权人所能选择的范围进行限定，将侵权人应承担的赔偿限定在合理范围之内，体现了对双方利益的平衡和控制。

意思自治原则以尊重双方当事人的主观意愿为特征，能够充分体现网络环境中各个主体之间地位平等，符合网络的非集权化、无国界性特征。基于此，意思自治原则完全可以引入涉外网络侵权纠纷，为准据法的确定提供依据。尤其是面临网络带来法律适用的困境时，意思自治原则无疑为我们开辟了一条新的道路,提高了解决纠纷的效率和当事人的满意度,在保障公平正义的同时,无形中促进了网络经济的发展。在许多国家的司法实践中,已有涉外网上侵权纠纷的双方当事人协商选择准据法的实例。

在涉外网上侵权中依照意思自治原则确定准据法,需要进行必要的限定。因为侵权行为不具有合同的相对性,它涉及社会秩序和公共利益,一旦发生,对社会造成的冲击较大,若完全放开当事人选择的范围,会催生挑选法院以规避法律的现象,危害社会秩序。从全球范围看,各国一般是限定主体双方在一定范围内进行选择。同时,对选择范围的界定也不宜过于狭窄,否则会使意思自治原则的适用意义不大。笔者认为,可以规定当事人在与实际发生的侵权行为具有本质关联的法律中进行协议选择,具体来讲,可以是被请求保护国法、来源国法等,这样能兼顾当事人的能动性和法院地的公共秩序。[①]

综上所述,将有限的意思自治原则运用于涉外网上侵权纠纷,允许主体在与案件有实质关联的法律中进行商定,而非局限于侵权行为地法等传统原则,是一种创新和突破,具有广阔的发展空间。双方当事人在涉外网络侵权案件中,对纠纷的解决达成合意,协议选定准据法,法官在处理时就应当进行充分考量。只要不违反公序良俗和重大利益,理应适用该法律,以降低涉外网络侵权法律适用的难度,从而提高处理纠纷的效率并维护司法正义。[②]

第三节 互联网环境下电子合同的法律适用

一、电子合同概述

电子合同也称为电子商务合同,是指当事人之间通过信息网络以数据电文形式达成的设立、变更和终止民事权利义务关系的协议。[③] 电子合同既包括

---

① 牟疆燕:《论涉外网络侵权的法律适用》,山东大学2014年硕士学位论文。
② 牟疆燕:《论涉外网络侵权的法律适用》,山东大学2014年硕士学位论文。
③ 郭懿美、蔡庆辉编著:《电子商务法》,厦门大学出版社2004年版,第47页。

当事人通过电子邮件、数据交换或其他数据方式签订的合同，也包括通过点击对方提供的固定格式的合同文本，在最后确认后形成的合同。

如果说传统合同是随着人们对交易安全和交易自由的需求而产生的，那么，电子合同则是在信息技术高度发展的背景下为追求快速、便捷而产生的。自20世纪以来，互联网迅速发展并日益成为商事交易的主要媒介，电子合同随之产生。根据合同当事人之间的关系，电子合同可以分为B-C合同，B-B合同和B-G合同等形式。由于电子合同双方无法见面商讨合同细节，因此，随着网络的发展，电子合同的效力问题就显得尤其重要。与传统合同相比，电子合同体现了不同的特征和内容。笔者认为，其区别可概括为以下几点。

第一，签署过程的差异。这是电子合同区别于传统合同的一个主要标志。传统合同的签订一般是面对面，或者一方签署后，再交由另一方签署。其签署过程发生在物理空间中，而且有时会存在时间和空间上的不一致性。而电子合同的签订主要在网上进行，通过互联网，以电子邮件等数据电文形式订立，并以电子签名来保证其有效性。其签署过程是一种在虚拟的网络空间进行的电子数据交换的过程，体现了网络信息技术的发展。

第二，信息载体的差异。电子合同与传统合同之间的本质区别就在于其信息传输与交换载体的不同。传统合同的信息载体以纸面为主，人们通过视觉和触觉就可以直观地感受到协议的内容。电子合同的信息则以数据化形态通过网络传送，其载体一般表现为电子邮件、电子数据交换等数据电文形式。传统的纸面载体被电子介质取代，向网络化、无纸化发展。正是由于信息载体的不同，才使电子合同的订立更为方便、快捷，更好地保护了电子商务交易双方的利益。

第三，签订主体方面的差异。这涉及电子合同当事人主体资格的认定问题。传统合同的签订，由于是面对面进行的，当事人双方可以直观地判断出对方的年龄和是否具有行为能力。而在网络环境下，双方当事人往往根本无从知晓对方的真实年龄、精神健康状况，也就难以判断其是否具备相应的行为能力。因此，对于限制行为能力人所签订的电子合同的效力问题，应当结合具体情况进行分析，不应一律认定为无效。

二、电子合同的形式要件

如前所述，合同是双方交易关系成立的基础，是交易得到法律保障的前提。由于书面合同在提供证据证明合同订立、确定合同各方当事人权利义务等方面具有重要的功能与作用，因此世界上大多数国家的法律和有关国际条约、国际法律文件都要求合同须以书面形式订立。但是，随着市场经济、商品经济的快捷迅速和合同自由原则的确立，近现代法律关于合同书面形式的要求日益宽松和灵活。例如，我国《民法典》第469条第1款规定："当事人订立合同，可以采用书面形式、口头形式或者其他形式。"这其实也反映了鼓励合同自由的国际潮流。在国外，很多国家对于合同书面形式并无特殊要求。具体而言，在英美判例法国家，对许多交易行为并无严格的形式要求，只要双方表达了缔结合同的意愿，并为对方所知晓，合同即成立。例如，《美国商法典》规定，价款达到或超过500美元的货物买卖合同才须采取书面形式。[①] 即使在大陆法系的德国，除了保证合同、赠与、土地买卖等几种合同，多数合同也并无书面要求。

随着计算机技术、互联网的发展和应用以及电子商务的迅速崛起，人们的活动空间已由物理空间延伸到网络空间，商业和贸易的开展已由传统的纸面形式转向无纸的数字化形式，数据电文逐渐成为信息的重要载体。因此，数据电文是否属于书面形式，就成为判断电子合同是否有效的前提和基础。当然，这些有关数据电文是否属于书面形式的讨论只有在一国法律对合同的书面形式有明确要求时，其才是有意义的。

（一）数据电文是否属于书面形式：国际公约角度之立法沿革

在众多对合同书面形式加以规定的国际公约中，通过细致梳理它们对"书面"一词表达上的差异，我们可以清楚地领略到在现代科技环境下，国际公约关于合同书面形式要求不断宽松和进步的趋势。

[①] 高尔森：《英美合同法纲要》（修订版），南开大学出版社1997年版，第62页。

1. 1988 年《国际保理条约》

1988 年国际统一私法协会制定的《国际保理条约》中给"书面"下了一个迄今为止最为广泛的定义，它规定："为本条约之目的，书面告知，包括但不限于电报、电传和其他一切能够以有形形式复制的方式。"根据这一定义，国际互联网通信方式显然包括在内。也就是说，当事人可以利用该项规定主张他们之间的电子合同符合有关"书面"的要求，因为虽然网络空间是无形的，但是协议的内容完全可以"以有形形式复制"，在必要的情况下留存和提交打印版本的协议也是完全可以做到的。

2. 1996 年联合国《电子商业示范法》

1996 年 12 月 16 日联合国国际贸易法委员会在第 85 次全体大会上通过了《电子商业示范法》，其中第 6 条第 1 款对书面形式作了如下规定："如果法律要求信息须采用书面形式，或规定了信息不采用书面的后果，那么只要一项数据电文所含信息可以调取以备日后查用，即满足了该项要求。"由此可见，《电子商业示范法》对数据电文的最基本要求是：信息可以阅读或复制。它将数据电文作为明确的储存形式，这些手段包括但不限于电子数据交换、电子邮件、电报、电传或传真，并且赋予它们与传统纸面方式同样的法律地位，这样，由数据电文形成的一切文件，包括电子合同就当然地符合了法律的要求。在《电子商业示范法颁布指南》有关《电子商业示范法》的简介中还认为："在国际一级，《电子商业示范法》在某些情况下也可用来解释现行的国际公约和其他国际文书，这些公约或文书因规定某些文件或合同条款应以书面作成等而给电子商业的使用设置了障碍。对这类国际文书的缔约国而言，采用《电子商业示范法》作为解释规则能为承认电子商业的使用提供一种手段，避免为所涉国际文书谈判一项议定书的必要性。"

从上述规定可以看出，《电子商业示范法》在数据电文与书面形式的问题上并没有明确指出数据电文属于书面形式，而是采取功能等同原则解决了二者之间的矛盾。一般认为，功能等同原则正式作为对合同书面形式进行解释的一个原则是 1992 年联合国国际贸易法委员会最早提出的。1992 年，联合国国际贸易法委员会对电子数据交换提出了一份研究报告。该报告指出，许多国家的法律都要求某些交易必须以书面形式签订合同，这些国家之所以要求合同采用书面形式，主要是为了实现以下目的：（1）使交易合同各方知道订立合同的法律后果和各方的权利义务；(2)使第三方对书面合同产生信赖；(3)使合同的存在及其内容有确凿的证据，以减少合同纠纷；(4)满足国家行政管理的需要。该报告还指出，要求各国在法律上完全取消有关书面形式的规定是不大可能的，比较切实可行的办法是设法使电子数据交换的电讯被视为书面形式，这种方法即为功能等同方法。① 所谓功能等同原则（functional equivalent approach），是指将传统的书面形式加以分析，从中抽象出其所具有的功能，再将数据电文的效力与纸面形式的功能进行类比，并找出具有相应效果的手段，以确定其效力。② 该方法最终于1996年的《电子商业示范法》中得到运用。

显然，功能等同原则的提出和运用，为各国以及国际条约解决合同书面形式问题开启了广阔的思路。采用功能等同原则确定电子合同的效力，是不同于对传统书面形式作扩大解释的方法。这是因为，对传统书面形式作扩大解释仅仅是扩大书面形式的外延，将数据电文纳入书面形式的范围，这固然能解决部分数据电文的法律效力问题。但是，科技的发展和更新是极其迅速的，一旦出现新的技术形式，就必须再对书面形式重新进行解释。而功能等同原则通过将数据电文的效用与纸面形式的功能进行类比，确定其法律效力，从而摆脱传统书面这一单一媒介条件下产生的僵硬规范的束缚，为电子商务创造一个富有弹性的、开放的规范体系，以利于多媒体、多元化技术方案的应用。

当然，并非所有的国际公约都会涉及数据电文等方式是否为书面的问题，因为它们在法律行为的形式要件上采取了"不要式"原则。如1980年的《联合国国际货物销售合同公约》对合同的形式问题予以了很宽松的规定。该公约第11条指出，销售合同无须以书面订立或书面证明，在形式方面也不受任何其他条件的限制，销售合同可以用包括人证在内的任何方法证明。

---

① 姜红：《论电子合同的"书面"形式》，中国政法大学2004年硕士学位论文。
② 邓杰：《论电子合同的形式有效性》，载《重庆邮电大学学报（社会科学版）》2007年第2期。

（二）数据电文是否属于书面形式：主要国家之立法沿革

从内国立法看，许多国家并没有采取"功能等同法"解决数据电文所面临的"书面与否"的问题，而是通过扩大解释书面形式，将数据电文理解为书面形式。也即，20世纪90年代中后期，有相当一部分国家的电子商务立法对"书面合同"的理解突破了传统纸质媒介的局限。例如，1998年新加坡《电子交易法》第7条规定："如果某一法律规则要求信息必须被书写、或采用书面形式、或须以书面形式提交、或规定如果不采用书面形式会产生某种法律后果，则当某电子记录包含的信息能够提供日后的参考时，该电子记录满足这一法律规则的要求。"1999年韩国《电子商务基本法》第5条规定："除非其他法律有特别规定，一项电子讯息不得仅因为其以电子形式存在而被否认具有如同其他基于书面的讯息的效力。"原来否认电子邮件中的合同的瑞士，通过其《国际私法法典》第178条也认为"包含在电子邮件中的合同"可以被认定符合形式要求。

我国香港特别行政区2000年《电子交易条例》也对电子数据是否属于书面形式作出了明确的规定。其第5条第1款规定："凡任何法律规则规定资讯须是书面形式，或须以书面形式提供，或规定如资讯并非书面形式或并非以书面形式提供则会有某些后果，如某电子记录包含的资讯是可查阅的以致可供日后参阅之用，则该记录即属符合该规定。"

从上述立法规定可以看出，承认电子合同的效力是大势所趋。这种趋势是值得鼓舞和提倡的，这是因为合同作为记载当事人意愿的一种方式，是手段，而不是目的，其有效性理应从更宽松的角度上获得理解。同时，从电子商务发展的速度和现状来看，电子合同本身就是为适应互联网飞速发展的社会现实应运而生的，而电子商务高速度、高效率、低成本的性质决定了当事人很少有机会或时间去专门达成合同，因为这将损害他们选择网络交易的初衷。例如，在 B-C 交易中，不论是在线消费者还是在线商家，由于交易额普遍较小，人们根本就不会专门就合同条款进行磋商。因此，尽管电子合同与传统合同的载体不同，但只要它体现了当事人的真实意思表示，就应当广泛承认电子合同的效力，没有必要因载体的问题而否定当事人的真实意愿。如果刻板地要求合同的书面形式以签署或一来一往互换函件为条件，只会反过来成为商事交易的桎梏，因此，只要当事人真正形成了共同意愿，书面形式的认定尽量从宽已经成为各国立法的潮流和方向。

（三）数据电文是否属于书面形式：我国立法之分析

我国1999年制定的《合同法》为顺应放开"书面形式"要求的立法发展趋势，在第11条中规定："书面形式是指合同书、信件和数据电文（包括电报、电传、传真、电子数据交换和电子邮件）等可以有形地表现所载内容的形式。"从而将互联网上最常用的信息传递方式（如电子数据交换和电子邮件）正式纳入"书面形式"的范畴。《最高人民法院关于适用〈中华人民共和国仲裁法〉若干问题的解释》中也明确指出，仲裁协议包括以合同书、信件和数据电文（包括电报、电传、传真、电子数据交换和电子邮件）等形式达成的请求仲裁的协议。2021年1月正式施行的《民法典》第469条第2款、第3款规定："书面形式是合同书、信件、电报、电传、传真等可以有形地表现所载内容的形式。以电子数据交换、电子邮件等方式能够有形地表现所载内容，并可以随时调取查用的数据电文，视为书面形式。"

从上文可以看出，目前世界各国对于电子合同的形式要求都持扩大对"书面形式"的解释，即书面形式包含电报、电传、传真、电子邮件等数据电文形式。我国也作出了相应的规定。这有利于电子商务的有序发展，也保护了网上交易当事人的合法权益。世界上大多数国家皆通过立法或司法解释扩大了书面形式的外延，使之涵盖数据电文，从而解决了数据电文，也即以数据电文为表现形式的合同的法律效力问题。[①]

三、电子合同的实质要件

与传统合同一样，要使电子合同有效，其也必须具备一定的要件。当事人双方须具备民事行为能力、当事人双方有真实明确的意思表示、不违反法律或社会公共利益三个要素，对于电子合同来说应是完全适用的。但是，关

---

① 邓杰：《论电子合同的形式有效性》，载《重庆邮电大学学报（社会科学版）》2007年第2期。

于当事人行为能力的要求,以及意思表示真实问题由于电子合同的特殊性存在一些争议及尚需解释的问题。

(一)传统民事行为能力制度在网络环境下的困境

所谓民事行为能力是指当事人通过自己的行为取得民事权利和承担民事义务的资格。就自然人而言,现行世界各国对此主要实行两种制度:一是成年制度,即以自然人的年龄作为划分自然人成年和未成年的标准。成年人享有完全的民事行为能力,而未成年人则属于无民事行为能力人或限制民事行为能力人。我国《民法典》第17条、第18条规定,18周岁以上的自然人为成年人。成年人为完全民事行为能力人,可以独立实施民事法律行为。16周岁以上的未成年人,以自己的劳动收入为主要生活来源的,视为完全民事行为能力人。《民法典》第19条、第20条规定,8周岁以上的未成年人为限制民事行为能力人,实施民事法律行为由其法定代理人代理或者经其法定代理人同意、追认;但是,可以独立实施纯获利益的民事法律行为或者与其年龄、智力相适应的民事法律行为。不满8周岁的未成年人为无民事行为能力人,由其法定代理人代理实施民事法律行为。二是禁治产宣告制度,即成年人在具备一定的原因时,经利害关系人申请,法院可以宣告其为无行为能力人或者限制行为能力人,并为其设置监护人或保护人。而非自然人的行为能力一般包括法人的行为能力和非法人组织的行为能力。通常情况下,法人和非法人组织从其被批准成立时开始具有行为能力,到其解散时丧失。

在传统合同中,各国法律及有关的国际法律文件一般都规定合同当事人应具有民事行为能力。例如,依据我国《民法典》第143条的规定,当事人订立合同,应当具有相应的民事权利能力和民事行为能力。《美国合同法》第二章第11条也明确规定,一个自然人如果就某项交易做出同意的意思表示,则该自然人享有完全合法的创设合同义务的缔约能力。《德国民法典》第105条第1款规定,无行为能力人的意思表示无效。而对于限制行为能力人而言,则仅仅具有部分缔约能力,即在为纯获利益而订立的合同、以其零用钱订立的金钱履行合同等几类合同上具有缔约能力。而对于其余合同,则需要等待他们的法定代理人追认后才具有合同效力。具体表现在:1998年《德国民事诉讼法典》第1059条第2款第1项规定,申请方有充分理由表明合同的当事人根据适用于其的法律系无行为能力的，裁决可以被撤销。根据英美法的相关规定，原则上未成年人没有订立合同的能力，但在涉及必需品及有利于未成年人的合同方面，则具有约束力。

尽管各国以及国际公约对合同主体资格有明确规定，但问题是，在传统合同签订过程中，双方可以通过多种方式和手段对对方的年龄或民事行为能力等进行了解。而在匿名或身份虚拟化、数字化的网络空间进行交易时，当事人往往无从获知对方的真实身份、实际年龄以及精神状况，而只是通过网络搜索对方的资料或同对方进行信息互动获取其身份信息，从而让人难以判定对方是否具有相应的行为能力。交易者所能获取的身份信息是从传统的形象信息转化过来的抽象的数字信息，这为很多人使用虚假的个人信息、隐匿其真实身份以参与网上交易提供了机会。在现代社会，未成年人参与网上活动和网上交易的现象越来越普遍。实践中，国内外都发生过未成年人通过电子合同实施了超越其行为能力范围的某种购买。例如，2006年发生在英国的"3岁男童买汽车案"，就是3岁孩子利用其母亲留在电脑上的网站账号和支付密码，购买了一辆价值9000英镑的汽车。在英国，未成年人缔约理论奉行的是"必需品理论"，即该项购买如果属于满足少年儿童发展的"必需行为"，则该未成年人具备缔约能力，合同即为有效。在本案中，卖家认可了男孩父母提出的男孩购买汽车不可能是满足孩子生存发展需要的观点，答应退货。①在我国，2000年也报道过一个8岁男孩在购物网站利用其父亲的身份证注册账号并购买打印机，因其父母拒绝接受而引发纠纷的案例。②

由此可见，虽然有些网上交易者在订约时要求对方输入其身份证号或其他信息以证实其为成年人，但是这种方法也无法保证信息的真实性，这就使得传统的当事人民事行为能力制度在网络环境下遇到了前所未有的挑战。

（二）电子合同中当事人行为能力问题的解决之路

当前，网络用户中的未成年网民数量极大，且年龄呈下降趋势。在这种

---

① 杨柳柳：《试析网络购物合同的法律问题》，复旦大学2013年硕士学位论文。
② 袁泉等：《互联网环境下国际民商事法律关系适用》，中国法制出版社2010年版，第90页。

趋势下，未成年人隐匿其真实身份，通过网络签署电子合同，从事电子交易的现象日趋普遍。基于此，应采取相应的措施以解决网络环境下的交易主体资格问题。

1. 在电子商务领域建立电子身份登记制度和认证制度

显然，对当事人进行身份识别是电子商务得以顺利开展的保障。因为只有身份信息真实可靠，网上交易者才能对相对人的行为能力作出准确判断，从而决定是否与其进行交易、进行何种交易等。然而，由于网络的发展，传统意义上识别当事人身份的手段无法得到应用。但身份识别方式的变更并不等于说身份识别在网上订约中无法实现，事实上，在网上订约过程中，仍然可以凭借一些技术手段或者制度设计来进行身份识别，如运用摄像头、语音聊天、CA 认证等措施。目前，探讨较多的是在电子商务领域建立电子身份登记制度和认证制度。这种制度是对网上交易者的身份进行登记，并由第三方对该身份的真实性进行认证。

目前，实践中早已开始采用电子身份登记和认证制度，并取得了良好的效果。例如，上海有名的 C-C 电子商务交易平台——易趣网与国家公安机关、金融机构等机构合作，推出"实名认证"系统，对交易者的身份信息及信用卡信息予以核实，从源头上保证进入社区交易的每个会员的身份真实，其交易额也因此不断攀升，从而在 IT 产品、通信、服装、房地产等多个商品分类网络销售中领先业界。从实践中看，在电子商务领域建立电子身份登记制度和认证制度，可以从源头上缓解网络身份虚拟化、交易主体低龄化与行为能力要求的冲突。

2. 放宽电子合同当事人行为能力的要求

随着网络行为的普及以及未成年人利用网络进行电子交易数量的增加，确立限制民事行为能力人在电子合同中的主体资格是必需的。确立当事人民事行为能力制度的目的在于维护交易安全、交易秩序以及保护未成年人或无民事行为能力人、限制民事行为能力人的合法权益。因此，在认定行为能力有瑕疵的当事人签订的电子合同的法律效力时，应紧紧围绕这一目的来作慎重的分析和权衡，不可简单处理、一概而论。事实上，从传统民事行为来看，限制民事行为能力人所能从事的行为也有很多是有效的。例如，王泽鉴教授认为，限制行为能力人所能独立完成的行为包括理发、购买零食、学生购买文具用品、少女购买脂粉等，自不待言；就现代社会生活而言，还应包括看电影、适当玩玩电动玩具、儿童乐园坐云霄飞车等。① 因此，在网络环境下，既不能过于强调网络与电子商务的特殊性，夸大行为能力制度与这种特殊性之间的矛盾和冲突，进而彻底否定行为能力制度对网络与电子商务的可适用性；也不宜无视网络与电子商务的特殊性，尤其不能偏离支持和鼓励合同自由的基本精神，轻易否定行为能力缺陷者签订的电子合同的效力。由于未成年人参与网上交易成为普遍现象，如果有关合同均按照现行法律规定一律认定为无效，那么必然会使从事电子商务的风险大大增加，影响电子商务的发展。

笔者认为，在此问题上可以借鉴英国的"必需品理论"，即若限制行为能力人与网络商家所签订的电子商务合同属于为其生存发展所必需的合同，则该合同有效。但需要注意的是，这类合同不应局限于未成年人生活服务的范畴（如衣物、食品、用品等），还应该包括满足未成年人精神发展需要的范畴（如劳务合同、教育合同、信息合同等）。如此，某12岁女孩作为受赠人在网上与他人订立的赠与合同，某10岁男孩作为买受人在网上与他人订立的购买较小金额文具的买卖合同，以及某13岁女孩与课外机构订立的语言培训教育合同等，都应认为是有效合同。但是，由于在英国民法理论中仅仅规定了未成年人缔约能力问题，而没有像我国对未成年人进行了限制民事行为能力和无民事行为能力的划分，因此，在我国行为能力理论下，建议对限制民事行为能力人签订的电子合同适用"必需品理论"；对于无民事行为能力人而言，可以沿袭原有理论，即一律认定为无效。

另外，对于限制行为能力人故意冒用其父母名义订立的超越其生存发展需要的电子合同，应如何认定其效力呢？这里其实依然要考虑对未成年人保护和交易安全的平衡问题。如果确认合同的效力，虽然维护了交易安全，却不利于对未成年人的保护；如果否定其效力，又不利于交易安全。因此，对网络交易中的当事人行为能力问题应该重新考虑。② 笔者认为，在互联网迅速发展的今天，可以不依照传统法律的规则进行判断，如果网站已经尽到了自

---

① 王泽鉴：《民法学说与判例研究》（第四册），中国政法大学出版社2003年版，第10页。
② 鞠海亭：《网络环境下的国际民事诉讼法律问题》，法律出版社2006年版，第159页。

己的审查义务,就不应对合同无效承担责任,而应由疏于保管自己身份和账号信息的未成年人父母承担责任。

最后,需要指出的是,认可限制行为能力人订立合同的效力,并不是说该合同的效力不受其他限制。该协议如果存在欺诈、胁迫、违反国家强制性规定等使合同无效的情况,仍然属于无效合同。而就无民事行为能力人而言,其订立的电子合同应认定为无效。①

(三)关于电子合同意思表示真实的问题

由于合同签订本质上是主体的一种民事行为,所以关于民事行为的有效性,即民事行为必须是当事人真实意思的表示的相关规定也适用于电子合同的签订。但是,由于计算机特有的属性,在电子合同中,很容易由于人为原因或机器原因而造成错误。那么,对于这些错误,能否主张意思表示不真实,而认定电子合同无效?对此,我们需具体分析。

首先,在利用网络签订电子合同时,不可避免地会出现因操作不当而产生错误的意思表示。对此错误意思表示,行为人是否可以主张无效或撤销?对此,可以从民法一般原理上获得解释。根据民法原理,在发生认识错误的情况下,可以认定意思表示无效。但意思表示错误如是出于重大过失而产生的,则不得主张无效或撤销。显然,单纯按错了键,不应理解为意思表示者有重大过失,因此是可以主张无效或撤销的。但是,若存在确认程序,一方在按键确认后又错误地进行了确认,完全可以理解为对确认有懈怠而进行了错误的意思表示,则应认定意思表示者有重大过失,表意人必须承担行为的法律后果,不得主张无效或撤销。

其次,如果错误并非人为原因,而是由于计算机或网络造成的原因,此时签订的电子合同是否对当事人有约束力呢?计算机或网络出现故障的原因是多方面的,可能是使用者未尽合理注意义务所致,也可能是黑客攻击或其他原因所致。在此情形下,一律允许行为人主张无效或撤销,显然有失合理。对此,应区分情况对待。对于行为人已尽了合理注意义务,但因当前的技术

---

① 吴清昊:《论在线仲裁》,载《北京仲裁》第61辑,中国法制出版社2007年版,第65—76页。

水平所限或者由于黑客攻击或其他原因而出现无法避免的差错，这类似于不可抗力，行为人可以主张该电子合同无效或可撤销。对此，世界上大多数国家和地区都有规定。例如，《欧洲 EDI 示范协议》第 11 条第 2 款指出，如果迟延或未能履约是因当事人在缔约时不能预见且对其发生和后果不能控制和不能避免的障碍所造成的，那么任何一方当事人对该迟延或未能履约给另一方当事人所带来的损害或损失不承担责任。内容与此相似的还有英国的《标准电子数据交换协议》第 11 条、南非的《示范交换协议》第 6 条第 1 款等。

对于由于第三方服务商原因导致的意思表示不真实的情况，大多数国家的国内立法和国际统一规则都很少涉及。目前，仅有欧盟发布的《关于内部市场中与电子商务有关的若干法律问题的指令》中对服务中间商的责任作出了一些规定。而在我国也全无关于上述问题的解决方案。因此，如何在未来的相关法律中对权衡服务商与用户的利益作出规定，是一个迫切需要解决的问题。

四、电子合同的签名要件

除了前述合同的形式要件和实质要件，电子签名也会影响到电子合同的有效性。对"书面形式"的法律意义应理解为一个相对完整的规范体系，其内涵不仅包括书面记载的含义，还包括与书面记载紧密相连的签名问题以及原件认定等证据效力问题。[①]事实上，在电子合同的签订过程中，一个重要的环节就是双方当事人进行签名。签名代表了双方当事人对电子合同内容的承认，是电子合同发生法律效力的基础。

（一）签名的含义和功能

签名在我们的日常生活中随处可见，它在个人生活过程中，以至于在整个社会运作中都占据了非常重要的地位。究竟何谓签名，不同的学者有不同的看法。我国《辞海》中对签名的解释是："在文件上亲笔署名或画押。"[②]《布

---

① 沈宏罡：《浅论电子商务与电子合同的形式要件》，载《求是学刊》2001 年第 5 期。
② 《辞海》（缩印本），上海辞书出版社 1999 年版，第 21—22 页。

莱克法律大辞典》将签名定义为："在商法中，当事人以认证书面文件为意图而使用的任何姓名、字码或标识即为签名。"而美国《统一商法典》对之的定义为："签名包括任何由当事人以认证书面文件为现实意图而采用的或手签的符号。"① 可见，法律意义上的签名与一般签名相比，突出了其证明作用，并且含义也广泛得多。

1. 传统签名的含义和功能

尽管上述"签名"的定义各有不同，但就传统签名的内涵来看，还是比较一致的，即签名是特定人手写自己的名字，以此表明其受书面内容约束的意愿。因此，"签名"应包含三个重要方面的内容：正确的名字、书面形式、本人手书。

"签名"的内涵和特性决定了签名的功能在于确认意思表示的表意人为何人以及其是否愿意对其意思表示之内容负责。按照联合国国际贸易法委员会电子商务工作组的意见，签名最重要的功能有两项：一是识别一个人的身份。人类从最早的部落领地标识到个人标识，再到现代的个人或团体的签名签章，虽然形式经过千百年的演化发生了很大的变化，但其签名的本质意义没有改变，鉴别作者身份的功能仍然是签名最重要的功能。二是表示该人对文件所载内容的认可。这是签名最为普遍的功能。② 签名一般附属于特定的文本，如果签名能够确定签署方的身份，那么则可以知晓签署人对特定文本持肯定确认的态度。当然，除了这些基本功能以外，签名还具有其他一些功能，例如，证明签名人认可其为合同的当事人或者某份签名文件的作者；证明签名人同意其所签署合同或文件的内容；证明签名人某时身在某地的事实；等等。

2. 电子签名的含义

在电子商务迅速发展的今天，电子合同以电子为介质，以数据形态存在，因此合同的当事人不能或无法以传统的手写方式在数据形态的合同上签名，这就迫使交易参加方去寻找既能适应于互联网交易，又能起到和传统手书签名同样功能的新方法。慢慢地，通过"功能等同原则"，人们把凡是具有和手

---

① 美国律师协会：《数字签名指南》，转引自阚凯力、张楚编著：《外国电子商务法》，北京邮电大学出版社 2000 年版，第 416 页。

② 李适时：《各国电子商务法》，中国法制出版社 2003 年版，第 234 页。

书签名同样功能的电子技术也叫作签名，这样，电子签名就产生了。虽然电子签名与传统手书签名都叫"签名"，但二者从形式到认定上的差别都很大。可以说，除了能确认当事人身份这一作用相同之外，二者之间没有什么内在联系。在网上仲裁中，要解决的问题是以何种方式生成的电子签名才是安全可靠和具有法律效力的。

广义的电子签名，是指包括各种电子手段在内的电子签名。它是电子商务法"技术中立"原则在电子签名概念上的反映。根据联合国国际贸易法委员会《电子签字示范法》第2条的规定，"电子签字"系指在数据电文中，以电子形式所含、所附或在逻辑上与数据电文有联系的数据，它可用于鉴别与数据电文相关的签字人和表明签字人认可数据电文所含信息。这一概念着重阐明了电子签名的目的与作用，而对电子签名所运用的技术方式几乎没有规定，凡是具有一定鉴别作用的，数据电信中附加的，或与之有逻辑上联系的电子形式的数据，都可以称为电子签名，它是广义电子签名概念的典型代表。在电子签名法案中，采用这种广义的电子签名概念的，还有美国的《统一电子交易法》和《全球及全国电子签名法》、澳大利亚的《电子交易法案》、欧盟的《电子签名共同框架指令》等。因此，从广义上讲，凡是在电子通信中能起到证明当事人身份、证明当事人认可文件内容的电子技术手段，都可以称为电子签名。[①] 采用广义的电子签名概念，在立法上保留一定灵活性的空间，并赋予高于一般签名方法的效力，表明了这些国家在电子商务立法上的态度或倾向于不希望把电子签名与特定的实现技术绑定。采用灵活性高的电子签名概念，可以为新技术的发展留下空间，避免在法律上为之设置障碍。

狭义的电子签名，是指以一定的电子签名技术为特定手段的签名，通常指数字签名，它是以非对称加密方法产生的数字签名。所谓数字签名，就是只有信息发送者才能生成的、别人无法伪造的一段数字串，这一段数字串也是对发送者发送的信息的真实性的一个证明。[②] 狭义电子签名的概念，是建立在对现有生成电子签名的技术方法的充分信任的基础上的。因为在现行的电子认证技术中，计算机口令容易被破获，其安全系数不足；对称密钥加密不适

[①] 张楚编著：《电子商务法初论》，中国政法大学出版社2000年版，第161页。
[②] 刘彩主编：《全球电子商务》，人民邮电出版社1999年版，第71页。

应开放型市场的需要；而笔迹、眼虹膜网等识别技术应用成本过高，唯有非对称密钥加密方法，既安全可靠，又能适应开放型市场密钥分发的需要，而且成本也不太高，是较为理想的电子签名技术方案，因而应作为法定的电子签名技术予以确定。只有用非对称密钥术作出的电子签名，才具有如同手书签名一样的法律效力。因此，有的政府直接参与电子签名标准的制定与实施，如美国犹他州就是这方面的代表。该州不仅以《数字签名法》确定数字签名为有效的电子签名形式，以州政府作为普通认证机构的审批者，而且由州政府担任"根"认证机构的角色。值得指出的是，目前的电子签名技术已很成熟、安全，要使电子商务大众化、市场化，就需要政府出面建立信任机制，以法律手段消除各种不确定因素，促进相关产业的发展。

与上述广义与狭义的电子签名概念相比较，尚有安全电子签名。该电子签名概念是一种折中式的概念，是指经过一定的安全应用程序和方法所显示的签名，且该签名对签名人是独特的，附加于内容末端且仅由签名人控制；它与资料信息相关联，且提供该资料信息的完整。① 其具体形式是开放型的，任何能够达到同一效果的技术方式，都可以囊括于内。从效果上看，安全电子签名与狭义的电子签名的要求是基本一致的，即必须达到一定的安全水准，能够证明数据电文签署者的身份，并表明签署者同意数据电文中所包含的信息内容。二者的差别在于所肯定的技术范围不同。狭义电子签名是以列举式的方法指定某种技术为有效的电子签名手段；而安全电子签名，则概括地提出安全签名的基本标准，凡是达到该标准的，就可称之为安全（强化）电子签名。

3. 传统签名与电子签名的比较

电子签名是传统签名在信息社会网络环境下演变的产物，其与传统签名在功能上有等价之处，但由于电子签名是以特殊的技术为支撑的框架，因此二者也有差别之处。

第一，功能的差异。电子签名在功能上可以满足传统签名的基本要求，即确认当事人，确认其意思的表达，确认文件的真实性与完整性等。但电子签名并不完全具备传统签名所具有的功能。比如，传统签名所具有的仪式目的及效力与逻辑目的就无法在电子签名中得到满足。仪式目的要求签署文件

---

① 李双元、王海浪：《电子商务法若干问题研究》，北京大学出版社 2003 年版，第 66 页。

的行为引起签名者注意自己行为的法律目的。显然，这些功能都是电子签名所无法满足的。此外，某种特殊场合的签名也是电子签名所不能为的。例如，在给特殊物品上加贴附有签名或印章的封条时，或者法院及其他行政机关给当事人的文书上需要当事人签名时，一般需要当事人的亲笔手书签名，电子签名并不具备这些功能。

第二，签名方式的差异。传统签名一般采用签名人在纸质介质上亲手书写或盖章的形式。在整个过程中，签字人亲自实施并操控签名过程，方法比较简单，没有过高的技术要求。但电子签名一般都是通过在线签署的，它是一种跨越地理空间的远距离认证方式，签名者无须像传统签名一样必须亲自在场。

第三，签名的安全性不同。传统的签名方式由于手写不能保证每次都完全相同，因此容易被仿冒，且由于技术简易，其被仿冒的可能性较高。而电子签名的操作均是由计算机软件程序加以控制的，通过特定的设备和软件将电子签名与数据电文本身联系在一起。签署者每次在录入其签名时，必须保证每次录入的都完全相同，否则计算机将无法确认，因此其被冒用的可能性很小。

第四，签名的显示方式不同。传统签名由于其载体原因，可以随时展示给他人，因此，当其作为证据使用时，也可以随时提供给裁判者审查。但电子签名是一种计算机程序，除非借助于计算机或打印机，否则无法显示出来。

（二）关于电子签名效力的立法状况

尽管电子签名与传统签名存在差异，但这种差异并不影响电子签名发挥与传统签名同样的基本功能，即识别身份以及表明该人对法律文件的认可。也正是因为电子签名与传统签名之间的功能性等同，相关国际文件和一些国家的电子商务立法、电子签名法均赋予电子签名具有与传统签名一样的法律效力。换言之，电子签名实质上以一种电子符号的形式发挥着与传统签名一样的功能与作用。

1. 国际立法

联合国国际贸易法委员会历时 5 年，于 1996 年 6 月 12 日第 29 届年会通过了《电子商业示范法》，允许贸易双方通过电子手段传递信息、签订买卖合同和进行货物所有权的转让，为实现国际贸易的"无纸操作"提供了法律保障。该示范法第 7 条规定了如果符合下列两种情况，数据电文就满足签字的基本法律要求：（1）如果数据电文的发端人或收件人使用了一种方法，其效果是既鉴定了该人的身份，又表明了该人认可了数据电文内含的信息；（2）从所有情况来看，包括根据任何相关协议，所用方法是可靠的，对生成或传递数据电文的目的来说也是适当的。该法第一次以立法的形式明确提出了电子签名的概念，同时它创造了一种简洁实用的立法技术——"功能等同法"。这一方法是对"签名"这一传统法律的要求进行目的分解，将抽象的概念分解成若干条具体标准，然后以这个标准与电子信息进行对比，凡符合比较标准的电子信息就视为符合法律的要求。这种立法技术使新兴的电子签名能够自然融入传统法律的调整范围内，是联合国国际贸易法委员会对促进人类社会进步所作的一大贡献。但是，仅仅一条概念显然不能满足实践中多种法律争端的可操作性要求。因此在《电子商业示范法》出台后，联合国国际贸易法委员会将工作的重点放在制定电子签名领域的法律规范上。其中最重要的就是 2001 年 6 月 25 日—7 月 13 日联合国国际贸易法委员会审议通过的《电子签字示范法》（Model Law of Electronic Signatures）。可以说，该法是国际上关于电子签名最重要的立法文件。它对《电子商业示范法》作了重要的补充，其中列出了可用来衡量电子签名技术可靠性的实际标准，旨在使交易各方能够便利地使用电子签名，保证平等对待使用纸本文件者和使用电子信息者，排除国际贸易中使用电子媒介的障碍；协助各国建立一个现代化、协调和公正的立法框架，更加有效地使用电子签名，促进虚拟空间的商业运作的和谐；针对可能涉及使用电子签名的当事人各方（即签字人、依赖方和第三方服务商）制定了一套基本行为守则，并附带适当的灵活性，从而可有助于在电子网络空间中形成更加协调的商业惯例。它的出现对各国的电子签名立法产生很重大的影响，并有力推动了各国的立法进度。

  关于电子签名的立法中值得一提的还有欧洲联盟的《电子签名统一框架指令》，由欧洲议会和欧盟理事会于 1999 年 11 月 30 日通过并于 2000 年 1 月 19 日正式生效。该指令将电子签名分为"基本电子签名"和"高级电子签名"，前者适用于低水平交易，后者适用于需要较高安全水平的交易。同时，该指令提出了电子签名的非歧视原则，且事实上只将数字签名视为效力等同于手写签名的电子签名方式。

2. 美国立法

在世界主要国家的立法中，最具有代表性的是美国统一州法全国委员会及美国法律学会于1999年7月29日公布的《统一电子交易法案》（UETA法案），它允许在所有的交易中使用电子记录及电子签章，为电子交易的持续发展提供了稳固的法律构架。《统一电子交易法案》最重要的规定是界定了电子签名的含义并赋予了电子签名法律效力，确保其他法律中要求的书面形式及签名不会成为电子交易的障碍，使电子商务与纸本商务处于平等地位，不至于因科技形式的差异而遭到歧视，也保证了合同及交易不因使用电子媒介而否认其执行力，而法院亦接受电子记录作为证据。①

1997年7月1日，美国还推出了《全球电子商务纲要》，号召各国政府尽可能地鼓励和帮助企业发展互联网商业应用。美国鼓励政府认可和接受正式的电子合同、公证文件等，鼓励国内和国际规则的协调一致，支持电子签字和其他身份认证手续的可接受性。2000年2月13日，美国参众两院分别通过了《电子签名法案》，该法案允许电子签名在合同中取代手写签名的地位，而对于电子付款、网络银行等也已着手纳入修订法案中。2000年6月，美国国会两院通过《国际和国内商务电子签名法》，这是美国历史上第一部联邦级的电子签名法。该法将重点放在查证签名人的意图上，而不是签名的形式和规则。其赋予电子签名、电子合同和电子记录与传统手写签名相同的法律效力和可执行力。它不但承认了"数字签名技术"，而且授权在未来可使用其他任何类型的签名技术。至于电子签名的国际性效力，该法的规定与联合国的《电子商业示范法》是一致的。它消除了以纸质为基础的传统法律对电子交易造成的障碍，对来源于其他国家的电子签名和认证方法采取了非歧视的原则。因此，该法的签署，极大地推动了电子签名、数字证书的应用，奠定了国际和国内电子商务中电子签名使用的法律基础，标志着美国电子商务立法进入了联邦政府统一立法的进程。

3. 中国立法

在我国，现今与电子商务有关的立法主要是2019年1月正式施行的《电

---

① 万以娴：《论电子商务之法律问题》，法律出版社2001年版，第29页。

子商务法》，对电子合同、争议解决、平台责任等作出了较为系统前沿的规定，其中电子合同的有关规定很多为《民法典》所吸收。《民法典》第469条承认了电子合同形式的合法性，明确将电子数据交换和电子邮件等网络通信方式纳入书面形式的范畴，解决了合同的基本形式的问题。《电子商务法》第49条[①]一改传统合同成立的基本逻辑，以付款作为合同成立的主要判断标准，《民法典》在此基础上作出了进一步完善，即第491条规定："当事人采用信件、数据电文等形式订立合同要求签订确认书的，签订确认书时合同成立。当事人一方通过互联网等信息网络发布的商品或者服务信息符合要约条件的，对方选择该商品或者服务并提交订单成功时合同成立，但是当事人另有约定的除外。"该条涉及电子合同生效的要件，可以说是面对我国电商领域快速发展境遇之下对电子合同效力的一种极具创造性的探索。2005年正式施行的《电子签名法》（其后经过2015年、2019年两次修正），确立了电子签名的法律效力，并就数据电文、电子认证服务市场准入制度、电子签名法律责任及安全保障制度作了规定。这是我国第一部专门为电子签名制定的法律。《电子签名法》的正式实施意味着从此电子商务和传统纸质交易一样可信，也为以后我国的信息化立法开了先河。

（三）电子数据互换情形下的签名问题

尽管世界范围内都对电子签名的效力进行了规定，但不能否认的是，电子签名仍然是一个技术性要求较高的科技问题。那么，如果网络交易的双方当事人已经通过数据交换达成了一致，而没有进行电子签名，其合同的效力能否获得认可呢？

笔者认为，如果双方当事人通过电子数据或电子邮件达成了一致的合同，应当认为这些电子数据本身就是当事人达成合同的证明。因为，如果双方对电子合同的内容不同意，或对某些事项不能达成一致，就无法最终达成文件的互换，同时，交换的电子数据本身可以证明当事人的身份。因此，即使无电子签名，也应当认为他们达成了合同。正如有学者所指出的那样，如果消

[①]《电子商务法》第49条规定："电子商务经营者发布的商品或者服务信息符合要约条件的，用户选择该商品或者服务并提交订单成功，合同成立。……"

费者与商家达成了一致的电子合同，而仅仅因为没有电子签名就否认他们之间的意思表示，不但不利于电子交易的顺利进行和电子商务的发展，而且违背了仲裁的基本精神。因此，在当事人没有专门签署的情况下，应当认可当事人通过电子数据交换和电子邮件达成的合同的效力。[①]

五、电子合同的成立与生效

电子合同不仅采取了数据电文和电子数据的表达方式，其订立过程也是电子方式，即通过电话、电报、电传、传真、电子邮件、电子数据交换等方式缔结合同。但是电子合同的订立过程仍然遵循合同订立的基本原理，签订电子合同的过程即"协商一致"的过程。具体来讲，这一过程包括要约和承诺两个环节。只有经过这两个环节，电子合同才能成立。

（一）电子合同要约

电子合同的要约与传统要约在概念的界定上基本相同，其表现形式却大相径庭。因此，通过对要约基本概念的分析，探讨电子合同要约的特殊性是有必要的。

1. 要约的含义

要约，又称为发价、报价、发盘等。发出要约的人称为要约人；接受要约的人称为受要约人、相对人或承诺人。要约是希望和他人订立合同的意思表示。具体来讲，要约要取得法律上的效力，必须具备以下条件：第一，要约必须是特定人所为的意思表示。第二，要约必须是向相对人发出的。第三，要约的内容必须具体确定。所谓"具体"是指要约的内容必须可以根据一般生活常识或特定交易行业的知识确定下来，并且能够成为订立合同的依据。第四，要约必须明确提出受要约人做出答复的期限，在此期限内要约人受自己要约的约束，且不得擅自撤回或变更要约。第五，要约必须能够送达受要约人。要约只有在送达受要约人以后才能为其所知悉，才能对其产生实际的约束力。电子合同要约显然也需符合上述条件，只是实现要约的手段不同而已。

---

① 何其生：《论电子合同的要件》，载《法学评论》2003 年第 4 期。

由此可以认为，电子要约是利用电子通信技术来表达希望和他人订立合同的意思表示的，该意思表示应当是特定人所为的意思表示，内容应当具体明确，并且表明一旦要约得到受要约人的承诺，要约人即受该意思表示的约束。

要约与要约邀请是两个容易混淆的概念。要约邀请是一方邀请对方向其发出要约。从法律性质看，它并非一种法律行为。当前网上购物日益发展，很多商家会在其网站上登载商品信息以吸引顾客，这是要约还是要约邀请，理论上存在争议。笔者认为，根据要约的概念和功能，网络商家在网络首页上的宣传，应属于要约邀请。这是因为，即使消费者被广告吸引，决定下单时，买卖合同仍未成立，而是要等卖主对消费者的下单（要约）表示进行接单（承诺）时，该商品买卖合同才告成立。为此，若网络商家对买主的下单（要约）以商品存货不足为由而拒绝接单时，该卖主具有不使合同成立的自由。

但对于商业广告究竟属于要约还是要约邀请，英美法系与大陆法系均承认应区分不同情况加以分析。具体可分为以下几种情形：第一，如果一般商品广告是向不特定多数人发送，其目的是吸引客户或消费者购买商品或接受服务，这类似于商场橱窗内的商品展示，应视其为要约邀请。第二，对于即时在线交易，如果网页上的商品信息已清楚明了，并由商家加上了交易的主要条件，而由消费者选择，这类似于超市购物，消费者自选合意商品付款就可成立合同，此时，应视该种在线商品信息为要约。这种情况主要指数字化产品，如软件或游戏，使用者可以试用并直接在线购买，这属于要约。第三，对于非即时在线交易的实物商品信息，类似于第一种情况，则应视为要约邀请。

2. 要约的效力

那么，以电子数据方式发出的电子要约何时生效呢？按照电子要约接收方式的不同，可以将电子要约分为实时电子要约与非实时电子要约。在实时电子要约中，要约人与受要约人通过计算机与网络进行实时的通信，尽管双方当事人可能远隔千里，但电子要约瞬间即可到达对方，此时交易双方的沟通与电话联络没有本质的区别，仅在于沟通媒介的不同。而非实时电子要约的情形则不同，要约人通过网络将要约发到受要约人可以接收的系统，受要约人尽管可以随时受领，但这种可以受领的状态要受到非要约人本人意志的影响，而且本人意志以外的因素比如网络发生故障等都必然会使这种可受领对应的时间处于不确定状态。在电子要约中，以非实时电子要约居多，因此，采到达生效主义更符合电子要约的特点。

在电子交易环境中，到达的含义该如何确定，理论上对此也有争议。也即，应当将受要约人实际取得占有视为到达，还是只要受要约人处于能够了解控制的状态即为到达。笔者认为，非实时性的电子要约通常是通过互联网或电子邮件发出意思表示，当要约进入受要约人的电子邮箱或指定的特定系统后，受要约人即可随时读取，可以认为要约已处于受要约人的支配范围。因此，电子要约应当以到达后受要约人处于能够了解控制的状态为生效要件。《电子商业示范法》基本采纳了只要要约处于受要约人的控制范围即为到达的观点。该法第15条第2款规定，"除非发端人与收件人另有协议，数据电文的收到时间按下述办法确定：（a）如收件人为接收数据电文而指定了某一信息系统；（1）以数据电文进入该指定信息系统的时间为收到时间，或（2）如数据电文发给了收件人的一个信息系统但不是指定的信息系统，则以收件人检索到该数据电文的时间为收到时间。（b）如收件人并未指定某一信息系统，则以数据电文进入收件人的任一信息系统的时间为收到时间"。我国《合同法》第16条规定，要约到达受要约人时生效。电子方式签订的合同也适用此规定，只是要根据《电子签名法》确认要约信息到达的时间。而《电子签名法》第11条规定："数据电文进入发件人控制之外的某个信息系统的时间，视为该数据电文的发送时间。收件人指定特定系统接收数据电文的，数据电文进入该特定系统的时间，视为该数据电文的接收时间；未指定特定系统的，数据电文进入收件人的任何系统的首次时间，视为该数据电文的接收时间。……"

（二）电子合同承诺

承诺是指受要约人同意要约人的意思表示。承诺的意义在于，受要约人的承诺一经作出并送达要约人后，合同即为成立，承诺生效时合同成立。一个承诺若要生效，须具备以下条件：第一，承诺必须由受要约人作出。第二，承诺必须向要约人作出。受要约人承诺的目的在于同要约人订立合同，故承诺只有向要约人作出才有意义。第三，承诺的内容必须与要约的内容完全一致。在英美法上，将其表述为承诺人对要约人要约之同意，必须系无保留的对所有条件之同意,任何对要约内容条件作出的增加或减少、限制或修改,均应视为对要约之拒绝而为反要约,只要要约人不同意,双方之契约即不能有效成立。① 第四,承诺必须在要约的存续期间内作出。显然,这些传统法律规定关于承诺的规定同样适用于电子合同。

另外,电子承诺何时生效也是一个重要的问题,因为按照各国的法律,承诺一旦生效,合同即告成立,双方当事人就要受合同的约束,承担合同所产生的权利与义务。众所周知,对于承诺生效的时间,英美法系主张送信主义,大陆法系主张到达主义。显然,根据送信主义所成立的合同,在时间上要早于根据到达主义所成立的合同。然而,在电子合同中,由于电子意思表示的瞬间性,采用送信主义将遇到一定的困难。这是因为,送信主义又称为"邮筒规则",因此它主要适用于以邮寄的方式订立的合同,对话的方式和即时通信并不适用。另外,由于网络上的电子信息可以在任何不同的地点发出,如发送人的营业地、发送人拥有计算机的任何地点。如果采用"投邮生效原则"将使合同成立的地点具有很大的不确定性,甚至根本无法确定该合同究竟是在什么地点成立的。② 而采用"到达生效原则"对于网络商务合同的订立更为适宜,因为收到信息的一方较为容易确定,有利于提供关于订立合同地点的法律确定性。因而,在承诺生效的时间上,两大法系实际上均采到达主义。在我国,同样采取了到达主义,《民法典》第137条第2款规定:"以非对话方式作出的意思表示,到达相对人时生效。以非对话方式作出的采用数据电文形式的意思表示,相对人指定特定系统接收数据电文的,该数据电文进入该特定系统时生效;未指定特定系统的,相对人知道或者应当知道该数据电文进入其系统时生效。……"

(三)电子合同成立与生效的时间

我国《民法典》第483条规定,承诺生效时合同成立。关于合同成立,《民法典》第490条规定,当事人采用合同书形式订立合同的,自当事人均签名、盖章或者按指印时合同成立;第491条规定,当事人采用信件、数据电文

---

① 杨桢:《英美契约法论》,北京大学出版社1997年版,第70页。
② 杜颖:《电子合同法》,湖南大学出版社2002年版,第136页。

等形式订立合同要求签订确认书的,签订确认书时合同成立。实践中,除了发送电子信息来表示承诺的内容外,当事人也可能要求通过电子邮件的方式加以确认。在这种情况下,就产生了合同成立时间以确认完成之时为准的后果。①

关于电子合同的生效时间,一般来说,电子合同自成立之时起生效,法律、行政法规规定应当办理批准、登记等手续生效的,自合同经过批准、登记时生效;附生效条件的,自条件成就时生效;附生效期限的,自期限届至时生效等特殊情况。对于电子合同,由于它的订立方式和表现形式与传统合同不同,因此其生效的时间和地点与传统合同也有不同。事实上,通过电子方式订立的合同一般是那些不需要经批准、登记的合同,因此只要不是附条件或附期限的合同,它的生效时间就是电子合同的成立时间,除非当事人约定另外签署合同确认书。

（四）电子格式合同的效力

电子格式合同是电子合同的一种特殊形式,它是由商家提前拟定,买方无权决定其内容,只能选择接受或不接受的一种电子合同。我国并没有有关电子格式合同效力的专门规定。因此,只能适用一般法律规定。我国《民法典》第496条规定:"格式条款是当事人为了重复使用而预先拟定,并在订立合同时未与对方协商的条款。采用格式条款订立合同的,提供格式条款的一方应当遵循公平原则确定当事人之间的权利和义务,并采取合理的方式提示对方注意免除或者减轻其责任等与对方有重大利害关系的条款,按照对方的要求,对该条款予以说明。提供格式条款的一方未履行提示或者说明义务,致使对方没有注意或者理解与其有重大利害关系的条款的,对方可以主张该条款不成为合同的内容。"可见,传统合同强调对接受格式合同方权益的保护。

不过,对于电子格式合同的效力,笔者认为不应当一概而论,既不能仅仅因为其具有强制性而完全否认此类合同的效力,也不能将此类合同的效力完全等同于传统格式合同的效力。笔者认为,总体上应当肯定电子格式合同的效力。首先,电子格式合同中包含了当事人的合意。虽然电子格式合同由

---

① 杜颖:《电子合同法》,湖南大学出版社2002年版,第140页。

经营者拟定，其订立具有一定的强制性，但当事人仍有权选择是否接受这些条款，因此不能完全否认其中存在当事人的合意。其次，否定格式合同的效力，容易导致消费者订立电子合同的期望落空。此类合同虽然由经营者拟定，但对消费者而言，出于提高效率、节省时间等因素的考虑，也有订立该格式合同的愿望，一律否定其效力，实际上不利于对消费者利益的保护。

但是，必须强调的一点是，商家在某些领域有时处于垄断地位，往往通过订立格式合同来限制当事人的权利，因此电子格式合同要具有法律效力，合同提供者应对重要内容进行必要的、专门的、明显的提示，从而使消费者能够有机会审阅合同的内容并明确表示接受。为此，如果电子格式合同在显示器上停留时间很短，或者商家只是提供格式合同供消费者浏览，而不要求消费者对是否同意该合同作出明确的表态，此类情况，应视为双方未达成合同。①

六、涉外电子合同的法律适用

涉外电子合同是指国家电子商务合同。在传统涉外合同中，一直有"统一论"和"分割论"之讨论。所谓统一论，是指涉外电子合同的自体法理论。由于网络空间的无国界特点，网络合同的当事人往往处于物理中不同空间的国家，在这种情况下，就会产生国际私法中的法律适用问题。涉外电子合同的法律适用的难点主要体现在以下几个方面。

（一）对客观连接点的挑战

由于网络空间的虚拟性，最密切联系原则中的属地连接点如电子合同的合同缔结地、合同履行地、标的物所在地等都难以确定。例如，当涉外电子合同仅仅在网上订购、支付或交付无形货物或服务，并不涉及交付实物时，就很难确定合同履行地。就属人连接点而言，由于网络环境的无国界性，任何国家的任何人都可以不经身份、居所地确认或核实的情况下在网络进行交

---

① 何其生：《B2C 电子合同中仲裁条款的效力》，载杨润时主编：《商事仲裁理论与实务》，人民法院出版社 2006 年版，第 153 页。

易，此时，当事人与国籍、居所地之间的法律关系是很不确定的，属人连接点的意义也基本丧失。

（二）对主观连接点的挑战

1. 对意思自治原则的挑战

涉外合同法律适用的原则之一是当事人意思自治原则，即由当事人合意来选择要适用的准据法。这被称为主观连接点。与客观连接点相比，主观连接点更加灵活，是对传统连接点"软化处理"的结果。尽管如此，在互联网环境下，主观连接点依然受到了不小的挑战。由于在网络合同中，当事人之间缺乏面对面协商的机会，而是大量采用点击包装合同等格式文本来进行交易，这就意味着消费者在进行交易时，只需要点击同意或拒绝就完成了合同的缔结。如此，当事人的选择权就受到很大限制，意思自治原则失去了广泛利用的空间和环境。

2. 对最密切联系原则的挑战

最密切联系原则是在客观连接点基础上发展起来的，与传统单一的客观连接点说相比，该说能够适用于复杂多变的涉外合同法律关系，更具有灵活性和弹性，因而被很多国家立法所采纳。为了规制最密切联系原则中法官自由裁量权过大的问题，很多国家采取"特征履行"方式对法官裁量权予以限制。例如，我国《涉外民事关系法律适用法》规定，当事人可以协议选择合同适用的法律，当事人没有选择的，适用履行义务最能体现该合同特征义务的一方当事人经常居所地法律或者其他与该合同有密切联系的法律。尽管最密切联系原则更软性、更灵活，但客观连接点在国家电子商务合同使用中所面临的具体场所难以确定的问题也在该原则中有所体现。正如有学者所指出的那样，由于网络空间的虚拟性和管理非中心化，电子合同的缔结地、合同履行地、标的物之所在地都缺乏界定的标准，在模糊了地理因素和空间场所的互联网中，以地缘因素确定的连接点难以适从，用来权衡"质"与"量"的主客观连接点在互联网中都是不容易确定的因素。①

除了上述挑战，和在涉外网络侵权问题中多面临的问题一样，很多国家

---

① 刘惠斌:《电子合同的争议与管辖适用问题》，载《法律适用》2001年第6期。

对国际电子商务的立法基本空白，因此，有时会出现经冲突规范的指引确定了某一国的法律作为电子合同的准据法，但是该国根本没有相关立法的尴尬局面。① 可以说，准据法落空也是国际电子商务合同法律适用的难点。

七、解决涉外网络合同法律适用困境的方案

1. 扩大意思自治原则的适用，并进行相应限制

尽管意思自治原则在网络环境下面临诸多挑战，但由于客观连接点难以确定，扩大意思自治原则的适用范围依然是解决国际电商合同法律适用的主要思路。只是要注意从以下几个方面对其进行限制。

第一，对于在网络环境下常见的点击包装合同和拆封授权合同中大量出现的不公平条款，由于其显失公平，可以通过内国法规定其属于无效条款。

第二，通过强行法进行限制。强行法又称为直接适用的法，是指当事人不能通过协议减损的原则，也即当事人可以协议选择法律，但并不能排除强行法的普遍适用。② 例如，我国《涉外民事关系法律适用法》就对消费者合同和不动产合同作了规定。

第三，受法院地国公共秩序保留的限制。公共秩序保留是指一国法院在审理涉外民商案件的过程中，依据冲突规范本应适用外国法时，因其适用与法院地国的基本政策、基本道德、重大利益等相抵触而排除外国法适用的一种保留制度。因此，在当事人合意选择的准据法违背了法院地国的公共秩序时，法院便可拒绝承认该法律的适用。

2. 对最密切联系原则进行完善和改进

如前所述，传统国际私法连接点在互联网环境下暴露出很多缺陷，已经难以适应国际电子商务的最新发展。但这并不意味着我们要抛弃传统学说和理论，因为国际电子商务合同依然属于涉外合同的范畴，涉外合同纠纷的法律适用原则基本可以沿用；需要调整的是寻找更灵活的连接点以适应网络环

---

① 杜青：《论国际电子商务合同的法律适用原则》，载《法商论坛》2010年第2期。
② 徐斌倩：《论涉外电子合同准据法适用中的意思自治原则》，载《湖南高等公安专科学校学报》2010年第1期。

境下的社会现实。笔者认为，目前可以探讨建立新的连接点来解决该问题。具体建议有以下几个方面。

第一，IP 地址作为网络合同纠纷法律适用的连接点。IP 地址即每一台计算机的互联网协议地址，尽管其有静态和动态之分，但无论是哪种类型，某个时段的计算机用户使用的 IP 地址都会被记录下来。因此，IP 地址的相对稳定性使之具备作为国际私法连接点所具备的"在案件事实与指向的法域间搭建沟通桥梁"的作用。换言之，通过确定 IP 地址，并将其作为行为发生地，我们就寻找到了适用该地法律的依据。

第二，ISP 住所地作为连接点。ISP 即网络服务提供者。将其作为连接点因素，在学界尚有争议。有学者认为，ISP 不过是电子商务用户的中间服务商而已，而且其服务的内容也仅限于技术层面，并不涉及实质内容。[①] 因此，将其作为连接点并无多少意义。但事实上，网络服务提供者要依据一定管辖区域的法律才能设立服务器，其与网络相关的物理设备也能在一定时间和空间内保持稳定，此外，服务器的管理者和操作者也都是处于一定区域内的人和物。由此可见，ISP 与一定的管理区域具有相对稳定的联系，满足了作为连接点的两个条件，因此，将其作为连接点是现实可行的。[②] 而作为网络合同当事人，其选择了哪个 ISP 就意味着他接受了 ISP 所在地的法律或者 ISP 所选择的法律。这样，他就能对纠纷发生后应适用什么地方的法律有一定的预见性。因此，将其作为互联网环境下的新的连接点是完全可行的。

第三，网络服务器及计算机终端设备所在地。网络服务器所在地就是 IP 地址所指向的物理地址，与网络空间的虚拟性相比，网络服务器所在地具有稳定性特征，因此将其作为连接点也是可行的。目前，我国相关司法解释已将网络服务器和计算机终端设备所在地视为计算机网络著作权纠纷的侵权行为地。笔者认为，尽管相关司法解释针对的是电子商务侵权领域的规定，但其本质都是对虚拟环境下地理位置的确定，对国际电子商务合同的法律适用应具有借鉴意义。因此，可以将其作为新的连接点。

---

① 张昱：《互联网法律问题研究网络作品数字传输的法律适用问题》，载《法律适用》2000 年第 7 期。
② 谭伟明：《国际电子商务合同法律问题研究》，西南政法大学 2008 年硕士学位论文。

总之，我国电子商务合同作为一种新型合同从出现到广泛应用的过程中，立法始终在不断完善。目前我国已经出台了《民法典》《电子商务法》《电子签名法》《涉外民事关系法律适用法》，但如前所述，我国《民法典》关于电子合同的规定很少，仅有的关于合同形式、电子合同要约和承诺生效时间的规定又过于简单，难以适应科学技术发展对电子合同带来的影响。而电子签名法所采取的技术中立原则尽管能够为未来的电子签名技术的发展留下较大的空间，但忽略了技术特定原则的适当应用，导致法律在司法实践中的运用难度较大；而对于电子认证机构条件规定过于简略等问题也会带来可操作性差的问题。至于在涉外电子商务合同中的法律适用问题，也应根据国际电子商务合同发展的现状，在坚持适用当事人合意选择和最密切联系原则的基础上，不断完善和探索新的连接点。

第二章
互联网环境对民事诉讼的挑战

信息技术的发展使人们的生产生活产生了巨大的改变。近年来，司法领域也将信息技术运用于诉讼审判活动中，2005年6月6日，全国首家电子法院在北京市原宣武区人民法院开设，当事人只要在家中通过法院官网的"立案初审信箱"，即可向法院立案庭的法官咨询起诉书的书写等问题，还可以通过电子邮箱将诉讼材料发送至法院，由立案庭法官进行初审后为当事人提供审查意见。之后各地相继启用了电子法院，当事人可以在不到场的情况下，在互联网完成相应的业务，节约诉讼成本，提升诉讼效率。当然，电子法院更强调互联网技术对诉讼的辅助，其核心在于帮助法官检索法律、熟练案情、校对文书等。

2016年1月29日，最高人民法院信息化建设工作领导小组会议提出要努力建设全面覆盖、移动互联、跨界融合、深度应用、透明便民、安全可控的人民法院信息化3.0版，建设立足于时代发展前沿的智慧法院。[①]2016年，《国家信息化发展战略纲要》《国务院关于印发"十三五"国家信息化规划的通知》均提出建设智慧法院。2017年，《最高人民法院关于加快建设智慧法院的意见》也明确了智慧法院的内涵和要求，即人民法院充分利用先进信息化系统，支持全业务网上办理、全流程依法公开、全方位智能服务。

随着智慧法院的建设推进，传统的审判流程也由线下转移到线上，数据信息从纸面转移到"云"上或"链"上，对应的立案、调解、送达、庭审、

---

① 《推信息化建设转型升级建"智慧法院"》，载中国新闻网，https://www.chinanews.com.cn/gn/2016/01-29/7740299.shtml，最后访问时间：2022年10月23日。

举证、质证等诉讼环节都发生了深刻变化。①2017 年 8 月 18 日，全国首家互联网法院——杭州互联网法院正式成立，之后北京互联网法院、广州互联网法院也相继成立。2018 年 9 月，最高人民法院发布了《最高人民法院关于互联网法院审理案件若干问题的规定》（以下简称《互联网法院审理案件的若干规定》），对互联网法院的审判方式、管辖、审理程序等进行了明确规定。

互联网技术在司法实践中的运用一方面是人民法院适应信息时代发展的需要，提升公正司法水平的必然；另一方面其对传统的民事诉讼也产生了一定的冲击，造成了一定的司法实践问题。

第一节 互联网环境对民事诉讼当事人的影响

将互联网信息技术运用到民事诉讼中，可以有效通过技术辅助整合司法资源，促进当事人与法院的合作，提升诉讼效率，使司法裁判更加透明化，更加亲近群众。同时，由于互联网的信息开放性、共享性和交互性等特点，运用互联网技术参与诉讼审理能够更便利地让诉讼当事人和审判双方为诉讼进行提供诉讼信息、查阅诉讼资料；并且由于诉讼具有更强的问责性，当事人诉讼的权利和机会平等也就具有更大的意义和保障。②从这一角度来看，通过信息技术可以更加有效地保护诉讼当事人的参与度，提升案件审理的公平性。

但是，互联网信息技术的运用也对传统的民事诉讼规则造成了一定的冲击，与民事诉讼当事人权益保障问题存在冲突。

一、互联网环境下的当事人诉讼权益

通过诉讼保护当事人的诉讼权益，使其获得公正审判是民事诉讼的最终目的。从实际效果来看，运用互联网技术打破传统诉讼中物理空间的限制，

---

① 李万祥：《互联网司法开启司法新模式》，载《经济日报》2019 年 12 月 18 日，第 15 版。
② 王福华：《电子法院：由内部到外部的构建》，载《当代法学》2016 年第 5 期。

可以有效降低当事人的诉讼成本。在传统的民事诉讼中，当事人需要亲自向法院起诉，并提交诉讼材料，而在电子诉讼和互联网诉讼中，当事人以及诉讼参与人只需要通过诉讼平台即可完成起诉、答辩等耗费大量精力和费用的诉讼程序。同时，传统的诉讼受限于法院工作制度，当事人必须在特定的时间、地点完成起诉工作，而在线上诉讼程序中，当事人可以在诉讼平台开放的任何时间向法院提起诉讼，且诉讼文书的提交在电子诉讼过程中也进行了相应的简化，这对于诉讼当事人而言无疑是有意义且有利的。

（一）对当事人诉讼权益的冲击

与传统诉讼不同，电子诉讼是运用互联网数据传输方式进行民事诉讼的各个环节的，审判人员、当事人和其他诉讼参与人可以在不同的地点通过互联网技术参与民事诉讼审判活动，其必然会削弱直接言词原则的适用。

直接言词原则的核心是司法亲历性，即法官应以其本人感受的方式，如亲耳所听、亲身所感、亲眼所见的方式，逐步地对客观真实进行发现。[1] 司法亲历是"司法人员身到与心到的统一、司法人员亲历与人证亲自到庭的统一、审案与判案的统一"[2]。从表面上看，线上审理并未减弱直接言词原则的运用，反而提升了信息交流的便利性。在线上审理的过程中，虽然法官依然可以通过电子屏幕观察当事人以及其他诉讼参与人的情绪、表情，听取当事人的答辩、质证等，并根据证据和法律作出裁判。但是在实践中，根据笔者对我国庭审公开网线上审理的公开庭审视频的观察，由于传输技术的不稳定，当事人或法院网络稳定性的限制，以及相关录音录像设备的限制，其与现场审理存在明显的区别。法官与当事人在审理过程中难以如线下审理一般，接触和观感都会大打折扣。同时，线上审判脱离了法庭这一庄严的场所，对诉讼参与主体也会产生不同程度的影响，在学者的调研中，当事人线上的环境可能比较随意，削弱了法庭的威严性。甚至有法官表示，"法官着法袍坐在庭上和

---

[1] 朱晓：《直接言词原则适用困境之破解》，载《山西省政法管理干部学院学报》2021年第3期。

[2] 胡萌：《在线庭审适用直接言词原则的多维分析》，载《人民法院报》2021年12月16日，第8版。

出现在屏幕上对当事人的威慑力差别很大,有个案件的当事人最开始作为证人的口供和后来被追加为第三人的口供不一致,如果是线下开庭我就可以告知他虚假口供的法律后果,并且当场质问他,但是线上我觉得会削弱法官的这种威严或者说当事人会没有那种作出回应的压力"①,这可能影响法院的自由心证,进而影响审判公正的实现。

同时,在探索互联网法院的审理模式中,异步审理也应运而生。异步审理首创于杭州互联网法院,是将涉网案件各审判环节分布在杭州互联网法院网上诉讼平台上,法官与原告、被告等诉讼参与人在规定期限内按照各自选择的时间登录平台,以非同步方式完成诉讼的审理模式。②在异步审理模式下,各审判环节在网上诉讼平台是非同步实施的,诉讼平台会指引当事人在信息对称情况下非同步完成诉讼、发问、辩论、最后陈述。根据杭州互联网法院发布的《涉网案件异步审理规程(试行)》,当事人不仅可以不必聚集于一室进行诉讼活动,甚至可以在不同时间作出各自的诉讼行为。诉讼程序参与人可以在意见表达上有时间上的延后间隔,一方表达后,他方不必立即作出回应,而是在其后的一定时间之内(如24小时或48小时)表达亦为有效。可以说异步诉讼打破了时间和空间的限制,为诉讼当事人参与诉讼提供了便利。但是,根据直接言词原则,不经言词辩论不得判决,并且只有通过言词辩论得以陈述和显示的内容,才属于判决的资料。异步诉讼在程序上使当事人之间无法同步进行交流,这对当事人诉讼权益的损害程度以及程序正当与否在学界存在争议。

除此之外,异步审理对当事人的程序选择权也造成了一定的冲击。民事诉讼中的程序选择权强调当事人可以根据法律的规定,在民事法律程序制度规定内,对民事诉讼的程序自由选择。在互联网法院的诉讼程序中,当事人程序选择权的特殊性表现为其增加了当事人的程序选择,在信息技术的协助下,当事人可以选择通过线上平台开启诉讼程序,并进行相应的诉讼程序,也可以在规定的时限内根据自身情况相对自由地选择平台登录时间,完成陈述、答辩、质证等环节。

---

① 左卫民:《中国在线诉讼:实证研究与发展展望》,载《比较法研究》2020年第3期。
② 陶杨、付梦伟:《互联网法院异步审理模式与直接言词原则的冲突与协调》,载《法律适用》2021年第6期。

与此同时，互联网法院对当事人的程序选择也进行了限制，《互联网法院审理案件的若干规定》第 1 条第 1 款规定："互联网法院采取在线方式审理案件，案件的受理、送达、调解、证据交换、庭前准备、庭审、宣判等诉讼环节一般应当在线上完成。"这一条款确定了互联网法院的线上审理原则，虽然该条第 2 款规定"根据当事人申请或者案件审理需要，互联网法院可以决定在线下完成部分诉讼环节"，但是只允许在涉及当事人身份查明、证据提交、证据核对等特殊情况下可以线下开庭，其余环节仍然强调在线上完成。这无疑是强制当事人必须通过线上诉讼模式维护自己的权益，并且使当事人丧失了选择线下模式进行权益救济的途径。有学者认为，"对于案件当事人来说，电子诉讼较之于传统诉讼方式操作更为复杂，有些当事人表示一辈子可能就打一次官司，学习电子诉讼操作技术的时间成本过高，电子诉讼强制适用在某种程度上导致了当事人的抵触心理"[①]。

我国目前仅在北京、广州、杭州建设有互联网法院，而对于其他地区的涉及互联网的诉讼纠纷能否采用线上方式审理并没有统一的规定，对于当事人认为线下审理费时费力，且双方愿意通过互联网方式进行民事案件审理的情况，法院是否能够允许尚无定论。

（二）对当事人诉讼权益的保护对策

对于线上诉讼如何尽可能保证审理的公平性，缓和与直接言词原则的矛盾，笔者认为应当明确可以进行线上庭审的设备条件，只有符合相对应条件的法院才能够进行线上庭审，具体包括法庭的视频显示格式至少能够达到 1080P 的标准，同时保证声音设备的清晰，同步传输网络的流畅。当事人申请线上庭审，也应当保证参与庭审设备的清晰、网络的流畅。

采用线上或线下诉讼模式应当给予当事人充分的程序选择权，使当事人可以根据自己的实际诉讼能力，选择最适合自己的诉讼方式，从而有效提升诉讼效率，提高当事人对裁判的接受度，实现息诉服判的目的。

对此，可以参考美国密歇根州的电子诉讼制度。在美国密歇根州，互联网法院的出现并没有剥夺传统法院对涉及互联网纠纷案件的受理权限，而是

---

① 侯学宾：《我国电子诉讼的实践发展与立法应对》，载《当代法学》2016 年第 5 期。

赋予了诉讼双方当事人选择权，原告当事人可以选择直接在当地的互联网法院提起诉讼，而被告可以在14天内请求互联网法院根据相关规定远程审理案件，任何一方都不会被强迫接受互联网法院的审理。同时，当事人还享有线上还是线下开庭的选择权。

因此，对于是否采用线上庭审，必须充分尊重诉讼双方当事人的选择权，由诉讼双方当事人共同选择是否适用线上庭审，对于线上民事诉讼程序，只有在诉讼双方协商一致的情形下才能得以适用。考虑到对当事人程序选择的保护，被告对于线上庭审的同意应当以明示方式作出。如果原告向法院提起诉讼，申请线上参与庭审，而被告表示拒绝或者未明确表示同意的，则应当采用传统的线下诉讼程序进行审理。

考虑到程序选择权的有限性特征，应当对当事人的选择权予以一定的限制，在案件受理范围、管辖、当事人诉讼设备等各方面条件都满足的情况下，当事人若仅仅为获得更多心理上的满足而选择传统诉讼，或者在线上、线下诉讼方式间反复选择，则是不被允许的。

二、当事人的信息安全

互联网信息技术确实给人们的工作生活带来了各种便利，但是也应当注意到其中存在的网络风险隐患和网络信息安全，包括网络技术故障、病毒入侵、黑客窃取信息等。

（一）对当事人信息安全造成了风险

对于民事诉讼而言，无论是在线上进行诉讼程序还是庭审视频和裁判文书在线上进行公开，都会使当事人的信息资料暴露在网络之中。这些信息资料和诉讼资料在传输公开的过程中可能被非法查看、篡改，甚至导致当事人身份被冒用。[1]例如《互联网法院审理案件的若干规定》第8条第1款规定："互联网法院受理案件后，可以通过原告提供的手机号码、传真、电子邮箱、

---

[1] 周斯拉：《电子诉讼中当事人权益保障——以杭州互联网法院为例》，载《东南大学学报（哲学社会科学版）》2018年第S2期。

即时通讯账号等,通知被告、第三人通过诉讼平台进行案件关联和身份验证。"第 15 条第 1 款规定:"经当事人同意,互联网法院应当通过中国审判流程信息公开网、诉讼平台、手机短信、传真、电子邮件、即时通讯账号等电子方式送达诉讼文书及当事人提交的证据材料等。"第 16 条第 2 款规定:"受送达人未提供有效电子送达地址的,互联网法院可以将能够确认为受送达人本人的近三个月内处于日常活跃状态的手机号码、电子邮箱、即时通讯账号等常用电子地址作为优先送达地址。"根据这三条规定,可以看出如果通过互联网法院进行诉讼,那么当事人的个人信息、裁判文书、证据材料都存在暴露的风险,而如何对当事人的数据信息予以保障,目前尚不明确。

目前,庭审直播已经得到广泛应用,公众可以不受时间、空间的限制对法庭审理进行旁听,但是在庭审过程中与当事人相关的信息和数据都会暴露在网络中,这些信息可以通过技术手段进行识别、挖掘、采集,而平台既难以管控他人的非法截取行为,又无法掌握其对庭审信息的后续利用,无疑将给诉讼进程、诉讼参与人尤其是当事人带来数据安全风险。[①] 同时,随着庭审直播质量的提升,直播画面质量也越发高清,给潜在的高科技犯罪提供了可乘之机。

目前大部分裁判文书已经实现网上公开,而对裁判文书的技术处理依然存在不到位的情况,对当事人的一些隐私信息未能进行有效的技术处理。并且,随着网络技术的发展,依然可以通过大数据检索,获取案件当事人的相关信息,比如在一起抢劫案中,公开判决书几乎彻底隐去了被害人姓名,但其中记载了被害人施某是该省交通厅厅长,个别新闻记者结合这些额外的信息完成了被抢劫家庭的身份信息识别。[②] 这些潜在的信息风险使当事人的信息安全和隐私安全存在受到侵害的风险,轻则可能被窃取手机号码,收到骚扰诈骗短信或者电话,重则可能导致当事人的重要经济信息被窃取,造成重大的经济损失。

[①] 刘友华、朱蕾:《大数据时代庭审网络直播的安全风险及其防范》,载《法学杂志》2020 年第 12 期。

[②] 邹劲坤、侯晓焱:《民法典时代我国公开裁判文书个人信息保护提升路径》,载《法律适用》2020 年第 20 期。

(二)当事人的信息安全保障对策

互联网在民事诉讼中对当事人的最大影响是给当事人的隐私权、个人信息保护带来风险,而建立安全的系统,尽可能降低存在的风险是适用民事电子诉讼的前提条件。应当进一步加强信息安全建设,并将电子诉讼安全作为系统性工程加以构建,可以将电子诉讼数据纳入数据安全保护统一体系,提升数据保护等级,对重点信息和材料的提交和接收都应当通过这一数据系统,尽可能避免使用短信、微信、电子邮箱等安全性较低、风险性较高的方式。

同时,应当加大对侵犯当事人个人信息的行为的惩戒力度。当事人电子法律交往中的诉讼资料能识别当事人身份的相关信息属于个人信息,而案件证据、庭审情况、判决书等则属于个人隐私的范畴。《民法典》对处理个人信息原则和隐私权的保护进行了明确,并将"个人信息的收集、存储、使用、加工、传输、提供、公开等"纳入个人信息的处理范畴,对信息处理者的义务也予以明确规定。电子诉讼中当事人个人信息的保护和隐私权的保护可以参照适用,对其进行相应的民事规制。如果涉及虚假认证、盗用电子诉讼账号和密码等破坏电子诉讼安全的行为,在进行民事规制之外,也应当加强刑事惩戒。

此外,对于庭审直播和裁判文书公开带来的信息风险,应当明确技术处理标准,尤其是庭审直播,对于涉及当事人的信息,诸如身份、职业、住址信息等,可以进行消音处理。必要的情况下,应当对诉讼当事人的面部进行马赛克处理,并在相应的回放记录中,将相关信息予以删除。对于裁判文书关键信息的技术处理,应当加强审核。

三、当事人的诉讼能力

科技的发展使得人们可以享受到科技创新带来的便利,但是同时带来了因技术壁垒而导致的数据鸿沟,但不同的人群,由于其对信息、技术的运用能力不同,已经存在信息差异。

（一）加剧当事人诉讼能力的不平等

对于参与线上诉讼的当事人而言，可能因技术条件、互联网的使用熟练度等影响其提起诉讼、参与诉讼的能力。对于对互联网使用熟练甚至拥有相应技术能力的当事人而言，通过线上平台完成起诉、答辩甚至庭审无疑是便利的，而对于信息技术能力较弱的当事人而言，互联网在诉讼中的运用则加剧了诉讼的不平等性。

根据学者的统计数据，当前互联网案件中占比较高的是网络购物合同纠纷，原告一般为自然人，而被告多为掌握较多电子证据的网络购物平台提供方，双方当事人关于电子数据的提供能力和转换能力存在较大差距，从而造成了举证能力的实质不平等。[1]

根据《互联网法院审理案件的若干规定》第 5 条第 2 款的规定，对于互联网法院审理案件所需要的数据信息，电子商务平台经营者、网络服务提供者以及相应的国家机关具有证据协力义务，应当提供相应的数据信息，并接入诉讼平台。而在司法实践中，以电商平台购物纠纷为例，产生网络购物、服务合同纠纷时，用户需关联平台账号，平台将自动识别该账号内的纠纷订单，所有交易记录将自动推送至平台。[2] 即便法院可以依据法律和事实作出公平公正的裁判，但是其中的数据信息由平台控制，平台在证据和诉讼策略上的优势地位已客观存在，甚至它有足够的动机去隐藏、伪造或篡改相关数据，[3] 从而容易造成诉讼双方当事人之间的实质不平等。

（二）对当事人诉讼能力的平衡对策

民事诉讼的最高要求是实现公平正义，而民事诉讼公正与否在于是否通过法律使诉讼双方当事人的诉讼风险平等，赋予当事人获得平等提出攻击防

---

[1] 郝晶晶：《互联网法院的程序法困境及出路》，载《法律科学（西北政法大学学报）》2021 年第 1 期。

[2] 周斯拉：《电子诉讼中当事人权益保障——以杭州互联网法院为例》，载《东南大学学报（哲学社会科学版）》2018 年第 S2 期。

[3] 侯猛：《互联网技术对司法的影响——以杭州互联网法院为分析样本》，载《法律适用》2018 年第 1 期。

御方法的机会。而在电子诉讼中，诉讼双方可能存在严重的证据偏在，且诉讼双方当事人之间由于技术能力的不同，也存在数字鸿沟。

对此，一方面，可以通过法官释明予以弥补，即在电子诉讼中，法官需要通过案件中证据偏在的程度以及诉讼双方当事人在互联网方面的技术、能力来判断是否应当予以释明以及释明的程度。尤其是对于当事人因为信息能力的差距导致提出的主张和抗辩的事实不充分、不明确的时候，法官应当予以释明，不得未经释明就当然行排斥当事人的主张。如果当事人因为技术使用不熟练导致提供的证据存在瑕疵，法官也应当及时释明，督促当事人对瑕疵证据进行补正。

另一方面，应当要求不负证明责任的当事人在证明难以知悉的情况下，且其明确知悉特定事实的情况下，提供相应的资讯信息以及相关文书，协助负有证明责任的当事人查明案件事实。

四、当事人诉权滥用的规制

尊重当事人的处分权，保护当事人的程序选择权，要求当事人必须遵循诚实信用原则，真实、不虚假地参与到电子诉讼中。但是在诉讼过程中，当事人不可避免地会利用程序漏洞，滥用诉讼权利。且相较于传统诉讼，线上诉讼可能给当事人滥用诉权提供更大的机会和空间。

（一）当事人诉权滥用的规制存在漏洞

在线上诉讼过程中，当事人可能利用互联网技术的特点滥用自己的权利。比如在条件、技术均符合使用电子诉讼的前提下，无正当理由不参加诉讼活动，且借口互联网技术原因或者设备原因无法参加诉讼的；或者随意反悔要求将线上诉讼转为线下诉讼的；或者怠于行使诉讼权利，滥用管辖权异议拖延诉讼的；或在电子诉讼过程中行为随意，不遵守庭审秩序的；等等。这些行为一方面扰乱了诉讼秩序，严重影响了诉讼效率，增加了对方当事人的诉讼负担；另一方面也使得利用规则漏洞的当事人反而因此获得利益，损害了诉讼的公平性。

但是与利用互联网技术滥用诉讼权利的行为频发形成对比的是，法院对此种行为的处理显然过轻。一方面，互联网技术给法院查证当事人滥用诉讼权利带来了一定的困难，尤其是目前法院处于案多人少的情况，例如根据《互联网法院审理案件的若干规定》第 14 条的规定，网络故障、设备损坏、电力中断或者不可抗力等原因可以作为当事人拒不到庭或者中途退庭的正当理由，但是如何确认显然是一个问题。另一方面，对于当事人利用互联网滥用诉讼权利的行为处理显然没有体现互联网信息技术的特点，对当事人的威慑力也不足。

（二）对当事人诉权滥用的规制完善

线上诉讼的庭审秩序需要像线下庭审一样进行规范，首先，应当对诉讼场景进行限制，当事人和律师应当在无噪声干扰、光线适宜、信号良好的封闭性空间参加庭审活动，并保证在庭审过程中无不当行为和不当言语。其次，对庭审纪律也应当进行规范，在庭审过程中当事人应当像参加线下庭审一样，遵守庭审纪律，不得出现与庭审行为无关的行为或者扰乱庭审秩序的行为，如果违反庭审纪律，法院可以对其采取警告、训诫、罚款等惩戒措施。同时，对于当事人无故不参加诉讼，或者未经法庭允许自行退出庭审的情况，应当由当事人进行合理解释和证明，否则应当按照线下庭审程序进行撤诉或者缺席审判处理。

对于恶意拖延诉讼，滥用诉讼权利的，应当对其进行规制，比如对其训诫、罚款、拘留或者记入诚信档案，对于情节严重的，可以依法追究刑事责任。[1] 此外，可以参考广州法院的信息用评级制[2]，对当事人的不诚信诉讼行为予以记录，对当事人立案到执行的整个诉讼活动进行评价，并对其司法信用进行评级，通过信用评级提升当事人自觉履行诉讼义务的意识。

---

[1] 侯学宾：《我国电子诉讼的实践发展与立法应对》，载《当代法学》2016 年第 5 期。
[2] 《广州互联网法院：对不诚信诉讼将进行信用评级，并通报工作单位》，载南方新闻网，https://nfplus.southcn.com/nfapp/index.html，最后访问时间：2022 年 9 月 26 日。

第二节　互联网环境对民事诉讼管辖的挑战

互联网的时效性与便利性，使其能够有效解决当前司法资源膨胀性需求与司法资源稀缺之间的矛盾，司法体制的改革有效促进了"互联网＋司法"的发展，并随之诞生了智慧法院、电子法院、互联网法院。其中，互联网法院既是审理涉互联网案件的法院，又是运用互联网技术的法院，[①]其相较于普通法院在管辖范围和管辖地域上均有特殊性。

一、互联网法院的管辖范围

《互联网法院审理案件的若干规定》第 2 条规定："北京、广州、杭州互联网法院集中管辖所在市的辖区内应当由基层人民法院受理的下列第一审案件：（一）通过电子商务平台签订或者履行网络购物合同而产生的纠纷；（二）签订、履行行为均在互联网上完成的网络服务合同纠纷；（三）签订、履行行为均在互联网上完成的金融借款合同纠纷、小额借款合同纠纷；（四）在互联网上首次发表作品的著作权或者邻接权权属纠纷；（五）在互联网上侵害在线发表或者传播作品的著作权或者邻接权而产生的纠纷；（六）互联网域名权属、侵权及合同纠纷；（七）在互联网上侵害他人人身权、财产权等民事权益而产生的纠纷；（八）通过电子商务平台购买的产品，因存在产品缺陷，侵害他人人身、财产权益而产生的产品责任纠纷；（九）检察机关提起的互联网公益诉讼案件；（十）因行政机关作出互联网信息服务管理、互联网商品交易及有关服务管理等行政行为而产生的行政纠纷；（十一）上级人民法院指定管辖的其他互联网民事、行政案件。"同时，允许当事人协议约定与争议有实际联系地点的互联网法院进行管辖。

（一）互联网法院管辖范围模糊

互联网法院的管辖范围较为宽泛，在民事案件的管辖范围内，其包含了

[①] 郝晶晶：《互联网法院的程序法困境及出路》，载《法律科学（西北政法大学学报）》2021 年第 1 期。

互联网纠纷中最常见的网络购物纠纷、网络服务纠纷、金融借款合同纠纷、小额借款合同纠纷以及产品责任纠纷等，同时包含了知识产权等涉及专门法院管辖的纠纷。尤其是对于目前互联网法院是否属于专门法院依然存在争议，并且涉及互联网的案件纠纷，相较于普通案件，其事实的发生存在于虚拟空间中，但是互联网法院所适用的管辖权连接点依然指向现实中的地点，这就导致在判断互联网法院管辖的案件范围时与传统法院会产生模糊矛盾之处，也会与专门法院的管辖范围产生矛盾。

同时，对于上述案件类型仅进行了一般化规定，无法体现由互联网法院管辖的必要性和特殊性，既往对于专门化审判组织的设置，如海事法院、知识产权法院、铁路运输法院和环境法庭等，均集中于"案件类型的专业性"和"地域范围的特殊性"。[①] 而互联网法院的管辖范围并没有相应的特殊性。比如网络购物合同纠纷，虽然其法律关系发生在互联网空间，但是相较于传统的购物合同纠纷，除了可能涉及诸如聊天记录、购买记录等电子证据的认定外，并不必然因涉互联网而提升案件审理的专业性和必要性。

与此同时，对于互联网法院和普通法院同时具有管辖权的情况，究竟由谁来管辖，司法实践中的观点也不相同。在高某与杭州网易雷火科技有限公司网络服务合同纠纷案[②]中，杭州互联网法院认为，根据高某与网易雷火公司的协议，双方由广州市天河区人民法院管辖并处理纠纷，因此应当由广州市天河区人民法院管辖。之后，广州市天河区人民法院经审查认为根据《互联网法院审理案件的若干规定》第 2 条第 2 项，对于签订、履行行为均在互联网上完成的网络服务合同纠纷应当由广州互联网法院管辖，因此将案件报请广州市中级人民法院指定管辖。[③] 广州市中级人民法院认为，双方当事人的管辖约定有效，但是在案件中双方当事人的签订、履行行为均在互联网上完成，根据《互联网法院审理案件的若干规定》第 2 条第 2 项，应当由广州互联网法院管辖。

通过此案可以看出，不同法院对于这一问题的观点不同，杭州互联网法

---

① 邵新:《关于设置互联网法院的若干思考》，载《师大法学》2018 年第 1 期。
② 杭州互联网法院（2019）浙 0192 民初 3530 号民事裁定书。
③ 广东省广州市中级人民法院（2019）粤 01 民辖 67 号民事裁定书。

院认为在当事人约定普通法院管辖且约定有效时，约定的法院具有管辖权。而广州互联网法院则认为，对于《互联网法院审理案件的若干规定》第2条规定的案件，互联网法院有优先管辖权，即使当事人约定由普通法院管辖的协议有效。

在毕某与上海寻梦信息技术有限公司网络服务合同纠纷案①中，毕某认为，纠纷的收货地在北京市昌平区，应当由北京互联网法院予以管辖，但是一审法院依据双方达成的《用户服务协议》中约定的管辖条款，将本案移送上海寻梦信息技术有限公司住所地法院管辖，存在不当。而法院经审理认为，案件双方的法律关系为网络服务合同关系，一审法院移送管辖并无不当。在这一案件中，法院依据双方达成的管辖条款明确了原审被告住所地法院具有管辖权，但是难以明确互联网法院对互联网的案件是否具有专属管辖权。同时，在司法实践中存在大量格式条款约定纠纷管辖地的，其效力如何，法院也没有作出回答。互联网法院的设立是为了减少双方当事人因距离差距带来的诉讼的不便利，但是此案中将便于互联网法院管辖的案件转移至普通法院中，显然有违这一设立目的。

对于此种情况，有必要通过司法解释予以明确，避免因管辖冲突问题给当事人带来困惑。

（二）互联网法院管辖范围的明确对策

目前，不管是在《民事诉讼法》《人民法院组织法》中，还是在相关的司法解释中，对于互联网法院的性质都没有清晰的界定。目前三个试点互联网法院已经运行超过3年，应当对其性质予以明确，进而破解当前互联网法院的管辖困境。

笔者认为，互联网法院相较于普通法院，在互联网技术和专业能力方面更有优势，应当将其定位为专门法院，进而使其与普通法院的管辖有严格区分，专门法院是为解决"精准认定事实"之难题，基于某类事项所固有的专业技术性而将其划拨至新设的受限权法院，而互联网法院的设立目的正是针对当前需要运用互联网技术的案件进行特殊审理以解决纠纷，因此，将其定

---

① 北京市第四中级人民法院（2021）京04民辖终61号民事裁定书。

位为专门法院,并对其管辖案件的类型予以细化,是解决当前互联网法院管辖困境的核心。

明确其定位之后,对于互联网法院和其他普通法院均具有管辖权的案件,考虑到裁判的统一性,应当由互联网法院进行管辖,当事人不得通过协议排除互联网法院的管辖。对于互联网法院和专门法院同时具有管辖权的案件,应当尊重当事人的程序选择权,由当事人选择向哪个法院提起诉讼,由最先立案的法院获得管辖权。

基于互联网法院的专业性,对互联网法院的管辖类型也有必要予以细化。在杭州、北京、广州设立互联网法院,正是考虑到其具有互联网技术发达、涉及互联网案件频发、法院案多人少矛盾突出的特点,且普通法院的专业程度难以应对当前的涉网案件的审理。但是如果将大量的涉网案件纳入互联网法院的管辖范围,在互联网已经深入人们社会生活的今天,势必给三所互联网法院造成繁重的审判压力,既无法提升互联网法院审判的便利性,也是对互联网法院特有的专业性的浪费。

因此,笔者建议强化管辖案件的专业性,对于与互联网联系较小,仅部分在线上的民事行为且无特殊技术难度的案件不宜由互联网法院管辖,对于技术性要求高以及新型互联网民事案件可以由互联网法院管辖。此外,可以将《互联网法院审理案件的若干规定》所规定的案件范围予以限定,要求案件存在涉及专业技术的复杂情形时,才由互联网法院予以管辖。

二、涉网管辖连接点的确定

涉网案件纠纷的法律行为部分或者全部在互联网中完成,但是在确定网络连接点时,依然需要根据现实中的连接点予以明确,并根据地域管辖的相关规定来确定管辖法院。

(一)虚构网络连接点问题严重

在网络中的行为需要根据实际的地点来确定管辖连接点,这必然会产生一定的模糊和困难之处,尤其是当事人双方不需要见面即可完成民事活动的情况,给部分人利用地域管辖规则虚构管辖连接点提供了可乘之机。例如,在司法实践中存在大量虚构收货地、制造虚假的管辖连接点，从而使没有管辖权的法院取得案件的管辖权的案例。

以李某诉福建 S 生物科技有限公司网络购物合同纠纷案①为例。2019 年 7 月 6 日，李某在 S 公司开设的淘宝店铺内购买了 10 盒忆甘茶，订单收货地址为上海市黄浦区陆家浜路某室。李某在收到上述货物后，发现该公司未取得食品生产许可证，不具备生产茶叶的资质，且涉案产品中涉及的药品存在安全隐患，因此向上海铁路运输法院提起诉讼。法院在审理过程中查明，虽然李某的订单收货地址为上海市黄浦区，但其户籍地址在湖南省，而其确认的法律文书送达地址位于上海市浦东新区。法院在向李某询问调查后查明，李某自称居住在上海市浦东新区，没有办理过居住证，之所以将上海市黄浦区陆家浜路某室作为其收货地址，系因有一陆姓朋友居住在陆家浜路附近可代收网购商品。但法院要求李某提供陆姓朋友的联系方式时，其表示无法提供，继而自认订单收货地址系虚构。法院认为，虽然被告住所地和收货地法院对网络购物合同均具有管辖权，但是原告收货地址为虚构，且实际居住地与户籍地均不在法院管辖区内。而《最高人民法院关于适用〈中华人民共和国民事诉讼法〉的解释》（以下简称《民事诉讼法解释》）第 20 条的立法初衷是解决通过信息网络形式订立的买卖合同纠纷中被告住所地确认难、履行地确认难等实际问题，保护诉讼当事人的诉讼权利，但是原告虚构收货地址、制造虚假的管辖连接点，其违反了民事诉讼的诚实信用原则，因此法院裁定将案件移送福建省泉州市丰泽区人民法院处理。

管辖问题与当事人的诉讼权益密切关联，当事人基于诉讼便利等因素考虑，对管辖问题也极为重视，但是在实践中存在大量虚构管辖连接点的情况，一方面增加了对方当事人的诉累，另一方面也严重违反了民事诉讼的诚实信用原则。但遗憾的是，目前对于此种情况，法院多是采用移送管辖解决，未能予以惩戒。

---

① 《人民法院服务和保障长三角一体化发展典型案例》，载最高人民法院网，https://www.court.gov.cn/zixun/xiangqing/329801.html，最后访问时间：2023 年 10 月 18 日。

（二）对虚构网络连接点行为的规制建议

民事诉讼的诚实信用原则要求当事人在参加诉讼时应当出于诚实善良的目的，不得出现言行不一致或者损人利己的行为，对当事人的约束主要体现在禁反言、真实义务以及诉讼促进义务，而当事人虚构管辖连接点，骗取没有管辖权的法院立案，其行为是不诚信的，加重了对方当事人的负担，显然违反了诚实信用原则。

而在司法实践中，虚构管辖连接点的行为一经查处，往往是将案件移送至有管辖权的法院，而对于虚构管辖连接点的当事人缺乏惩戒措施。根据违法可能性与其成本的"反比例原则"来看，当违法成本低于违法所得到的利益时，绝大多数人选择违法；当违法成本等于违法所得到的利益时，绝大多数人都有一种侥幸心理，就是希望自己的违法行为不被发现或不被查处；当违法行为可能支付的成本高于违法所能得到的利益时，绝大多数人才可能选择不违法或守法。① 而对于虚构管辖连接点的当事人，其行为本身需要对方当事人证明或者法官主动查明才能被发现，而被发现后也不会被处罚，相较于其带来的对司法资源的浪费以及对方当事人的诉讼负担而言，其受到的处罚与造成的后果显然是失衡的。究其原因，则是目前相关法律法规对此行为的规制并没有明确规定，法官在处理此种情况时也缺乏依据。

因此，笔者建议可以参考当事人违反诚实信用原则的惩戒理论，如果当事人虚构管辖连接点，应当承担相应的侵权责任，因为从侵权责任构成要件来看，其行为显然是符合的，当事人的这种行为侵害了法院的审判权和他人的合法权益，且具有主观故意，其侵权行为与损害后果之间也存在因果关系。尤其是当事人虚构管辖连接点给对方当事人带来了相应的诉讼费用的增加，应当承担损害赔偿责任，损害赔偿的范围应当以财产受到的实际损害为标准。而通过设定损害赔偿责任，也能鼓励权益受到侵害的当事人积极维护自己的合法权益，并增加此种行为的违法成本，降低当事人实施这种行为的概率。

除此之外，如果当事人的行为触犯了刑法的禁止性规定，比如为了虚构管辖连接点伪造证据、妨碍作证等行为，还需要承担相应的刑事责任。当然，

---

① 游劝荣：《违法成本论》，载《东南学术》2006年第5期。

刑法是社会稳定的最后一道防线，如果通过民事侵权的行为认定和责任承担足以恢复其造成的损耗时，则无须进行刑法规制。

三、协议管辖条款的效力

管辖法院的确定决定了当事人参与诉讼的成本，因此在司法实践中，为了增加用户的维权成本，部分平台会预先拟定协议管辖条款，尤其是将管辖法院直接约定为被告住所地的法院，这也给司法实践带来了一定的问题。

（一）协议管辖条款的效力认定标准不一

在互联网合同中，平台为了维护自己的权益，降低自己的诉讼负担，会预先拟定协议管辖条款，并在用户协议、会员章程中予以规定。而对于此类管辖条款的效力的认定，目前实践并不统一。

在杨某、上海寻梦信息技术有限公司等网络购物合同纠纷案[1]中，上海寻梦信息技术有限公司认为《用户服务协议》中的管辖条款已经约定了管辖，并且在《用户服务协议》文首以加粗形式标注，已经采取了合理的方式提请消费者注意管辖条款，依据约定，本案应该由上海市长宁区人民法院审理。但是法院经审理认为，《用户服务协议》对于杨某来说是不公平、不合理规定，只要"想注册成为平台用户，就必须接受平台服务协议的条款"，在方便购物平台诉讼的同时，大大加重了买家的维权成本，因此该约定管辖条款无效。在李某、浙江淘宝网络有限公司网络购物合同纠纷案[2]中，法院提出"《平台服务协议》约定的管辖条款系公司为了重复使用而预先拟定，未经与李某协商，应属格式条款"，虽然对该条款用黑体标注并且加下划线进行提示，但是其"夹杂在内容繁多的《平台服务协议》中，字体较小也未置于突出位置，难以引起对方注意，不足以据此认定公司尽到提示说明义务"，且该条款的提示没有载明管辖协议的具体内容，并排除了李某选择合同履行地、原告住所地以及与争议有连接点法院管辖的权利，"明显加重用户的诉讼成本，降低公

---

[1] 山东省泰安市中级人民法院（2021）鲁09民辖终176号民事裁定书。
[2] 天津市第三中级人民法院（2021）津03民辖终445号民事裁定书。

司的应诉成本,有失公平",因此法院认为管辖协议无效。

但是在韩某、葫芦岛中旗网络信息技术有限公司等买卖合同纠纷案[①]中,法院认为原告韩某在注册成为平台用户时,同意接受《用户注册协议》,且协议管辖条款文字加黑并加粗,已经采取了合理的方式提请对方注意,因此该管辖约定是双方真实意思的表示。同样,在汤某、上海寻梦信息技术有限公司买卖合同纠纷案[②]中,法院也认为案件中的被上诉人汤某在拼多多平台购物时,已经选择同意了《用户服务协议》,该协议对管辖予以约定,且是双方意思自治的表示,因此有效。

在司法实践中,法院对于网购平台的协议管辖条款认定不统一,有的法院认为采用加黑加粗的方式足以认定平台已尽到合理注意的义务,而有的法院则认为其加重了用户的诉讼成本,且未尽到合理注意的义务,显然有失公平,属于无效条款。

(二)对于协议管辖条款的效力判断

对于当事人的协议管辖条款效力,首先,需要根据其是否属于格式条款予以判断。若属于格式条款,比如购物平台的用户协议中关于协议管辖的条款,需要重点审核提供格式条款的一方是否尽到提示注意的义务。需要明确的是,网络页面与传统的纸质文本存在一定的差异,纸质文本可以通过改变字体、加粗、改变字体颜色等方式引起消费者的注意,此时可以认为格式条款的提供者已经尽到提示注意的义务。但是对于网络页面,由于其页面色彩、内容丰富,消费者在浏览时的注意力容易被分散,此时传统的改变字体、加粗、改变字体颜色等方式难以有效引起消费者的注意,尤其在服务平台的用户协议中所明确的管辖协议,其内容纷繁复杂,且网络经营者并未对消费者进行特别提示或强制消费者进行阅读,消费者基于网络浏览的习惯往往会忽视其内容,因此应当认定网络服务提供者并未尽到提示注意的义务。如果网络服务提供者通过弹窗、特别标识的方式,在一般情况下足以引起消费者的注意,则应当认为网络服务提供者已经尽到提示注意的义务。若

---

① 辽宁省葫芦岛市中级人民法院(2021)辽14民辖终49号民事裁定书。
② 陕西省西安市中级人民法院(2021)陕01民辖终468号民事裁定书。

不属于格式条款，则通常情况下应当认定为双方当事人对协议管辖已经达成合意。

其次，应当根据协议管辖的内容予以判断。对于属于互联网法院管辖，而通过协议排除互联网法院管辖的，应当认定为协议无效，此时案件本身具有一定的专业性，存在由互联网法院审理的必要性，通过协议约定排除互联网法院的管辖权，显然违反了互联网法院管辖的强制性。对于不属于互联网法院管辖，而当事人协议约定由互联网法院管辖的情况，笔者认为，此时协议管辖无效。互联网法院管辖的案件有其特殊性，且互联网法院审理时基本采用全阶段线上审理的模式，如果不符合互联网法院管辖的案件由其审理会对司法资源造成极大的浪费，并且案件本身也难以契合互联网法院的审理模式，可能导致审理过程更不便利，甚至出现必须由线上转线下处理的情况。对于属于互联网法院管辖的案件，且当事人约定由某个互联网法院进行管辖的，笔者认为，如果符合法律规定的地域管辖原则，则是可以的。

最后，需要注意互联网法院的特殊性。目前互联网法院仅有三所，其管辖范围并未覆盖全国，会存在大量符合互联网管辖的特殊案件由于地域限制，仍然需要由传统法院管辖的情况，此时在当事人的约定符合地域管辖、级别管辖和专属管辖的情况下，应当尊重当事人的意思自治。

第三节　互联网环境对民事诉讼证据制度的挑战

"互联网 + 司法"对于民事诉讼证据制度的最大冲击在于电子证据，电子证据是指由于电子信息技术的应用而出现的各种能够证明案件真实情况的材料及其派生物。相较于传统证据，电子证据更便于收集保存，但与此同时，其以无形编码数据形式存在，须借助计算机等特定设备才能表现出来，并且电子证据采取的是二进制信息编码形式，这使得电子证据十分脆弱，信息或内容容易被篡改。[1]

---

[1] 刘海峰：《民事诉讼中电子证据的司法适用》，载《牡丹江大学学报》2020 年第 8 期。

一、电子证据的收集

电子证据具有多样性、无形性和脆弱性的特点，这些特性也给电子证据的收集、保全以及认证带来了一系列的问题。尤其是目前电子证据的相关规定在民事诉讼领域呈分散化状态，这就导致关于电子证据的规定难以系统化，更难以适应司法实践的需要。

（一）电子证据收集标准不明确

目前民事诉讼对电子证据的收集并没有根据其本身特性进行明确性规定。电子证据本身需要依赖媒介才能显示，而不同的媒介其本身包含的信息量存在差异，但是对于采用何种取证方式、其储存在何种媒介以及取证主体都没有明确规定，这也导致了当事人难以完整、准确、及时地收集电子证据。

电子证据往往依附于个人信息设备，这就导致在收集电子证据时可能对他人的隐私造成侵犯，比如偷看对方的聊天记录，对他人的电子设备进行监听，以及对他人的电子设备安装信息窃取软件，等等，这些方式虽然在一定程度上可以实现证明目的，但手段是非法的，并且严重侵害了他人的隐私权，也会因不具有合法性而被法院当作非法证据予以排除。证据的合法性一方面是指证据的收集、调查和保全必须符合民事诉讼法规定的程序，违反程序收集、提供的证据，不能作为认定案件事实的根据；另一方面是指某些事实必须具有法律规定的特定形式才能作为民事诉讼的证据。就电子证据的合法性而言，其强调电子证据的收集程序必须合法，同时具备合法的形式。例如在亢某与刘某名誉权纠纷案[①]中，亢某认为其于2019年在百度贴吧发帖，之后被告刘某在跟帖过程中对其名誉权造成了损害，并提交了录音和视频作为证据。法院在审理过程中认为，对于录音和视频，是原告在没有经过被告人同意的情况下擅自录音和复制的，来源不合法，因此对其不予采信。在收集电子证据的过程中，如何在纷繁复杂的数据中尽可能避免侵犯他人隐私，实现个人利益和他人利益的平衡，依然是目前难以解决的问题。

---

① 陕西省凤翔县人民法院（2019）陕0322民初2167号民事判决书。

由于电子证据存在容易被删除、被篡改的问题，因此为了证明电子证据的真实性，实践中当事人在收集证据时多通过公证保全来予以证明。

但是就目前的法律法规而言，电子证据的公证保全并没有统一的标准和规范，这也导致了在实践中即使当事人申请公证保全，其可信度依然被质疑。

例如在朱某与董某等侵犯名誉权纠纷上诉案[①]中，朱某诉称董某在新浪网上发布谣言，诽谤自己，侵害了自己的名誉权，为证明这一事实，原告向法院提交了一份婺源县公证处出具的电子证据保全公证文书，表明公证员在连接网络的情况下，对相关的网页信息打印件进行了核对，且网络信息打印件与网络中的页面信息符合。法院经审理认为，朱某递交的公证书违反了公证法的规定程序，不予采信。

电子证据的特性决定了其对公证保全的及时性要求很高，从而导致在当事人申请电子证据保全后，法院难以判断其是否符合证据保全的条件，在保全时电子证据的真实性究竟如何。同时，公证机关工作人员对于电子证据缺乏足够的专业知识，而对于复杂且随时处于变化状态的电子证据，公证机关也难以完成保全。

（二）电子证据收集标准的完善对策

考虑到法律的稳定性，建议设立统一的电子证据法律法规或者司法解释，从电子证据的收集、保全、举证、认证以及质证等方面，全方位对电子证据的具体问题进行规定，从而从根本上解决电子证据的收集问题。

相较于刑事诉讼，民事诉讼中证据的主要收集主体是当事人，法院只有在特定条件下才可以依申请和依职权收集证据。但是电子证据有其自身的专业性要求，因此可以允许当事人委托技术人才收集证据。同时，也可以允许当事人委托一些专业的电子证据收集机构或者组织收集证据。这样可以最大限度地保证电子证据收集的完整性和有效性。

实践中，应当将电子证据的取证范围予以明晰，避免在收集电子证据的过程中造成新的侵权。电子证据应当有收集的必要性，其欲证明的事实与案件有关联，且相较于传统证据形式，对于案件事实的证明更具有优势，同时，

---

① 江西省上饶地区（市）中级人民法院（2011）饶中民一终字第543号民事判决书。

相较于对他人隐私权可能造成的侵害，其对于案件当事人的利益保护更具有优势。基于此，在收集包含他人隐私权的证据时，应当得到法院或者有关机关的准许，并对收集的必要性提出初步证据。

在收集方法上，应当根据不同电子证据的性质予以区分，对于来源于开放系统中的电子证据，比如微信聊天信息、电子邮件、论坛公告等，如果通过截图保存、打印至纸质载体，或者使用摄像功能可以同步完成的，可以通过上述方法予以收集。对于涉及第三方的数据信息，则需要第三方予以协助。对于来源于封闭计算机系统的电子证据，比如当事人的系统日志等，则可以通过数据备份的方式收集，以保证数据的完整性和有效性。对于移动存储设备中的电子数据，比如移动硬盘中、手机中的电子证据，原则上尽可能出示原物，并对其中的数据进行导出或者读取。如果该数据无法被直接读取或者导出的，可以借助于法院或者网络运营商，查询并固定证据。

二、证明责任分配

对于涉及电子证据的案件，其可能存在证据偏在，按照传统的证明责任分配原则，显然有失公平。

（一）双方当事人的证明责任分配失衡

证明责任主要是指当案件事实处于真伪不明时，法院必须依照一定的裁判规范基准将该事实视为存在或者不存在，一方当事人以此所受败诉判决危险的不利益。通常情况下，根据《民事诉讼法》和证明责任的分配原则"谁主张，谁举证"，主张法律关系存在的当事人，应当对产生该法律关系的基本事实承担举证证明责任，主张法律关系变更、消灭或者权利受到妨害的当事人，应当对该法律关系变更、消灭或者权利受到妨害的基本事实承担举证证明责任。但是对于电子证据而言，其在实践中可能存在严重的证据偏在，比如在互联网侵权案件中，此时得以证明案件事实的主要证据由不负证明责任的当事人掌握，如果要求负有证明责任的当事人必须提出不由其掌握的证据，显然有违公平正义。

《最高人民法院关于民事诉讼证据的若干规定》（以下简称《证据若干规

定》)第 45 条规定了当事人的文书提出义务,即不负证明责任的当事人对于自己持有的电子证据负有交对方检视并负有提出的义务,目的在于调整双方当事人对于诉讼相关的证据资料取得的优劣差异所产生的不平等。同时,《证据若干规定》第 46 条、第 47 条、第 48 条对文书提出义务进行了细化。

不负证明责任的当事人申请对方当事人提交电子证据时,应当明确需要提交的电子证据,使其特定化,同时需要对电子证据对待证事实的必要性、待证事实对裁判的实质性影响以及电子证据在对方当事人的控制之下提供初步证据。原则上,引用电子证据、为对方当事人的利益制作的电子证据、依法律规定可以请求交付和阅览的电子证据、账簿以及记账原始凭证都属于当事人负有应当提交的证据范畴。如果符合上述情况,且控制电子证据的当事人拒不提交且无正当理由的,法院可以认定对方当事人所主张的书证内容为真实。

文书提出命令制度对于缓和当事人之间的"武器"不平等,尤其是对于新型诉讼中当事人对于电子证据的"武器"不平等具有重要意义。但是目前的规定过于宽泛,且仅仅依靠这一制度难以有效解决对于电子证据证明责任分配的问题。

(二)强化当事人的证据协力义务

首先应当对文书提出义务予以细化,尤其是对法官的审核标准进行明确。法官需要对是否存在证据偏在以及电子证据的持有人是否具有期待可能性等因素严格进行审查,避免文书提出义务对传统证明责任分配的颠覆。具体来说,法官应当审核:当事人是否已经就其主张的事实提出了适当证明,足以使其主张具有真实可信度;要求不负证明责任的当事人提出相应的电子证据是有必要的、合适的,且未对对方当事人的权益造成侵害。

同时,当事人负有对电子证据的特定化责任。即申请人应当载明电子证据的名称和具体内容,其主要目的是使证据特定化。但是在一些证据偏在的案件中,比如医疗纠纷、知识产权纠纷、环境污染纠纷、劳动纠纷等,当事人对于文书的特定化显然具有困难,此时,如果当事人进行了合理的努力仍然不能对文书进行特定化,则不应当对其特定化义务予以强求。

目前《证据若干规定》基于公共利益保护和秘密保护的目的,将部分证据在申请文书提出命令时予以排除。笔者认为，对于这类证据，在无法判断是否属于司法解释规定的除外事由时，可以参考日本的"暗室制度"，即在对涉及除外事由的证据进行审查时，法院可以要求持有该电子证据的当事人提出该证据，但是任何人不得要求开示。基于当前司法纠纷的实践考量，可以设立非公开审查程序。

对于电子证据还涉及鉴定，如果电子证据由对方当事人支配，则对方当事人负有勘验协力义务，其具体程序可以参考文书提出义务。

三、证据证明力的认定

证据应当具备真实性、合法性、关联性，而电子证据证明力的认定困难主要体现在如何认定其真实性。

（一）电子证据真实性认定存在困难

对于电子证据的真实性，《证据若干规定》第93条[①]和第94条[②]对其进行了规定，但是如何对其理解，并运用至司法实践依然是目前存在的

[①]《证据若干规定》第93条规定："人民法院对于电子数据的真实性，应当结合下列因素综合判断：（一）电子数据的生成、存储、传输所依赖的计算机系统的硬件、软件环境是否完整、可靠；（二）电子数据的生成、存储、传输所依赖的计算机系统的硬件、软件环境是否处于正常运行状态，或者不处于正常运行状态时对电子数据的生成、存储、传输是否有影响；（三）电子数据的生成、存储、传输所依赖的计算机系统的硬件、软件环境是否具备有效的防止出错的监测、核查手段；（四）电子数据是否被完整地保存、传输、提取，保存、传输、提取的方法是否可靠；（五）电子数据是否在正常的往来活动中形成和存储；（六）保存、传输、提取电子数据的主体是否适当；（七）影响电子数据完整性和可靠性的其他因素。人民法院认为有必要的，可以通过鉴定或者勘验等方法，审查判断电子数据的真实性。"

[②]《证据若干规定》第94条规定："电子数据存在下列情形的，人民法院可以确认其真实性，但有足以反驳的相反证据的除外：（一）由当事人提交或者保管的于己不利的电子数据；（二）由记录和保存电子数据的中立第三方平台提供或者确认的；（三）在正常业务活动中形成的；（四）以档案管理方式保管的；（五）以当事人约定的方式保存、传输、提取的。电子数据的内容经公证机关公证的，人民法院应当确认其真实性，但有相反证据足以推翻的除外。"

问题之一。

例如在兴化市亿超服饰有限公司与科倍企业发展（上海）有限公司等加工合同纠纷案①中，兴化亿超公司提供了微信聊天记录，原告向被告科倍公司催要货款，翱鸶公司则认为，微信聊天记录不符合电子证据的法定形式要求，不具有真实性。而法院认为，微信聊天记录采用的是打印形式，没有经过公证，且没有当庭演示，同时，被告对其真实性也没有予以认可，因此法院不予采信。

从上述案件可以看出，对于电子证据的采信，要符合相对应的形式，确保数据的可靠性。但是对于一些非实名的信息记录，如何证明其为当事人所使用或是否与当事人有所关联，也是实践中的难点。例如在肖某与简某借款合同纠纷上诉案②中，肖某诉称，简某因需资金周转，向肖某借款人民币50000元，并提供了微信聊天记录予以证明，法院结合相应的转账记录和证人证言，认定微信由简某使用，故而支持了原告的诉讼请求。

在这一案件中，双方当事人的微信账号均没有实名，仅为昵称，难以判定双方的身份。为了证明与账号的关联性，当事人提供了相应的银行转账交易记录以及证人证言进行证明。但是对于无法提供其他证明予以佐证的当事人，则需要寻求第三方机构尤其是软件供应商的协助。

（二）对电子证据真实性认定的完善

对电子证据真实性的认定应当根据电子证据的实际情况予以判断，对于双方当事人均认可的情况，法院一般情况下应当予以认可；当无法判断电子证据的真实性时，可以借助专家鉴定来进行判断，并要求出具相关的鉴定证明文件；对于电子证据本身具有安全程序的情况，也可以对其真实性予以认可。对于一些因客观因素无法有效判断真伪的情况，则应当根据其他证据综合进行判断。

同时，建议优化专家辅助人制度。电子证据往往具有较强的专业性，而法官受专业知识的限制，即使根据法律规定的判断标准也难以有效进行判断。

---

① 上海市青浦区（县）人民法院（2019）沪0118民初11670号民事判决书。
② 福建省漳州市中级人民法院（2015）漳民终字第3621号民事判决书。

而专家辅助人具有专业知识，能够对相关的问题进行说明，协助法官进行判断。但是目前民事诉讼中的专家辅助人，是由当事人聘请的，难以有效保证其中立性。建议在全国设立专家数据库，当对电子证据存疑时，由法院邀请中立的专家进行协助，以实现查明案件真相的目的。

第三章
知识产权确认不侵权之诉研究

在我国对知识产权权利人的保护逐渐完善的同时，也潜藏着滥用知识产权的危机。正是我国知识产权领域的权利滥用催生了知识产权确认不侵权之诉这一诉讼类型。2000年9月，苏州龙宝公司请求法院确认其不侵犯苏州朗力福公司的专利权。本案究竟是否属于人民法院的受理范围，后经原受理法院向最高人民法院请示，2002年7月，《最高人民法院关于苏州龙宝生物工程实业公司与苏州朗力福保健品有限公司请求确认不侵犯专利权纠纷案的批复》（已失效）指出，依据《民事诉讼法》第108条和第111条的规定，对于符合条件的起诉，人民法院应当受理。从此，确认不侵权之诉成为知识产权诉讼中的一种新类型。

虽然我国在逐步构建确认不侵权诉讼制度，但还是缺乏正式的法律依据。最高人民法院只是通过司法政策、案例等形式明确其他类型知识产权确认不侵权之诉需要参照专利确认不侵权之诉的条件进行审理，并未作出具体、明确的法律规定。尽管在建构"确认不侵害知识产权"诉讼制度上迈出了坚定而勇敢的第一步，但是在实践中这一制度的实用性还存在很大问题。在立案的条件和审理裁判规则等方面，均无效力层级较高的正式法律依据，很多时候，各地法院只能依据法官自身对制度的理解和以往的工作经验对案件进行处理，这就导致各地法院在审理判决此类案件时，时常因采用不同审理规则而出现不同判决的结果，因此，对知识产权确认不侵权之诉中的具体问题进行研究具有很大的急迫性。

第一节　知识产权确认不侵权之诉概述

一、知识产权确认不侵权之诉的概念

（一）知识产权确认不侵权之诉的产生

回顾我国知识产权法律制度发展和完善的过程，不难看出确认不侵权诉讼的产生有其必然性。1984 年制定的《专利法》第 62 条规定了"不视为侵犯专利权"的 5 种情形，其中有一种称为"非故意行为"，即使用或者销售不知道是未经专利权人许可而制造并售出的专利产品的不视为侵犯专利权。[①] 这一法条表述得不明确，在某种程度上导致人们在行使权利时产生了偏差。以至于在当时的专利侵权诉讼中，被告常以"不知道"进行抗辩，从而摆脱了侵害赔偿义务。由于专利权人很难取得被告应该知道的证据，为了防止被告做出此类抗辩，专利权人普遍采取了发送警告函、律师声明等方式，即在发现侵权行为之后，先向侵权人发出停止侵权的警告。但随之而来的消极后果则是警告函和律师声明等的滥用。

从专利权的角度看，专利权人是通过发送警告函和律师声明等让被警告人退出市场，从而使自己的产品能够更多地占领市场。而此时的被警告人处于一种非常被动的状态，假如其不再实施使用或销售行为，就意味着自己承认了行为的违法性；如果继续实施应用或者销售行为，一旦产生侵权诉讼，则可能带来更大的损害。在这种情形下，被警告人试图通过确认不侵权诉讼获得保护，从被动的局面中摆脱出来，以取得掌握事态发展的主动权就成为必然。

确认不侵权之诉机制的产生是基于对抗权利人滥用知识产权行为和滥诉行为，也为最高人民法院所认可。2004 年 2 月 25 日，最高人民法院民三庭在研讨会上报告了恶意诉讼的问题，指出"最高院在 2002 年作出对苏州龙宝公司和朗力福公司的批复确立了法院可以依法受理不侵权诉讼的原则，使不侵权诉讼成为对抗恶意诉讼乃至滥用诉权的一种有效的手段，已经在实践中

[①] 此条规定在 2000 年《专利法》修正时已作修改，不再作为"不视为侵权行为"的一种情形，而转化为不承担赔偿责任的一种抗辩事由。

发挥着重要的作用"①。

（二）知识产权确认不侵权之诉的概念

结合上文关于知识产权确认不侵权之诉的产生背景，以及当事人提起该诉的目的，我们可以对其概念界定如下，所谓知识产权确认不侵权之诉是指在被控侵权人是否侵犯了权利人的知识产权尚不确定的情况下，被控侵权人有权先行向有管辖权的人民法院提起诉讼，请求法院确认其受指控的行为并不侵犯权利人享有的知识产权的一类诉讼。②具体而言，确认不侵害知识产权纠纷是指行为人收到了来自特定知识产权权利人的侵权警告，但权利人并未在合理期限内依照法定程序请求法院解决有关争议，行为人以该知识产权权利人为被告提起的请求确认有关行为不侵犯该知识产权的诉讼。

确认不侵犯知识产权之诉突破了现有的民事诉讼制度，是制约权利人滥用权利的补救性诉讼，目的是排除利害关系人是否侵犯他人知识产权这一不确定状态的干扰。与一般民事侵权诉讼相比，确认不侵犯知识产权之诉中原被告位置颠倒，但法院仍围绕是否侵犯知识产权这一争议展开，最终不考虑当事方侵权所造成的损害程度，而仅根据侵权事实的存在与否做出判决。如果侵权事实不存在，则支持原告，否则将驳回原告的诉讼请求。

二、知识产权确认不侵权之诉的制度价值

知识产权确认不侵权之诉的制度价值主要有以下几个方面。

第一，平衡权利人和被控侵权人两方的诉权。法律维护公平和正义。只有拥有知识产权的一方可以启动"侵权诉讼"，另一方只能被动地接受警告，这不可避免地导致法律上的不平衡。这显然是不公平的。为了平衡双方的平等地位，应当赋予被警告人及其利益相关者诉权。

第二，遏制某些权利人滥用知识产权的行为。在知识经济时代，作为财产专有权，知识产权具有不可估量的经济价值，市场主体能从中获取巨大的

---

① 最高人民法院民三庭：《最高人民法院民三庭关于恶意诉讼问题的研究报告》。
② 欧宏伟：《知识产权确认不侵权纠纷》，载《科技与法律》2008年第4期。

经济效益，因此知识产权成为各主体争夺的资源。一些权利人通过发警告信、投诉等方式给他人施加侵权压力，以占据市场甚至达到打击对方的非法目的。确认不侵权之诉制度能制约权利滥用行为，保护知识产权环境。

第三，挽救被控侵权人或利益相关者不稳定的生产经营状况。权利人发出侵权警告后，导致被警告人或利益相关者的正常生产和运作处在不确定状况中，他们不清楚是否侵权，以及是否应继续维持或扩大生产和销售，其利益不可避免地受到影响。这种诉讼制度将澄清法律关系，将被控侵权人和利益相关者从不确定的经营状况中解救出来，稳定生产秩序。

可见，知识产权领域出现的确认不侵权之诉就是对知识产权保护的补充和完善，旨在平衡知识产权诉讼中的平等地位，维护知识产权权利人和知识产权义务人的利益。当知识产权义务人受到来自知识产权权利人的侵权警告和威胁后，在权利人怠于提起诉讼的情况下，义务人主动诉请人民法院确认自己的行为不构成侵犯权利人的权利，以消除义务人不稳定的权利状态，回归正常的经营行为。该类诉讼的作用在于给予长期处于不安状态情形下的被警告人司法救济，其根本目的是规制权利人滥发侵权警告的行为，维护稳定的市场经营秩序。

第二节　知识产权确认不侵权之诉的理论基础

一、知识产权确认不侵权之诉的法律性质

关于知识产权确认不侵权之诉的性质，学界的讨论主要关注于其仅仅应界定为确认之诉，还是既应该界定为确认之诉，也属于侵权之诉。

毋庸置疑，确认不侵权之诉属于确认之诉。在民事诉讼法上，一般将诉划分为确认之诉、给付之诉和变更之诉三类，确认之诉包括积极的确认之诉和消极的确认之诉。所谓消极的确认之诉就是希望法院确认他与对方当事人之间不存在某种民事法律关系，显然，原告提起知识产权确认不侵权诉讼的目的，在于请求法院就其是否侵犯对方知识产权的事实进行认定，并请求法院判定原被告之间不存在侵权关系，其作为确认之诉的性质非常明确。

但对于确认知识产权不侵权之诉是否属于侵权之诉，学术界一直有争议。主张其不应属于侵权之诉的学者认为，侵权之诉实质上是一种给付之诉，而确认不侵权之诉没有给付的内容，只是确认当事人之间的法律关系。且认为侵权之诉的审理重点是被告是否侵权，而确认不侵权之诉的审理重点是原告是否侵权，同时认为，如果将确认知识产权不侵权之诉以简单的侵权之诉审理，可能出现法院判决和原告诉讼请求之间的矛盾。[①] 另外，该观点还认为，虽然此类案件的审理对象为侵权争议，不可避免地带有侵权诉讼的痕迹，但这只是传统侵权诉讼的一个阶段，而不是最终阶段，只是一种前提，而不是最终结果。因此，知识产权确认不侵权诉讼与侵权诉讼之间还有一定的距离和差别，它是确认之诉。

笔者认为，人为割裂知识产权确认不侵权之诉的性质，非此即彼的观点本身就是错误的。事实上，知识产权确认不侵权之诉既属于确认之诉，也属于侵权之诉。

首先，上述两种性质界定是不同分类标准之下的产物，从诉的类别上讲，其为确认之诉，从诉讼争议的法律关系划分，其无疑属于侵权之诉。换言之，侵权之诉与确认之诉是在不同层面上研究的问题，属于不同的纠纷类型。侵权之诉是与合同诉讼、权属诉讼等以讼争法律关系的性质为标准进行的诉讼分类；而确认之诉属于将诉根据其诉讼请求的特点，划分为确认之诉、给付之诉或者变更之诉。因此，认为其要么属于侵权之诉，要么属于确认之诉的观点失之偏颇。这就如同对于普通的要求赔偿损失的专利侵权纠纷，我们将其界定为侵权之诉，但同时认为其属于给付之诉；对于确认合同效力的确认之诉，我们将其确定为合同诉讼，但也完全不影响我们将其划分为确认之诉。

其次，法院在受理确认不侵权之诉的案件后，必须判断原告是否侵犯被告的知识产权这一法律事实。与传统的知识产权侵权诉讼相比，确认不侵权之诉仅在外在形式上略有差异，即当事人的角色发生了对调，传统侵权之诉的程序启动者是权利人，而请求确认不侵权之诉的启动者则为权利人之外的

---

① 杨志祥、龙龙、钟慧英：《论知识产权确认不侵权之诉》，载《学术论坛》2012年第1期。

疑似侵权人。但是，法院仍要对疑似侵权人的涉案行为是否侵犯他人知识产权进行审理并作出判断，即审理对象依然是以侵权争议为审理核心的。换言之，法院在受理知识产权确认不侵权之诉后，依据原告的诉讼请求作出是否侵犯被告知识产权的确认判决。正如有学者在分析专利侵权与确认不侵犯专利权之诉的关系时所指出的那样，侵害专利权诉讼的关键在于判断被诉产品或方法是否落入原告专利权保护范围这一事实认定问题，而确认不侵害专利权之诉所要解决的正是这一问题。因而确认不侵权之诉与侵权之诉在此发生交汇，二者对这一问题的审理思路、比对方法是实质相同的。[①] 因此，从此角度，可以看出知识产权确认不侵权之诉实质上是侵权之诉的一部分，其本质应属于侵权之诉。

最后，我国司法实务已经确立其为侵权诉讼。2004 年，最高人民法院针对河北省高级人民法院及北京市高级人民法院《关于石家庄双环汽车股份有限公司与本田技研工业株式会社专利权纠纷案的请示报告》，作出指定管辖通知："确认不侵犯专利权诉讼属于侵权类纠纷。"在司法实践中，各级法院以此解释为依据，将确认不侵权之诉依照侵权之诉的相关规则进行审理。在确认不侵犯彼得兔商标权一案中，北京市高级人民法院认为，"确认不侵权的诉讼请求，就其内容实质上是对实施的某一行为是否构成对他人依法享有的某项权利的侵犯而向人民法院提出的一种确认请求，人民法院审理此种纠纷所适用的法律与审理民事侵权纠纷是一致的"[②]。从而在实务上确认了不侵权之诉属于侵权之诉的观点。

因此，笔者认为，对于确认不侵权之诉的性质的认定，要从多个角度、多个层面来确定其是侵权之诉还是确认之诉。从民事诉讼法诉的理论分类的角度来看，其应该属于确认之诉。从法律关系的角度对其纠纷类型进行划分，则属于侵权之诉。

知识产权确认不侵权之诉的性质界定对于确定管辖法院以及当事人诉讼请求的范围具有重要意义。其一，确定管辖法院；其二，界定当事人诉讼请求的范围。就管辖而言，明确确认不侵权诉讼的侵权之诉性质，可以为选择

[①] 徐卓斌：《确认不侵害专利疑难问题研究》，载《知识产权》2020 年第 7 期。
[②] 北京市第一中级人民法院（2003）一中民初字第 6356 号民事判决书。

管辖法院提供明确的标准，基于侵权诉讼的管辖法院包括被告住所地法院和侵权行为地法院，确认不侵权诉讼的原告可以选择有利于自己的法院。就诉讼请求而言，明确确认不侵权诉讼的确认之诉性质，法院仅应该对当事人之间是否存在某种法律关系进行判断。若侵权不成立，则判决支持原告的诉讼请求；若侵权成立，则驳回原告的诉讼请求。法院无法判决一方当事人侵权，更不能在当事人的诉讼请求之外主动地判定被告承担侵权责任。

二、知识产权确认不侵权之诉的诉之利益

（一）确认之诉的利益判断

在民事诉讼法中，诉是当事人向法院提出的，请求特定的法院就特定的法律主张或权利主张进行裁判的诉讼行为。即当权利人受到侵害时，可向特定的人民法院提出进行审判的请求。诉的利益，又称为权利保护利益，是指当民事权益受到侵害或者与他人发生民事纠纷时，需要运用民事诉讼予以救济的必要性。它是由于原告主张的实体权益或实体法律关系现实地陷入危险和不安时才得以产生的，即侵权事实或者纠纷事实的发生，使得当事人具有以诉讼保护权益或解决纠纷的必要性。可见，诉的利益制度，可以使法院免予审理没有必要的诉讼，也使得当事人免受诉讼之干扰。

事实上，对诉之利益的研究始于对确认之诉的诉之利益，且对确认之诉的诉之利益的研究最具有急迫性。这是因为，由于确认之诉的诉讼标的是实体法律关系，但并不以该法律关系存在为前提；在消极确认之诉中，主要是确认某种法律关系不存在。正如有学者所说的，在理论上，确认之诉的对象范围几乎没有边界，因此，就更需要通过判断是否具有确认之诉的利益来加以限制。[①] 在民事诉讼法律理论中，一般认为，确认利益的判断标准包括确认对象选择的妥当性、应解决纠纷的成熟性、解决手段的妥当性等。所谓确认对象选择的妥当性是指确认之诉的标的原则上应为现存的法律关系，而不能是过去或者将来的法律关系；应解决纠纷的成熟性是指被告否定原告的法律地位，或被告主张的法律地位与原告的法律地位相抵触，从而给原告造成现

---

① 张卫平：《诉的利益：内涵、功能与制度设计》，载《法学评论》2017 年第 4 期。

实的不安或危险；解决手段的妥当性是指确认之诉不能被其他状态的诉讼吸收，只有当不存在其他纠纷解决手段时才可提起确认之诉，确认之诉处于一种补充性地位。① 由上文可见，确认之诉的诉的利益是指在原告的权利或法律地位现实处于不安的状态下，对原告与被告的某种诉讼标的和法律关系存在与否作出判决，使得消除这种不安有效且适当时，才能获得认可。

（二）知识产权确认不侵权之诉的利益

由于知识产权确认不侵权之诉属于确认之诉，因此，必须具备确认利益方可认为其具备了被法院受理的条件。笔者认为，确认之诉的利益的判断标准包括解决手段的妥当性、确认对象选择的妥当性、应解决纠纷的成熟性，这就要求在知识产权确认不侵权之诉中，原告必须因某种行为处于不安全、不稳定、危险的境况，这种不安和危险是现实存在的，且原告可提起确认不侵权之诉，通过法院的判决可以消除这种不确定状态，唯有具备了上述条件，我们方可认为知识产权确认不侵权之诉具备了诉的利益。换言之，当某种现实存在的不安或危险状态使得原告可以运用诉权对抗滥用权利行为以维护其正当权益时，则可判断知识产权确认不侵权之诉具备了诉的利益。

另外，只有具备确认利益的知识产权确认不侵权之诉才可被法院受理。因此，确认利益属于法院必须依职权审查的诉讼要件，当法院通过审查认为该诉讼要件具备时，才可以决定案件进入实体法律关系审理，进而做出判决。

第三节 我国知识产权确认不侵权之诉的立法和司法考察

一、知识产权确认不侵权之诉的立法考察

自 2000 年苏州龙宝公司提出的确认知识产权不侵权之诉被法院受理以来，我国的知识产权确认不侵权之诉的相关规定开始不断增加，主要梳理如下：

---

① ［日］新堂幸司：《新民事诉讼法》，林剑锋译，法律出版社 2008 年版，第 194 页。

2008年，最高人民法院出台了《民事案件案由规定》，增加了确认不侵权纠纷这一新的案由。在一级案由"第五部分　知识产权纠纷"下，二级案由"十五、知识产权权属、侵权纠纷"的第152条①，首次规定了三级案由"确认不侵权纠纷"，并且细分为"确认不侵犯专利权纠纷""确认不侵犯注册商标专用权纠纷""确认不侵犯著作权纠纷"三个四级案由。

2009年，最高人民法院发布了《关于审理侵犯专利权纠纷案件应用法律若干问题的解释》（以下简称《专利解释》），在该解释中首次明确了确认不侵犯专利权的受理条件。该解释第18条规定："权利人向他人发出侵犯专利权的警告，被警告人或者利害关系人经书面催告权利人行使诉权，自权利人收到该书面催告之日起一个月内或者自书面催告发出之日起二个月内，权利人不撤回警告也不提起诉讼，被警告人或者利害关系人向人民法院提起请求确认其行为不侵犯专利权的诉讼的，人民法院应当受理。"

2011年，最高人民法院对《民事案件案由规定》进行修改，将原有规定中的三级案由"确认不侵权纠纷"更名为"确认不侵害知识产权纠纷"。

2018年，最高人民法院在《关于补充增加民事案件案由的通知》中，在三级案由"确认不侵害知识产权纠纷"项下增加三类第四级案由，包括"确认不侵害植物新品种权纠纷""确认不侵害集成电路布图设计专有权纠纷""确认不侵害计算机软件著作权纠纷"。

2020年，最高人民法院发布了《关于知识产权民事诉讼证据的若干规定》（以下简称《知识产权证据规定》）。在第5条中规定："提起确认不侵害知识产权之诉的原告应当举证证明下列事实：（一）被告向原告发出侵权警告或者对原告进行侵权投诉；（二）原告向被告发出诉权行使催告及催告时间、送达时间；（三）被告未在合理期限内提起诉讼。"该规定从侧面反映了最高人民法院对知识产权确认不侵权之诉受理条件的立法态度。

根据《专利解释》第18条的规定，被控侵权人在收到权利人发出的侵权警告后，书面催告权利人行使诉权，权利人收到该书面催告之日起一个月内或者自书面催告发出之日起二个月内既不撤回警告也不提起诉讼，有权提起确认不侵犯专利权之诉。尽管《专利解释》明确规定了人民法院受

---

① 在2020年《民事案件案由规定》中，该条已更改为第169条。

理专利权确认不侵权之诉须满足的条件,但此规定在实务中并未被各级人民法院完全采纳,且适用该规定的法官对其中的核心要件亦存在不同的认定标准及适用倾向。① 而《知识产权证据规定》第 5 条进一步厘清了确认不侵害知识产权之诉的原告所需举证证明的事实,侧面体现了最高人民法院对于确认不侵害知识产权之诉案件受理条件的态度:业已举证证明了第 5 条所规定的事实的原告所提起的确认不侵害知识产权之诉,理应被人民法院立案审理。

二、知识产权确认不侵权之诉的司法考察

(一)与侵权警告相关的案例梳理

案例一 搜狗公司诉九宫混音公司确认不侵犯专利权案②

2017 年 5 月,九宫混音公司向搜狗科技公司和搜狗信息公司发送了一封沟通函,表示搜狗公司的产品涉嫌侵犯九宫混音公司某专利权,要求搜狗公司撤回产品,同时提出愿与搜狗公司就该产品达成合作。搜狗公司于 2017 年 6 月回复称自身不侵权,并于同年 7 月向北京知识产权法院提起以九宫混音公司为被告的确认不侵犯专利权之诉。

被告九宫混音公司答辩称,其发送的沟通函没有"警告"意味,只是为了达到互利共赢的目的,属于商业洽谈。北京知识产权法院和最高人民法院均认为,沟通函内容包含了对产品侵权的指控以及要求对方停止侵权的意思表示,使得搜狗科技公司、搜狗信息公司处于不安状态,属于侵权警告,搜狗公司提起确认诉讼并无不当。

本案中,原告和被告对沟通函是否构成侵权警告发生了争议,法院根据信函内容判断其有警告意味,构成了侵权警告。

---

① 占善刚、张一诺:《知识产权确认不侵权之诉受理条件实证研究》,载《知识产权》2020 年第 3 期。

② 最高人民法院(2019)最高法知民终 74 号民事判决书。

案例二　谱瑞兰特公司诉张某确认不侵犯著作权案[①]

2019年6月，谱瑞兰特影视传媒公司从马某处获得了《中国大船》电视剧本的许可使用权。2019年8月至9月，张某公开表示已经对其执笔剧本大纲进行了版权登记，在微信公众号上发布了《马某、刘某夫妇行骗记》并在朋友圈中发布相关内容，阐述自己创作了《中国大船》的第一轮剧本，该剧本被马某在第二轮创作中延续使用的情况。谱瑞兰特公司认为，张某的公开声明构成了侵权警告，使得各方对谱瑞兰特公司的著作权产生了误解。经催告无果后，谱瑞兰特公司向北京市朝阳区人民法院提起了以张某为被告的确认不侵犯著作权之诉。

一审法院认为，张某在微信中的文字表达是对剧本创作内容和稿酬支付的异议，无法构成"侵害著作权的警告"。故未满足确认不侵害著作权纠纷的受理条件，判决驳回谱瑞兰特公司的起诉。二审法院认为张某以书面形式在公开网络上向不特定的社会公众散发了侵权内容，构成了侵权警告，最终撤销原审裁定。

本案中，不同法院对权利人在微信平台发布的内容是否构成侵权警告理解不同。

案例三　广州蕉叶公司诉杭州蕉叶公司确认不侵犯商标权纠纷案[②]

2008年8月，杭州蕉叶公司起诉广州蕉叶上海分公司使用的产品侵犯了其商标专用权。在该案诉讼过程中，广州蕉叶公司被追加为共同被告。2009年7月，杭州蕉叶公司撤回该案的起诉。2010年3月，广州蕉叶公司以杭州蕉叶公司为被告提起了确认不侵犯商标权之诉。

广州市天河区人民法院认为，杭州蕉叶公司之前的侵权起诉行为已经使广州蕉叶公司从正常的生产经营中脱离出来，导致其面临着承担侵权责任的危险，而杭州蕉叶公司的撤诉行为，使得这种不确定状态持续进行，其后，

---

① 北京知识产权法院（2020）京73民终1832号民事判决书。
② 广州市中级人民法院（2011）穗中法民三终字第119号民事判决书。

杭州蕉叶公司也没有采取纠纷解决手段，使得广州蕉叶公司的正常经营活动受到影响。所以，广州蕉叶公司为确定其自身权利状态，有权提起确认不侵权之诉。经审理，广州市天河区人民法院作出了广州蕉叶公司不侵犯杭州蕉叶公司的商标权的判决。

在二审中，广州市中级人民法院对案件进行了改判。广州市中级人民法院认为，将"起诉后撤诉"情形视为侵权警告，也就意味着侵权诉讼的被告有权提起确认不侵权诉讼，可能导致确认不侵权之诉范围的扩大，进而扰乱司法秩序，不具有可操作性，也违背了确认不侵权之诉作为补救办法的立法初衷。故认为杭州蕉叶公司没有发送过侵权警告，依法予以驳回广州蕉叶公司的诉讼请求。最终撤销了一审法院的民事判决。

本案中，广州市中级人民法院不支持将"起诉后又撤诉"视为侵权警告的一种形式。

（二）与催告程序相关的案例梳理

案例一　王某与上海和汇公司确认不侵害商标权纠纷案①

2014年10月，王某向上海和汇公司发出律师函，称上海和汇公司的某产品侵犯了其商标权，要求上海和汇公司立即停止侵权。同年10月，在王某向淘宝网投诉上海和汇公司的产品侵权后，淘宝将相关产品删除。2015年6月，上海和汇公司提起了以王某为被告的确认不侵权之诉。

被告人王某认为，原告上海和汇公司没有催告其行使诉权，不符合确认不侵权之诉的受理条件。一审法院的观点是，基于被控侵权人、利害关系人收到侵权警告这一事实，只要满足权利人在合理的时间内不采取行动的条件，就有权提起确认不侵权之诉，参考本案案情，王某未撤回警告，也没有提起侵权诉讼，达成了该条件，上海和汇公司提起确认不侵权之诉符合法定条件。二审法院的观点是，《专利解释》第18条中规定的催告函是为了防止被警告人任意提起确认不侵权诉讼。本案中，被告除了发出警告信，还向淘宝网投

---

① 上海知识产权法院（2016）沪73民终207号民事判决书。

诉，结果导致原告的产品销售在长达八个月的时间里受到影响。此外，被告在一审中还提起了侵权诉讼，虽然其后又撤诉但能表明被告无意撤回警告，仍使原告公司处于不确定的经营状态中。因此，上海和汇公司已满足提起确认不侵权诉讼的条件。

本案中，究竟被控侵权人是否应行使催告程序？法院以其权利状态仍处于不稳定状态，认定其满足了确认不侵权之诉的受理条件。

案例二　九弟公司诉雅高公司确认不侵害商标权纠纷案①

2018年5月，九弟公司向宁波市中级人民法院提起以雅高公司为被告的确认不侵害商标权之诉，法院认为九弟公司未曾书面催告雅高公司行使诉权，裁定驳回九弟公司的确认不侵权之诉的请求。九弟公司认为，其曾在雅高公司申请仲裁裁决的程序中申明了自己的立场，无须再进行其他方式的沟通。在一审法院作出一审裁定后，九弟公司又向雅高公司发送了电子邮件，催告其行使诉权，认为确认不侵权之诉的受理条件已成就，请求驳回一审裁定。

2020年5月，浙江省高级人民法院受理了九弟公司的上诉案，认为应按《专利解释》第18条的规定对案件进行审查，九弟公司在收到来自雅高公司的商标侵权警告电子邮件后，并未催告雅高公司行使诉权。尽管九弟公司声称在一审法院作出民事判决后已向雅高公司发送了一封电子邮件，由于雅高公司拒称收到警告函，因此无法验证电子邮件的真实性。自九弟公司发出书面催告之函之日起至今还没有过去两个月，并且尚未满足确认不侵权诉讼的条件。

本案中，法院严格依照《专利解释》第18条的规定，审查被控侵权人是否催告行使诉权以及是否满足规定期限，如不符合规定，即使权利状态处于不稳定中，仍不满足确认不侵权之诉的受理条件。

---

① 浙江省高级人民法院（2020）浙民终457号民事裁定书。

（三）与行政投诉能否阻却确认不侵权之诉相关的案例梳理

案例一　天龙公司与开古公司确认不侵犯商标权案①

2009年4月，开古公司向天龙公司发出警告函，称天龙公司的某产品侵犯了开古公司的商标权，要求天龙公司停止侵权。同年12月，就天龙公司涉嫌侵权问题，开古公司向南京市工商局举报投诉。2010年，天龙公司以开古公司为被告提起了确认不侵犯商标权之诉。

一审法院认为，天龙公司提起的行政投诉争议还没有得到解决，就向人民法院提起确认不侵权诉讼，不符合法律规定，裁定驳回起诉。二审法院认为原审裁定正确，确认不侵权之诉的目的在于遏制权利人滥用权利。只有在原告发出侵权警告且被告没有使用其他救济途径时才满足该类诉讼的受理条件。本案中，发出侵权警告后，原告在合理的期限内采取了行动，可等待行政投诉处理确定是否侵权。因此，天龙公司的起诉不符合提起确认不侵权之诉的受理条件。

本案中，一审法院和二审法院均认为行政投诉能阻却确认不侵权之诉。

案例二　新疆农资公司诉阿某确认不侵犯专利权案②

2011年4月，阿某向工商局投诉称新疆农资公司使用的某产品侵犯了其商标权。同年，新疆农资公司提起了以阿某为被告的确认不侵权诉讼。

被告阿某辩称，新疆农资公司的起诉不符合条件，双方纠纷可在行政投诉中解决。一审法院认为，法律赋予了原告提起确认诉讼的权利，司法手段和行政手段各有侧重，新疆农资公司的起诉符合条件。二审法院认为，双轨制要求人民法院承担起对争议事实最终认定的职责，该案满足受理条件。

本案中，一审法院和二审法院均认为行政投诉不能阻却确认不侵权之诉。

---

① 北京市高级人民法院（2010）高民终字第2555号民事判决书。
② 新疆维吾尔自治区高级人民法院（2011）新民三终字第60号民事判决书。

（四）与证明责任相关的案例梳理

案例一 长园公司与胜太公司确认不侵犯专利权案①

2013年4月，胜太公司向长园公司及其客户发出了律师函，称长园公司的某产品侵犯了其专利权。长园公司向胜太公司发送了催告函，要求胜太公司停止侵权。经书面催告无果后，长园公司提起了以胜太公司为被告的确认不侵犯专利权之诉。

在案件审理过程中，原告长园公司提交了一系列证据证明自身不侵犯被告的专利权。就是否满足确认不侵权之诉的受理条件上，原告长园公司提交了由胜太公司发出的律师函、由长园公司发出的催告函等，以证明胜太公司发出了侵权警告且长园公司已催告其行使诉权。就原告是否侵犯被告专利权的核心问题，原告长园公司提交了其与某公司的订货合同，以证明其产品来源合法，提交了被告实用新型专利说明书及其无效决定以证明被告专利的保护范围且被告的专利已被宣告无效，并提交涉案产品以证明原告的产品并未覆盖被告专利必要技术特征。在庭审中，双方当事人当庭对长园公司的产品是否落入涉案专利的保护范围进行了技术对比。法院在最后认定长园公司制售的产品没有落入涉案专利的保护范围，长园公司并未侵害胜太公司的专利权。

本案中，由原告证明其产品不构成对被告专利权的侵犯。

案例二 麦格纳公司与鑫曜公司、沃弗公司确认不侵害专利权案②

鑫曜公司于2013年收到了麦格纳公司发出的律师函，称鑫曜公司的某产品侵犯了其知识产权。在鑫曜公司的代理商沃弗公司发出催告函无果后，鑫曜公司、沃弗公司遂以麦格纳公司为被告提起了确认不侵害专利权诉讼。

原告提交了产品样品，被告麦格纳公司未提供相关产品或者相反证据，但是认为该样品与原告实际制售的产品不同。在一审中，法院依据原告提供

---

① 广东省珠海市中级人民法院（2013）珠中法知民初字第786号民事判决书。
② 安徽省高级人民法院（2011）皖民三终字第00084号民事判决书。

的样品实物与涉案专利权的技术特征进行比对，判断该样品是否侵权。最终认定原告的产品不侵犯被告的专利权。麦格纳公司上诉称，原审法院不应将原告提供的样品作为对照是否侵权的产品。二审法院认为麦格纳公司若有证据证明鑫曜公司、沃弗公司实际制造、销售的产品侵犯其专利权，其可以通过反诉或另行提起侵权之诉来维护其权益，其上诉理由不能成立。

本案中，法院认为，若被告没有相反证据证明原告的侵权事实，则应当承担不利的诉讼风险。

（五）与知识产权确认不侵权之诉与他诉合并相关的案例

案 例 乐歌公司诉奈康公司确认不侵害专利权纠纷案[①]

2013年4月，奈康公司向乐歌视讯公司发函，指控乐歌公司销售的某产品侵犯了其专利权。乐歌公司致函催告奈康公司行使诉权无果后，于2014年2月向宁波市中级人民法院提起以奈康公司为被告的确认不侵犯专利权之诉。2014年6月，奈康公司以乐歌公司侵害其专利权为由提起反诉，请求判令乐歌公司停止侵权，并赔偿损失。

宁波市中级人民法院合并审理上述纠纷，将案件争议焦点确定为：一是被诉侵权设计是否落入了涉案专利的保护范围。二是乐歌公司构成何种专利侵权行为及应承担的民事责任。经审理后，法院判决：驳回原告（反诉被告）乐歌公司的诉讼请求；判令乐歌公司停止侵权并赔偿损失。

在本案中，确认不侵权之诉被告提起了反诉，请求法院判令原告侵权并承担侵权责任，法院将确认不侵权诉讼与侵权诉讼合并审理。

三、我国知识产权确认不侵权之诉立法和司法分析

（一）立法存在的问题

首先，从制度建构的角度来说，现有立法和司法解释并没有明确知识产

[①] 浙江省宁波市中级人民法院（2014）浙甬知初字第47号民事判决书。

权确认不侵权诉讼案件的法理性质、举证责任以及如何协调与其他纠纷解决机制之间的关系等一系列程序运作和实体处理方面的具体问题，远不足以达到规制此类纠纷的目的。

其次，现有司法解释对确认不侵权之诉案由采取列举的方法予以规定，即将确认不侵害专利权、商标权、著作权、植物新品种、集成电路布图设计及计算机软件一一作为民事案由加以规定。但是根据《民法典》第 123 条的规定，知识产权保护的客体除了上述种类，还包括商业秘密以及其他的兜底情形。①《民法典》第 123 条规定的客体究竟是否应成为确认不侵权之诉的案件范围尚不明确。

另外，对于确认不侵权之诉的受理条件问题，2009 年《专利解释》规定了确认不侵犯专利权的受理条件，包括提出侵权警告等三项内容。但是对于该司法解释是否可用于专利权之外的其他知识产权确认不侵权之诉没有明确加以说明。这容易导致司法实践中出现法官无法可依的情形，甚至出现截然不同的判决。需要指出的是，《知识产权证据规定》对提起确认不侵权之诉的原告应当举证的事实作了详细规定，在某种意义上，笔者认为其实际上将知识产权确认不侵权之诉的受理条件也进行了规定，有助于改善受理条件适用上的分歧。

最后，对于确认不侵犯知识产权之诉与他诉合并的问题，法律没有规定。当侵权之诉与确认不侵权之诉同时被不同法院受理时，是应当参照共同管辖的规定还是将侵权之诉置于主导地位，法律尚未规定。

（二）司法适用存在的问题

在司法实践中，由于知识产权确认不侵权之诉是新型诉讼，涉及的问题复杂多样，法院对《专利解释》的理解和适用程度均不同，审理标准也不统一，"同案不同判"的情形时有发生。归结起来，主要存在以下几个问题。

第一，受理条件的理解和适用存在分歧。在侵权警告方面，从前述司法

---

① 《民法典》第 123 条第 2 款规定："知识产权是权利人依法就下列客体享有的专有的权利：（一）作品；（二）发明、实用新型、外观设计；（三）商标；（四）地理标志；（五）商业秘密；（六）集成电路布图设计；（七）植物新品种；（八）法律规定的其他客体。"

实践案例可见，对侵权警告的形式和认定标准存在争议。究竟是明确的警告函才能构成侵权警告，还是认可多样化形式？比如对于包含警告内容的沟通函和公开声明、起诉后撤诉等形式，能否将其认为是侵权警告存在争议。

在行政投诉能否阻却确认不侵权之诉的问题上，不同法院认定不同。有的法院认为，被催告行使诉权的权利人发出行政投诉后，被控侵权人的权利状态经行政处理程序可得到确认，故不再受理确认不侵权之诉。有的法院认为，人民法院对争议事实作出最终认定的职责，行政投诉无法阻却确认不侵权之诉的提起。

对于是否必须经催告程序行使诉权，不同法院认定不同。有的法院严格按照《专利解释》审查书面催告的时间及内容。而有的法院认为被控侵权人持续处于不安状态，已经满足受理条件，若因严格适用催告程序不受理该类案件会徒增程序上的空转。

第二，在举证责任分配不明问题上，法院尚没有形成统一的审判标准。在传统的侵权诉讼中，适用"谁主张，谁举证"的原则，即由权利人证明相对方构成侵权。与之相比，确认不侵权之诉的原被告地位发生转换，原告除提供证据证明自己满足提起确认不侵权之诉的条件外，是否需提供相关证据证明自己没有侵权？有的法院认为，应由原告承担证明自身不侵权的责任。有的法院认为，应由被告即权利人承担证明侵权事实的责任。

第三，对确认不侵权之诉与其他诉的合并问题存在争议。在确认不侵权之诉和侵权之诉同时被不同法院受理时，有的法院主张将后立案的纠纷移送到先立案的法院合并审理，有的法院主张由受理侵权之诉的法院合并审理。

第四节 我国知识产权确认不侵权之诉制度的完善

由上述我国知识产权确认不侵权之诉的立法和司法考察可见，司法适用中出现的主要问题皆由立法不明确所导致。为此，笔者主张从以下几方面对知识产权确认不侵权之诉的相关制度进行立法完善。

一、将案由覆盖所有知识产权权利种类

将确认不侵权之诉的案由规定扩大到所有知识产权权利种类意味着，凡是《民法典》第 123 条所保护的知识产权权利种类，均纳入确认不侵权之诉的案由。首先，由于知识产权权利之共性，任何知识产权都可能出现需要由确认不侵权之诉予以救济的纠纷，因而知识产权确认不侵权之诉的适用范围不应当仅局限于民事案由的几种规定，而可以扩大至整个知识产权权利种类，如确认不侵犯商业秘密也应当属于知识产权确认不侵权之诉的范畴。其次，将尽可能多的知识产权权利纠纷纳入确认不侵权之诉制度是保障当事人诉权之必需。知识产权确认不侵权之诉的制度价值为确定当事人之间不稳定的权利状态，维护市场秩序。如果当事人无法通过司法渠道解决诉求，必然会求助于其他途径，甚至是非法途径，这样将会给社会的稳定、经济的发展带来极大的负面影响。① 综上，出于知识产权的共性，保障当事人诉权的必要，应将确认不侵权之诉的受案范围扩展至所有知识产权权利种类。

二、进一步明确受理条件

对于受理条件部分规定，应对侵权警告的内容和形式作进一步规定。按照《专利解释》和《知识产权证据规定》，提起确认不侵犯知识产权之诉应满足三个条件：第一，权利人发出了侵权警告；第二，被控侵权人书面催告权利人行使诉权；第三，权利人在收到书面催告一个月内或被控侵权人发出催告两个月内，既不撤回警告也不提起诉讼。对此，首先，法律应当明确侵权警告的内涵和表现形式，将沟通函、公开声明、起诉后撤诉、侵权投诉等能证明争议事实存在的形式纳入侵权警告，并且规定标准的警告函要件及审查标准。其次，法律应当明确设置书面催告程序的必要性。此外，法律应当明确在权利人提起行政投诉的情况下，被控侵权人仍能提起确认不侵权之诉。

---

① 夏璇：《知识产权确认不侵权之诉研究》，西南政法大学 2012 年博士学位论文。

（一）明确侵权警告函的内涵和外延

确认不侵权之诉是有因诉讼，其诉因是权利人向原告发布了侵权警告或声明。① 根据《最高人民法院关于当前经济形势下知识产权审判服务大局若干问题的意见》，对侵权警告应作广义理解，包括"知识产权权利人以其他方式实施的有关侵犯专利权等的警告或威胁"。该意见中所说的"其他方式"可以理解为对警告信的扩充解释。即只要是能够表达主体发布侵权声明的意思，并且能让义务人感受到这一警告的任何形式都应该认定为侵权警告。

基于此，笔者认为，侵权警告应该可以表现为多样化形式。我国台湾地区将知识产权侵权警告行为界定为："事业以发警告函、敬告函、律师函、公开信；或刊登广告启事、敬告启事；或以其他足以使其自身或他事业的交易相对人或潜在交易相对人知悉的方式散发他事业侵害其所有著作权、商标权或专利权消息之行为。"通过列举加概括的方式对警告加以规定，这样既有灵活的适应性也具备法律的明确性，实践中可以借鉴这种方法，将侵权警告的形式规定为侵权警告函、律师信、向被控侵权人的客户发出告知函等书面形式，以及在新闻媒体发布有关声明、权利人起诉后撤诉、投诉等使被控侵权人知悉的能证明争议事实存在的方式。下面将逐一分析书面函件等不同行为是否构成合格的侵权警告。

对于一方寄交的书面函件，笔者认为，应根据其记载的内容以及所起的作用判断。书面函件的内容应当是明确且具体的，明确指出被控侵权人的行为已经落入其知识产权保护的范围，并要求被控侵权人停止侵权行为。如果信函的内容仅仅是告知相关知识产权的存在，或者是出于调查侵权者的目的而进行的相关询问，则双方无实质争议，不应认定为侵权警告。例如，在上述搜狗公司诉九宫混音公司确认不侵犯商标权案中，被告称发函是寻求合作，但从该信函内容中可得知，被告在提出合作意向之前，明确指出原告涉嫌侵权，导致原告心理上感受到了威胁，此时法院将其认定为侵权警告是合理的。那么，原告受到威胁究竟以何标准来判断？笔者认为，在判断警告函是否构

---

① 汤茂仁、管祖彦：《确认不侵权案的受理条件及相关法律问题研究》，载《苏州大学学报》2006 年第 4 期。

成侵权警告，应坚持一个正常的、普通人的认知标准，即信函能引起收函方的不安和困扰即可。

对于权利人在公开媒体上发布的声明，笔者认为，需要根据该声明是否有针对性的接收方即利害关系人予以确定。如果是宽泛的维权表态行为，泛泛声明凡侵权者都将追究其法律责任，此时视为权利人与相对人之间未形成实质性争议，不宜认定为侵权警告。如果从内容上可以明确推知具体对象的，也能使得特定主体陷入是否侵权的不确定状态中，构成侵权警告。但是，对于上述这种通过公开媒体、新闻发布会等方式刊发警告声明的，由于其影响面极广，笔者并不主张其广泛应用。因为若利害关系人没有侵权，则可能给利害关系人带来极大的损失，如损害其商誉。

对于行政投诉以及向第三方平台的投诉行为，应认为属于合格的侵权投诉。最高人民法院对"湖南方盛诉怀化案"[①]进行评价时指出："该案将权利人向食药监局投诉认定为侵权警告，扩大了侵权警告函的形式和内容。由于权利人的投诉直接影响另一方的生产和经营活动，在实质上起到了直接向方盛公司发送警告函相同的作用和后果。"另外，《知识产权证据规定》中将被告投诉纳入原告举证的事实也说明了立法明确认为侵权投诉为侵权警告。笔者认为，上述投诉行为在实践中除了表现为向行政机关投诉外，还包括向第三方电商平台投诉、申请专门机构仲裁、申请或海关主动查处等。这些方式均能产生实质性争议，造成利益受损，应纳入侵权警告。

对于权利人不经任何书面函件，直接提起侵权诉讼后又撤诉的情形，笔者认为也应认定为侵权警告。主要原因在于，权利人提起侵权诉讼，表明其要维权并认定被诉方侵权的意思表示，而且这种意思表示公开表达，意愿强烈，其起诉行为起到了明确告知对方已经构成侵权的事实效果，使得被诉方感受到侵权威胁或风险。而权利人其后撤诉，使得被诉方无法认定权利性质，持续处在不安状态，双方存在争议事实，构成了侵权警告。例如，宁波市中级人民法院在山东宏德新材料公司诉北京太空板业公司案中明确指出，权利

---

① 《最高人民法院办公厅关于印发 2014 年中国法院 10 大知识产权案件、10 大创新性知识产权案件和 50 件典型知识产权案例的通知》，载最高人民法院网，https://www.court.gov.cn/fabu-xiangqing-14198.html，最后访问时间：2023 年 10 月 21 日。

人向法院起诉后撤诉,导致其处于侵权与否的不稳定状态,可视为侵权警告的一种形式。[①] 在前述广州蕉叶公司诉杭州蕉叶公司确认不侵犯商标权纠纷案中,广州市中级人民法院认为权利人起诉后撤诉是依法行使诉权,不构成侵权警告,笔者认为这种观点有待商榷。尽管起诉后撤诉是行为人的一种诉讼权利,但由于申请撤诉后,其仍具有诉讼权利,这意味着此时该案并无定论,仍使被诉方处于不安定状态,也影响其经营状况的稳定性。综上,应将权利人起诉后撤诉看作侵权警告,类似地,当权利人或其利害关系人申请法院采取诉前禁令后未在15日内提起侵权之诉的,也应视为存在争议,视作侵权警告。

另外,笔者认为,知识产权权利人为了更好地保护自己的合法权利,最好在实务中提交规范的书面警告函。实务中,权利人多以书面函件的形式主张自己的权利,通过律师函、警告信、声明、公告等多种方式联系涉嫌侵权人。而一封标准的书面函件可以省去诸多法律认定的麻烦。因此,在立法中应当规定一封标准的侵权警告函的写法。具体应当包括:(1)明确发函方包括知识产权权利人及被许可方。由于实践中很多知识产权被权利人以独占、排他或其他方式许可给第三方,发出警告函的一方可能是获得授权的第三人而非直接的权利人,而其发出警告函的实际警告效果与直接由权利人发出侵权警告别无二致,故在信函中应当明确规定写明发函人、权利人的身份、涉及的权利信息。(2)明确发函对象包括涉嫌侵权产品的生产者、销售者和使用者等。(3)明确内容。指明被警告方涉嫌侵权的产品、权利的有效性、保护范围及其他据以判断被警告行为涉嫌构成侵权的必要信息。应当明确一点,比起向生产者发函,向销售者、使用者发函时应尽到更高的注意义务,警告所涉信息应详细、充分,应对所涉侵权的具体事实进行充分考量和论证,使收函方能客观合理地判断是否自行停止被警告行为的事实。(4)应表明警告之意。如要求对方停止侵权,表明如果被控侵权人不停止侵权行为,将采取法律途径予以追究。

(二)强调书面催告程序的必要性

根据《专利解释》,被警告人提起确认不侵犯专利权之诉需要满足"书面

---

① 浙江省宁波市中级人民法院(2014)浙甬知初字第463号民事判决书。

催告程序"的前置条件。《知识产权证据规定》首次规定了确认不侵犯知识产权之诉中原告应举证证明催告事项，这表明催告程序已经成为所有知识产权确认不侵权之诉受理条件的组成部分。

尽管如此，对于确认不侵犯专利权之诉以外的知识产权纠纷，究竟应否适用催告程序仍有争议。而在理论界，对于催告程序是否必要，也一直有两种观点：一是严格遵循三程序，视催告为必经程序；二是认为催告不是必经程序，如果权利人在提起侵权警告后怠于行使诉权，即满足确认不侵权之诉的提起条件。笔者认为，将催告程序设为必经程序有其必要性和合理性。

设置催告程序能防止被警告人动辄提起确认不侵权之诉，引导被警告人通过侵权之诉解决纠纷。与知识产权权利保护价值相对，确认不侵权之诉制度是为限制知识产权权利滥用而设的。但这种诉权又可能为被警告人所滥用，可通过催告程序限制被警告人滥用诉权。只有经催告的权利人怠于行使诉权时，被警告人才能提起确认不侵权之诉。进一步讲，通过催告程序可明确确认不侵权制度的辅助地位。我国知识产权发展现状决定了知识产权的保护仍然是矛盾的主要方面，而确认不侵权之诉救济应是一种辅助性救济措施，是对权利相对人予以救济的一种非常态、非主流的手段。被警告人能通过催告程序使知识产权权利人主动起诉，通过侵权诉讼界定双方争议的民事法律关系，以尽早恢复不稳定的社会关系。因此，应通过设置催告程序，限制知识产权确认不侵权之诉的提起，最大限度地保障知识产权权利人对知识产权的利用权和禁止权。① 此外，设置催告程序还为被警告人举证权利人怠于行使诉权提供了程序保障。

对于司法实践中出现的特殊情况，究竟应否坚持适用催告程序，目前依然存在争议。这种特殊情况主要包括以下两种情形：其一，在侵权警告发出后，权利人长时间未起诉是否可以认为不需催告即可提起确认不侵权之诉。其二，权利人起诉后又撤诉，但依然保留侵权指控的意思表示，是否可以认为不需催告即可提起确认不侵权之诉。对于第一种情形，笔者认为，书面催告程序的适用并不复杂，而被控侵权人在自身权利状态不稳定时，完全可以

---

① 严卫东：《知识产权确认不侵权之诉及其实证研究》，兰州大学 2009 年硕士学位论文。

依法提起书面催告程序,以督促权利人起诉。而且,确认不侵权之诉制度出现的原因就是权利人怠于行使诉权;如果允许被控侵权人未经催告程序直接提起确认不侵权之诉,无异于默认其怠于行使催告权的合理性,容易造成立法价值的不稳定,最终影响立法目的的实现。对于第二种情形,尽管权利人撤诉但其依然保留侵权指控的意思表示,且被控侵权人依然处于不安定状态,此时机械地要求被控侵权人履行书面催告程序已无必要,事实上只能徒增无意义的程序空转,也不符合司法解释设置催告起诉义务的立法目的。①

综上,对我国知识产权确认不侵权之诉制度,应以严格适用书面催告程序为标准,对权利人起诉后撤诉的特殊情形作出例外规定,以平衡权利人和被控侵权人的利益,保护知识产权诉讼环境。

(三)明确权利人在催告程序之后提起行政投诉的后果

根据《专利解释》,在被警告人催告后,权利人在合理期限内未撤回警告,也未提起诉讼,被警告人就可以提起确认不侵权之诉。实践中,权利人经催告后有时并不提起侵权之诉,而是选择向行政机关投诉,在这种情形下,被警告人能否提起确认不侵权之诉是一个争议问题。前文讨论的案例中,有法院认为,在这种情况下,被警告人可通过行政程序进行抗辩,从而确定自身权利状态,故无须再提起确认不侵权之诉。笔者不赞同这种观点,认为权利人在催告程序之后提起的行政投诉不能阻却确认不侵权之诉的提起。

从我国目前对知识产权保护的立法规定来看,我国实行知识产权行政保护和司法保护的"双轨制"模式,即在侵权纠纷发生后,权利人既可请求知识产权行政保护,也可选择司法保护。行政保护和司法保护两种方式各有利弊,但司法保护因其具有终局性特点应成为知识产权保护的最妥当选择。

众所周知,行政保护尽管查处速度快、不收取费用、容易取证,但行政程序往往重点审查具体行政行为的合法性、产品的主要证据等,很少从全局宏观地、系统地审查案情,可能忽略某些侵权事实,让某些人钻了程序上的漏洞。正如有学者所指出的那样,权利人如果利用知识产权行政保护中案件受理门槛低、投诉维权成本小、投诉人举证责任轻等特点,拖延或排斥将纠

---

① 江苏省高级人民法院(2016)苏民终610号民事裁定书。

纷转入司法途径寻求及时彻底的解决，会对其他合法经营者造成致命打击。①相较而言，司法保护具有程序公正、裁判权威、透明度高、具有终局性等制度优势。换句话说，在行政和司法部门同时处理相同案件的情况下，案件裁决结果相抵触，则以司法部门的结果为准。因此，在权利人提起行政投诉的情况下，法院仍有义务受理被警告人提出的确认不侵权案件。"如果在书面催告后一定期限内，权利人请求管理专利工作的部门处理侵权纠纷，并不能阻却被警告人或利害关系人提起确认不侵权之诉"②。

三、确认不侵权之诉的举证责任分配

举证责任是指当作为法院裁判基础的案件事实在诉讼中真伪不明时，当事人一方因法院不能认定这一事实而承受不利于自己的法律后果。举证责任分为规制当事人提出证据的主观举证责任即行为意义上的举证责任，和规制当事人证明度的客观举证责任即结果意义上的举证责任。③

在知识产权确认不侵权之诉中，首先需要证明的是关于起诉条件的事实。根据《知识产权证据规定》，确认不侵权之诉原告至少应对下列事实承担举证责任：一是受到权利人侵权警告的事实；二是权利人怠于寻求公力救济的事实等。这是法院判断是否受理诉讼的第一步。可见，确认不侵权之诉受理条件的举证责任是由原告承担的，而这也符合举证责任分配的基本规则。

在纠纷进入诉讼以后，判断原告的诉讼主张是否成立，需要证明的主要事实是原告的行为是否侵权被告知识产权。实质上，这里涉及两方面的事实需要原告证明：其一，原告的经营行为是什么；其二，原告的经营行为没有落入被告知识产权的范围。显然，对于原告的经营行为而言，该行为是什么状态，是否具有合法依据，是否具有自主知识产权等都应该由原告承担举证责任。这是因为原告作为经营行为的主体，掌握上述证据，且举证责任由原告

---

① 占善刚、张一诺：《知识产权确认不侵权之诉受理条件实证研究》，载《知识产权》2020年第3期。

② 孔祥俊、王永昌、李剑：《〈最高人民法院关于审理侵犯专利权纠纷案件应用法律若干问题的解释〉的理解与适用》，载《电子知识产权杂志》2010年第2期。

③ 张丽霞、李单单：《消极确认之诉的举证责任分配》，载《天津法学》2017年第4期。

承担也符合"谁主张,谁举证"的举证责任分配规则。因此,应当由原告提供自己合法经营的相关证据。而对于该行为没有侵犯被告知识产权这一事实,根据举证责任正常分配的规则,本也应该由原告进行举证,但由于有关被告知识产权具体内容的证据掌握在被告手中,此时若依然由原告进行举证,难度很大,甚至根本难以完成。而这其实也是证据理论中"否定者不承担证明责任"原则的体现。因此,对于原告经营行为是否落入被告知识产权范围的事实应当由被告承担举证责任。

需要指出的是,由被告对该事实举证并不属于举证责任倒置,而应将其理解为行为意义上的举证责任转移。按照一般的举证顺序,应负举证义务的一方如果提供了充分的证据证实自己的主张,此时,为了避免法官形成不利于自己的心证,行为意义上的举证责任转移给被告。而由于确认不侵权之诉本质上属于消极确认之诉,基于双方掌握证据的现实情况,在原告提供了自身经营行为具有所谓合法依据的证据后,即可认为其完成了行为意义上的举证责任;与此同时,行为意义举证责任转移至被告。

至于该类案件的结果意义举证责任,由于并未发生举证责任倒置,则依然由原告承担。也就是说,当双方穷尽所有证据时,法官依然认为案件事实真伪不明的,则应当由主张方,即本案原告承担不利后果。

四、知识产权确认不侵权之诉与他诉合并的问题

在知识产权确认不侵权之诉中,权利人有时会提出反诉,要求确认对方侵权或者承担侵权责任。在诉讼法理论上,反诉是指在一个已经开始的民事诉讼程序中,本诉被告以本诉原告为被告,向受诉法院提出的与本诉有牵连的独立的反诉请求,旨在抵消、动摇或吞并本诉。

对确认不侵权之诉中能否提起反诉,学界看法不一。肯定说认为,知识产权侵权之诉与确认不侵权之诉,因涉及同一事实而具有牵连关系,且诉讼请求完全相对,构成本反诉关系,为避免作出矛盾判决、简化诉讼程序,应将两诉合并审理。[①] 否定说认为,反诉仅存在于给付之诉,确认之诉与给付之

---

① 邓宏光、唐文:《论知识产权不侵权确认之诉》,载《法律适用》2006 年第 1 期。

诉不能构成本反诉关系。折中说认为，如果在后侵权之诉的原告仅主张确认侵害行为成立，则可以构成在先确认不侵权之诉的反诉，但如其另行提出赔偿损失等给付请求，则诉讼已由确认之诉转变为侵权之诉，由于诉讼种类不同，故不构成本反诉关系。①

笔者认为，应根据被告的诉讼请求分为两种情形讨论。其一，如果权利人提起侵权之诉仅为主张侵权法律关系不存在，那么与确认不侵权之诉实质争议和审理对象相同，根据《民事诉讼法解释》第247条的规定，这种情形构成"重复起诉禁止"，被告不能提起反诉，但不影响被告针对原告确认不侵权的主张进行反驳。其二，如果权利人在提起侵权之诉时，除了确认侵权的请求还有给付请求，如被告提出后诉时不是单纯地请求"确认原告侵权"，而是增加了"赔偿损失、赔礼道歉"等诉讼请求，使后诉兼具确认之诉与给付之诉的内容。此时，后诉争议范围超出前诉，不受重复起诉禁止的限制，但后诉请求与本诉请求具有牵连关系，依法构成反诉，法院应将两诉合并审理，一并作出裁判。需要指出的是，我国并未确定强制反诉制度，被告是否提起反诉，取决于被告的意愿。而如果在本诉判决之后再提起后诉，由于前诉的诉讼请求是确认不侵权，而后诉的诉讼请求内含了确认侵权的内容，就有可能使得后诉诉讼结果受前诉影响。为此，笔者建议在确认不侵权诉讼中，法院可适时行使释明权，以使被告知悉，从而确定是否提起反诉。

另外需要讨论的问题是，如果在确认不侵权之诉的诉讼过程中，权利人向其他法院提起侵权之诉，请求确认相对方侵权并且承担侵权责任，应如何处理呢？《最高人民法院关于本田技研工业株式会社与石家庄双环汽车股份有限公司、北京旭阳恒兴经贸有限公司专利纠纷案件指定管辖的通知》指出："涉及同一事实的确认不侵犯专利权诉讼和专利侵权诉讼，是当事人双方依照民事诉讼法为保护自己的权益在纠纷发生过程的不同阶段分别提起的诉讼，均属独立的诉讼，一方当事人提起的确认不侵犯专利权诉讼不因对方当事人另行提起专利侵权诉讼而被吸收。但为了避免就同一事实的案件为不同法院重复审判，人民法院应当依法移送管辖合并审理。"该通知认为，上述两诉作

---

① 何文哲、余晖：《对知识产权确认不侵权之诉的分析》，载《人民司法》2006年第1期。

为分别独立的诉，基于相同的事实而产生，故应该合并审理，且由在先立案受理的法院合并审理。不过，对于这种在其他法院起诉的情况，学术界也有相反的观点，认为无论是否在先受理，确认不侵权之诉的法院都应将案件移送受理侵权之诉的法院处理，即由侵权之诉案件吸收不侵权之诉。

尽管两诉审理的核心和重点都是判定"是否侵权"，但当两诉受理法院均有管辖权时，不能直接认定由侵权诉讼所在法院审理更有利。另外，目前诉讼法理论中，也并无一诉吸收另一个诉的理论基础，且两诉的审理结果也有不确定性，"吸收说"可能并不能真诚周延保护双方当事人的利益，并最终彻底解决纠纷。最后，根据《民事诉讼法解释》第36条的规定，当事人基于同一法律关系或者同一法律事实而发生纠纷，以不同诉讼请求分别向有管辖权的不同法院起诉的，后立案的法院应当移送先立案的法院管辖。该理论尽管与本书讨论的情况有所差别，但应可以扩大适用至本书讨论的情形，即由后立案的法院移送到先立案的法院合并审理。

涉及确认不侵权之诉与他诉合并的最后一种情形是，原告在提起确认不侵权之诉时，认为对方的侵权警告影响了其商誉而提起损害赔偿之诉。后诉与在先提起的知识产权确认不侵权之诉是两个独立的诉讼，原告依法有权选择分别起诉或者合并起诉。如法院结合案情认为可达节约诉讼资源之目的，则法院可合并审理。

第四章
专利侵权损害赔偿标准适用探究

第一节 我国专利侵权损害赔偿标准梳理

在专利制度之下，专利权人拥有诸多的专有权利。基于这种专有性，如不存在法定免责事由，其他任何人未经专利权人许可实施该专利则构成专利侵权。所谓专利侵权赔偿，是指在专利侵权行为发生之后，专利权人出于对自身权利的维护要求侵权行为人承担停止侵权和赔偿因侵权行为造成损失的民事责任。[①]而专利侵权损害赔偿标准则是将侵权人承担的民事责任进一步细化，对赔偿方式、赔偿数额作出具体规定，从而提升专利侵权损害赔偿在司法实践中的可操作性，保护专利权人的合法权益。回顾我国专利制度的发展历程，可以看出我国有关专利侵权损害赔偿标准的规定经历了一个从无到有、从简单模糊到趋于完善的过程。

一、《专利法》有关损害赔偿标准制度沿革

我国首部《专利法》于1984年制定，在此之前，我国并没有法律层面上的专利制度，仅存在有关发明创造和技术改进的奖励规定。[②]由于要适应改革

[①] 王迁:《知识产权法教程》(第四版)，中国人民大学出版社2014年版。
[②] 崔鑫生:《从"舶来"到"自生"：中国专利法的诞生与发展》，载《科技进步与对策》2010年第15期。

开放之后的国际经济技术合作交流的新情况以及我国加入的相关知识产权国际条约的要求，专利制度不可避免地以舶来品的身份在我国应运而生。1984年《专利法》中并没有关于专利侵权损害赔偿标准的直接规定，仅有关于专利权人和专利管理机关制止侵权行为的救济途径的规定。1992年修改后的《专利法》在专利侵权损害赔偿标准方面同1984年《专利法》一样也无直接规定，这充分反映了我国专利制度实施初期的不完善之处。

进入21世纪之后，鉴于我国专利制度的实施情况、侵犯知识产权案件频发以及复杂多变的国际经济贸易形势，《专利法》需要对损害赔偿标准作出更加明确具体的规定。据此，2000年修改的《专利法》对于专利侵权损害赔偿标准规定了三种赔偿方式，即被侵权人所受到的损失、侵权人所获得的利益以及专利许可使用费倍数。这三种赔偿方式在适用上有先后之分，首先应按照实际损失或者侵权获利适用，只有当实际损失或者侵权获利无法确定之时，才可参照专利许可使用费倍数确定损害赔偿额。2008年修改的《专利法》对专利侵权损害赔偿作出了更加具体的规定，除了上述三种损害赔偿方式之外，还规定了法定赔偿方式，同时对以上四种方式的适用做出严格的顺序限制，其中前三种损害赔偿方式顺位适用，前一种无法适用才考虑适用下一种，而法定赔偿则作为一种兜底性质的规则，当前述三种赔偿标准都不能适用时才得以适用法定赔偿，其赔偿额度为1万元至100万元。

另外，专利领域也出台过有关专利侵权损害赔偿的司法解释。2001年，《最高人民法院关于审理专利纠纷案件适用法律问题的若干规定》（以下简称《专利纠纷若干规定》），将法定赔偿引入专利领域，规定了5000元至30万元、最多不超过50万元的赔偿额度，这实际上是我国专利领域中法定赔偿制度的滥觞。2013年修改后的司法解释在关于损害赔偿标准适用顺位上将2008年《专利法》规定的实际损失和侵权获利列为同一位阶。

从我国《专利法》2020年之前的历次修改的内容以及相关司法解释的规定来看，我国在专利侵权损害赔偿方面的制度不断发展完善，这对于司法实践中科学合理地确定专利侵权损害赔偿额具有积极的作用。

二、2020 年修改的《专利法》中关于损害赔偿标准的变化

（一）损害赔偿标准适用顺位轻微调整

2020 年修改的《专利法》在损害赔偿标准适用顺位上较 2008 年《专利法》发生了一些变化。2008 年《专利法》关于损害赔偿标准的适用顺位较为严格，而 2020 年《专利法》则将实际损失和侵权获利两种赔偿方式合并为同一顺位，只有当实际损失与侵权获利均无法确定的情况下才适用下一顺位的赔偿方式即许可使用费倍数。这一变化赋予了专利权人一定的自由选择空间，从而在侵权损害赔偿额的计算上有利于维护专利权人的利益，但是在具体适用时仍然较为僵化。

（二）法定赔偿额上下限提高

2020 年《专利法》将原先旧法中的 1 万元以上 100 万元以下的法定赔偿额范围提高到 3 万元以上 500 万元以下。需要说明的是，法定赔偿的制度是在侵权损害赔偿具体数额难以确定的情况下，最大限度维护当事人的权益以及提高司法效率的权宜之计，换言之，法定赔偿并不符合填平原则的内涵，是在其他赔偿方式均无法适用之后的被迫之举，因此从法定赔偿设置的理念上来说，在司法实践中应减少其适用，并且应明确其适用的具体条件。修改后的《专利法》大幅度提升了法定赔偿额度的上下限，赋予了法官非常大的自由裁量权，可能在实践中产生一些问题。

（三）新增针对故意侵权的惩罚性赔偿制度

将惩罚性赔偿制度引入专利领域是知识产权学界长久以来的呼声。在知识产权领域最早引入惩罚性赔偿制度的是 2013 年《商标法》，规定了在确定数额的一倍以上三倍以下的惩罚性赔偿额，2019 年修法之时将此额度进行了提升，规定为一倍以上五倍以下。在 2020 年《专利法》修改之前的历次送审稿与征求意见稿之中亦有关于惩罚性赔偿的条文。2020 年《民法典》在侵权责任编中专门对知识产权惩罚性赔偿作出了总体规定，这为后来在《专利法》中引入惩罚性赔偿制度奠定了先机。2020 年修改的《专利法》借鉴了《商

标法》的立法经验，针对故意侵权、情节严重的行为设置了确定数额为一倍以上五倍以下的惩罚性赔偿额。相较于传统的填平原则，惩罚性赔偿制度会带来一定的震慑作用，大幅度提升侵权人的侵权成本，对故意侵犯专利权的行为予以沉重的打击，从而达到保护专利权人的合法权益的立法目的。在司法实践中，应注意明确惩罚性赔偿制度的具体适用条件，避免滥用惩罚性赔偿。

2021年3月2日，最高人民法院发布了《关于审理侵害知识产权民事案件适用惩罚性赔偿的解释》（以下简称《惩罚性赔偿司法解释》），以列举的形式对惩罚性赔偿中的"故意"和"情节严重"作出了规定，从而进一步清晰了惩罚性赔偿制度在专利案件中的适用条件，但该司法解释仍存在较为模糊的空间，需要在后期进一步细化。2022年4月25日，北京市高级人民法院发布了《关于侵害知识产权民事案件适用惩罚性赔偿审理指南》，该指南针对的是整个知识产权领域，具体到专利领域的规定不多，且与前述最高人民法院的司法解释有相同之处，对于"故意"与"情节严重"的认定仍较为笼统。

第二节　专利侵权损害赔偿标准适用中的问题

2020年修改的《专利法》在惩罚性赔偿、法定赔偿规则的设置上仍有不尽合理之处，使得以上两种损害赔偿标准在适用中存在诸多问题。此外，实际损失、侵权获利、许可使用费倍数等三种标准在实践中亦存在不少顽疾，从而影响了实践中侵权损害赔偿数额的确定。本节将对以上损害赔偿标准在适用中存在的问题进行探讨。

一、惩罚性赔偿规则适用方面存在的问题

惩罚性赔偿通常情况下是指侵权人被法院判决的高于被侵权人实际损失的赔偿金额，[①]与补偿性原则或填平原则相对。惩罚性赔偿的惩罚功能体现在

---

① 温世扬、邱永清：《惩罚性赔偿与知识产权保护》，载《法律适用》2004年第12期。

该制度的适用将对侵权者主观过错进行评价，并使得受惩罚的侵权者的财产自由受到限制，这对于潜在的侵权行为人必然会产生一定的震慑作用，使其迫于高昂的侵权成本放弃侵犯专利权的行为。当侵权行为较为恶劣、侵权性质较为严重的时候，依照传统的填平原则进行损害赔偿尚不足以使侵权者付出与侵权行为所造成的后果相应的代价，此时对侵权人科以惩罚性赔偿能够更好地补偿权利人因侵权遭受的损失。

长久以来，学界对于在专利领域引入惩罚性赔偿制度的呼声很高，却也争议不断。赞成派有学者认为专利权因其无形的特点而容易遭受侵犯，侵权人却往往只付出较小的侵权成本，出于对专利侵权人进行警示的目的应该引入惩罚性赔偿机制[1]；还有学者认为古老而传统的填平原则并不能对权利人起到补偿作用，也无法对侵权人起到震慑作用，之所以出现这样的情况其症结在于侵权人获利的相关证据不易获取，使得权利人的具体损失额较难确定，而引入惩罚性赔偿机制可以缓解这一问题[2]；亦有学者从政府管理的角度出发，认为惩罚性赔偿制度具有私主体执法的效能，对于专利侵权行为具有一定的惩处作用，有利于专利环境的良好发展[3]。而反对派有学者认为惩罚性赔偿制度较多适用于公法领域，与私法在理念上存在较为激烈的冲突，惩罚性赔偿制度将混淆我国公法与私法各自领域的内容，所以不能将其引入专利制度中[4]；还有学者从我国司法现状出发，认为目前我国专利侵权司法实践中专利权人实际损失与侵权人非法获利均难以查明，引入惩罚性赔偿制度缺乏可操作性[5]。

不管学界争论与否，在《专利法》中引入惩罚性赔偿制度已经成为既定事实。2020年修改的《专利法》在第71条中规定了惩罚性赔偿制度，然

---

[1] 吴汉东主编：《中国知识产权制度评价与立法建议》，知识产权出版社2008年版。
[2] 丁启明、宋惠玲：《论侵犯专利权的民事赔偿原则》，载《知识产权》2012年第12期。
[3] 钱玉文、骆福林：《论我国知识产权法中的惩罚性赔偿》，载《法学杂志》2009年第4期。
[4] 曹新明：《知识产权侵权惩罚性赔偿责任探析——兼论我国知识产权领域三部法律的修订》，载《知识产权》2013年第4期。
[5] 和育东、石红艳、林声烨：《知识产权侵权引入惩罚性赔偿之辩》，载《知识产权》2013年第3期。

而自新规适用以来，实践中却几乎没有明确援引《专利法》第71条有关惩罚性赔偿条款进行裁判的案例。笔者在北大法宝网站案例检索系统上以"专利权权属、侵权纠纷"为案由、以"惩罚性赔偿"为检索关键词、时间设置为2021年6月1日至2022年3月5日进行案例搜索，①在搜索结果中显示的全部49个案例，均为原告向法院提出需要适用惩罚性赔偿，且均被法院认定为无法适用惩罚性赔偿。由此可见，在新《专利法》生效将近一年的时间里，惩罚性赔偿的适用情况并不理想。笔者认为，其原因主要有以下几点。

（一）惩罚性赔偿规则适用条件过于严苛

《专利法》第71条第1款对惩罚性赔偿规则的表述为："对故意侵犯专利权，情节严重的，可以在按照上述方法确定数额的一倍以上五倍以下确定赔偿数额。"该条中表述的"上述方法"即实际损失、侵权获利和许可使用费倍数，因此，按照法律条文的逻辑，若要对侵犯专利权的行为适用惩罚性赔偿，前提条件是该侵权行为可以适用前三种损害赔偿方式之中的任意一种，否则，将不能适用惩罚性赔偿方式。再者，根据《专利法》第71条第2款关于法定赔偿的规定，在前面三种损害赔偿方式均无法适用的情况下才适用具有兜底性质的法定赔偿，可见，惩罚性赔偿的适用须以前三种赔偿标准为基础，而法定赔偿不与前三种赔偿标准适用，进一步即可得知，法定赔偿不能与惩罚性赔偿并用。但是在专利侵权损害赔偿的司法实践中，绝大部分案件最终都是以法定赔偿的方式进行损害赔偿的，适用实际损失、侵权获利、许可使用费倍数进行判赔的案件数量较少、占全部案例的比例也很低，这就使得惩罚性赔偿规则在实践中适用的场景并不多，而前文中笔者检索的案件情况也证实了这一点。考虑到裁判文书上网需要一定的时间，因此在未来会比较方便地检索到专利侵权适用惩罚性赔偿的案件，但就目前而言，在网络上几乎搜索不到适用惩罚性赔偿规则裁判的专利侵权案件。

---

① 参见北大法宝网，https://www-pkulaw-cn-s.webvpn.ncut.edu.cn/case/adv?isLogin=1，最后访问时间：2022年3月5日。

（二）"故意"的认定存在分歧

2021年出台的《惩罚性赔偿司法解释》对于如何认定"故意"作出了规定。该司法解释从被侵害的知识产权客观情况和涉诉产品的市场知晓程度以及原被告之间的关系等方面出发作出了总体上的规定，并且列举了六项可以"初步认定"被告具有侵权故意的情形，该司法解释为法官在案件审理中如何认定"故意"指明了方向，但仍然需要在实践中具体细化认定的标准。

"故意"作为一种主观要件，在认定上很难通过对侵权人主观心态的判定来确认，因此对于"故意"的认定较为可行的方法便是通过对侵权人的客观情况进行评估，进而对侵权人的主观心态故意与否进行推测。前述的司法解释大体上按照这一思路进行规定，但列举的内容较为单一，基本上从原告与被告之间的关系入手判断是否存在故意，而对于被告本身的侵权情况方面却较少规定。然而，侵权的具体情况从一定程度上来说是认定侵权人主观上故意与否的重要判定因素，诸如不同的侵权行为类型其背后侵权人的主观心态是迥然不同的。就专利而言，制造这样的侵权行为和销售行为的主观故意程度显然是不一样的。由于专利内容的特殊性与专业性，加之专利权的特征是以公开专利权属信息换取保护，故利用专利内容与方法进行制造行为的侵权人毫无疑问地对被侵权专利的内容了然于胸，并且积极为生产制造行为创造条件，如购买生产所需的机器设备、购置厂房等，因此这种生产制造行为几乎可以直接认定为故意；而通过合法渠道进货并销售侵权产品的侵权人可以说根本不存在故意的心态。对于大部分的普通人来说，他们并不能准确识别某件商品是不是侵权产品，因为其并不具备与专利相关的专业知识，甚至不知道专利为何物，如果说普通人通过仔细观察尚可对相近似的商标进行辨别，那么就专业性更强的专利来说普通人绝大部分情况下根本不具备识别的能力，因此法律也不应强人所难，对于简单的销售行为不宜认定侵权人存在故意。

由于专利领域引入惩罚性赔偿的时间不长，在实践中几乎没有直接适用《专利法》中惩罚性赔偿条款进行裁判的案例，但有一些案例是适用民法典有关知识产权惩罚性赔偿规定进行裁判的，比较典型的是雷盟光电公司诉美高照明公司侵害实用新型专利案①，该案中，美高公司曾被法院认定侵犯雷盟公司的专利权，但美高公司并没有主动履行前案判决，据此广州知识产权法院认定美高公司存在主观上的侵权故意，并且属于情节严重，根据民法典侵权责任编的有关规定判令美高公司承担相应的惩罚性赔偿责任。在该案中，法院认为美高公司拒不执行前案的判决，继续实施侵权行为，即反复侵权行为，由此认定其具有侵权的故意。可见该案中法院对于故意的认定与司法解释的规定并不一致，反倒将司法解释中有关情节严重的认定标准适用到故意的认定过程之中，②由此可见在司法实践中关于"故意"的认定标准存在分歧。

（三）"情节严重"的认定有待明确

专利以及整个知识产权侵权语境下的"情节严重"，一般可以认为是侵权行为进展过程之中在程度、范围和结果等方面产生的较为恶劣的影响。之所以要规定"情节严重"这一客观程度要件，其原因在于立法者对于惩罚性赔偿的适用持一种谨慎态度，主观心态和侵权情节应作为独立的要件分别进行考量。惩罚性赔偿的适用不应只考量侵权人的主观过错程度，还应对侵权情节加以考察，做到主客观条件相统一。③因此若要对侵权人科以惩罚性赔偿，除了其应有故意的主观心态，还必须要求其侵权行为达到"情节严重"的客观程度。对于"情节严重"的认定，也需要在司法实践中细化。

《惩罚性赔偿司法解释》列举了几项可以认定为情节严重的行为，以供法官在案件审理中参考适用，但其中仍然有比较模糊的地方，集中体现在对"以侵害知识产权为业"和"侵权获利或者权利人受损巨大"的认定不够明确。

首先，就"以侵害知识产权为业"这一规定而言，总体规定得较为概括，在实践中也出现了不同的认定标准。例如，在五粮液公司与徐某等侵害商标

---

① 广州知识产权法院（2020）粤73知民初57号民事判决书。
② 《惩罚性赔偿司法解释》第4条规定：……被告有下列情形的，人民法院可以认定为情节严重：（一）因侵权被行政处罚或者法院裁判承担责任后，再次实施相同或者类似侵权行为；……
③ 曹依：《专利侵权惩罚性赔偿的司法适用研究》，华东政法大学2021年硕士学位论文。

权纠纷案①中，审理法院从被告控制的两家商店的经营模式（包括被诉侵权产品的推销流程、储藏方式以及店铺广告牌和店内装潢情况）和侵权行为持续时间（包括两家个体工商户成立时间、首次受到行政处罚时间、侵权持续周期、侵权手段均基本一致或相近）等角度出发认定被告"基本"以侵权为业。而在广州天赐公司等与安徽纽曼公司等侵害技术秘密纠纷案②中，最高人民法院对于如何认定以侵权为业则从主客观两个方面进行：客观方面，侵权人确已实施了侵犯专利权的行为，并且该侵权行为作为其公司的主营业务，是其主要的利润来源；主观方面，被告公司的管理层人员和实际控制人等均为侵权行为人，在明知其行为构成侵权的情况下仍然予以实施，具有主观故意。

  以上两个案例均是最高人民法院发布的知识产权案件如何适用惩罚性赔偿的典型案例，虽非专利侵权案件，但其在适用惩罚性赔偿规则过程中对于情节严重的认定可供专利侵权案件参考。在天赐案中，法院认定纽曼公司以侵权为业的最重要因素是生产、销售涉诉侵权产品构成了其主营业务，并且查明除了该侵权产品外，纽曼公司并未生产其他产品。而在五粮液案中则没有涉及对销售假冒商标的侵权产品在侵权行为人的经营收入中的占比情况、是不是其主营业务的相关认定，而主要是以侵权人的侵权持续时间、侵权频次等因素断定其以侵权为业。可见，不同法院对于"情节严重"的认定标准存在差异。

  其次，就"侵权获利或者权利人受损巨大"这一表述而言，总体也较为模糊。《惩罚性赔偿司法解释》针对的是整个知识产权领域应如何适用惩罚性赔偿制度，而不同知识产权权利类别的市场价值差异巨大，故对于"获利巨大""受损巨大"确实难以进行精确量化，具体到专利领域亦是如此。在司法实践中，侵权获利或者权利人损失数10万元以上通常会被认定为数额"巨大"，但是十几万元、几万元的数额是否属于"巨大"的范畴有待商榷，其认定更多地取决于法官的个人理解，此种现象势必对侵权损害赔偿数额的确定

---

① 杭州铁路运输法院（2019）浙8601民初1364号、浙江省杭州市中级人民法院（2020）浙01民终5872号民事判决书。
② 最高人民法院（2019）最高法知民终562号民事判决书。

以及裁判结果的公平公正造成影响。因此，对于"巨大"的认定，有必要进行一定程度上的细化。

总的来说，《惩罚性赔偿司法解释》提纲挈领地对"情节严重"进行了规定，由于其颁布仅一年时间，因此短时间内不可能对其进行修改，这就需要法院在实践中对"情节严重"进行探索。

二、法定赔偿标准适用方面存在的问题

2020年修改的《专利法》对法定赔偿额度进行了大幅度的提升，体现出立法者对于专利侵权行为打击力度的加大，彰显出保护专利权人合法权益的决心。法定赔偿是当实际损失、侵权所得、许可使用费倍数等三种赔偿方式均无法适用时所采取的一种无奈之举、权宜之计，即法定赔偿在侵权损害赔偿规则的制度设计上本身就处于"替补"地位，那么在个案中的具体适用上，法定赔偿便不应该成为首先考虑进行适用的损害赔偿方式。从这个意义上来说，法定赔偿的额度范围不应过大，否则在实践中法官便拥有非常大的自由裁量权，以至于出现法定赔偿金额过高或者过低的情况。虽然有学者指出，法定赔偿制度也可以视为填平原则的一种表现形式，[①] 即在制度设计上预留一部分的自由裁量空间，根据侵权行为的性质与情节、侵权行为人的主观心态等因素进行综合判断，从而更加合理地确定损害赔偿金额，最大程度上实现填平效果，但是过大的自由裁量权反而会让法官在实践中难以合理适用，使得填平效果不尽如人意。

（一）法官在确定法定赔偿额度方面裁量权过大

现行《专利法》规定了3万元至500万元的法定赔偿额度，总体上看该额度的幅度跨越较大，并无相应的分级适用规定。然而我国不同地区经济发展水平差异巨大，各级法院的法官在知识产权领域的专业素养不同，加上不同专利类型的市场价值相去甚远，笼统适用幅度如此之大的法定赔偿制度显然是不利于确定合理的侵权损害赔偿具体数额，对诉讼结果的公平公正也会

[①] 李明德：《关于知识产权损害赔偿的几点思考》，载《知识产权》2016年第5期。

产生不利影响。例如，在于某与李某侵害发明专利权纠纷案①中，原告于某是一款"扑克牌自动发牌装置"的专利权人，被告李某为某麻将机实体店铺经营者，销售了侵犯原告专利权的产品，法院经过审理认为此案适用法定赔偿，遂判令被告承担1.5万元的损害赔偿责任。而在于某与祝某侵害发明专利权纠纷案②中，被告祝某为某网店的经营者，审理法院却判决其向原告赔偿3万元。在上述案例中，虽然3万元与1.5万元的判赔额之间的绝对差额不算很大，从倍数上来看却相差一倍，这种差距对于同样是小型个体经营者的两案被告来说不可谓不大。

另外，《专利法》中对于法定赔偿的适用条件规定得也较为模糊，只是笼统地规定当前三种赔偿标准无法适用时，法院根据专利权类型、侵权行为性质与情节等相关因素进行适用，其中并没有详细列明三种专利权类型的不同情形、不同侵权行为类型的具体情况。这就需要在实践中归纳总结相关的经验，探索对不同情况的侵权类型具体适用法定赔偿的标准，这对法官的知识产权专业能力和法治素养无疑提出了较高的要求。

（二）法院突破法定赔偿额度下限进行裁判

自法定赔偿制度设置以来，司法实践中时不时地会出现突破法定赔偿额度下限的判赔案件，如广东奥迪玩具公司诉赵某侵害外观设计专利权案③，被告赵某为广东省惠州市某个体工商户的经营者，其经营范围为学生文具、化妆品、日用百货等，经营销售规模不大，原告奥迪玩具公司通过"钓鱼维权"的方式购买被告销售的涉案专利产品并将之起诉，请求人民法院判令被告赔偿其经济损失15000元。广州市中级人民法院认为被告的经营范围为销售日用品，而非专门销售玩具，且零售规模较小，也无生产和批发行为，涉案的专利产品价格较低，另外，综合原告专利权类型等因素，认定原告因专利侵权受到的损失或者被告因侵权行为的获利均不可能超过法定赔偿最低限额1万元，所以判令被告酌情赔偿原告3000元。对此判决，广州市中级人民法院

---

① 上海知识产权法院（2020）沪73知民初1227号民事判决书。
② 浙江省杭州市中级人民法院（2020）浙01知民初428号民事判决书。
③ 广东省广州市中级人民法院（2013）穗中法知民初字第112号民事判决书。

在裁判理由部分进行了说理：若一方当事人有证据证明专利权人的损失或者侵权人的获利明显高于法定赔偿最高额度或者明显低于法定赔偿最低额度，但又不能对以上金额进行准确确定，法院可以高于或者低于法定赔偿额度进行确定侵权损害赔偿金数额。

在新法实施之后也有突破法定赔偿标准下限进行裁判的案件。例如深圳仁清公司诉杨某侵害外观设计专利权案①，此案适用修改后的《专利法》。原告仁清公司请求法院判令被告杨某赔偿 5 万元，但法院认为被告仅有销售行为，且销售量不大，侵权情节轻微，加之原告没有对实际损失或者侵权获利进行举证，因此适用法定赔偿制度，酌情判令被告承担 7000 元的损害赔偿责任。可见，实践中突破下限的司法裁判并不少见。

笔者认为，此类案例中法院的裁判理由与裁判结果，能够从具体案情出发，并不拘泥于法律条文本身，从而使得侵权人付出相应的代价又不至于矫枉过正，确实有一定道理。但突破法定赔偿额最低限度的做法从法律的权威性和稳定性角度考量，也并不值得鼓励。而这一司法实践其实表明了需要对法定赔偿额度设置下限的合理性重新评估和思考。

（三）高额法定赔偿金额加剧批量商业维权诉讼现象

在原有的专利损害赔偿标准下，我国专利侵权司法实践中的一大特点就是损害赔偿方式中法定赔偿适用的比例过高，绝大部分的专利侵权案件最终都是以法定赔偿的方式进行判赔的。造成这种现象的原因是多方面的，比较重要的一个原因便是专利权人存在难以举证的情况，大部分案件中专利权人都不能对自身的损失、侵权人的非法获利以及许可使用费等进行有效举证，因此法院只能根据法律的规定适用法定赔偿这一兜底规则进行裁判。并且，一些权利人出于诉讼效率和诉讼时间、成本的考虑，怠于向法院举证或者不举证，甚至主动要求法院适用法定赔偿方式。②

法定赔偿标准的大量适用在批量起诉的商业维权案件中较为常见，即同

---

① 陕西省西安市中级人民法院（2021）陕 01 知民初 782 号民事判决书。
② 詹映：《我国知识产权侵权损害赔偿司法现状再调查与再思考——基于我国 11984 件知识产权侵权司法判例的深度分析》，载《法律科学（西北政法大学学报）》2020 年第 1 期。

一原告以相同或者相似的诉讼理由对不同的被告提起多个诉讼。在高额的法定赔偿金的诱惑之下，一些"别有用心"的权利人可能恶意提起专利侵权诉讼，以期通过滥用诉权的方式获取经济利益，甚至有不少专利权人不向存在严重侵权行为的侵权人进行维权，反倒是对一些较为注重企业形象及商誉的市场经营主体提起侵权诉讼，以求获得更高额的赔偿。①这些案件虽是为了维护自身的合法权益，但大部分都具有通过诉讼行为打压竞争对手乃至谋取经济利益的性质。

以深圳市觅客科技有限公司为例，②从2018年开始，该公司不断向全国众多地区的法院提起侵权外观设计专利权诉讼，数量达上千起之多，被告基本上是个体工商户、电商平台的网店经营者等小微市场主体。这些主体通常知识产权意识不强，并且销售涉诉侵权产品的规模也不大。涉诉的专利是一项小型USB风扇的外观设计专利，其设计较为简单。原告的诉求基本上是请求法院判令被告销毁库存侵权产权以及赔偿其3万—6万元不等的侵权损害赔偿额。而各地区法院的判决情况也不尽相同，由于原告在诉讼中无法提出有关侵权实际损失或者侵权人获利的确切证据，故一些法院只能适用法定赔偿规则，判赔额基本在1万元左右③，即最低法定赔偿限额，还有一些法院则根据原告多次提起诉讼和侵权人实际侵权情况酌情判定几千元的赔偿额④。可以说，对于原告而言，在每一个案件中，该公司只要胜诉就会获得几千元的利益，积少成多，几百上千个案件便可获得几百万元的赔偿，即便扣除诉讼成本也可以获得非常可观的利益。

显而易见的是，在《专利法》修改之前的1万元以上100万元以下的法定赔偿额度下，就已经存在规模相当之大的批量维权案件，那么在修法之后大幅度提升法定赔偿额度的情况下，势必促使图谋不轨的专利权人以及商业维权代理机构以更高的热情去提起更多的批量维权诉讼。

在法定赔偿标准大量适用的实践背景下，又进一步提高法定赔偿的额度，

---

① 赵鹏：《惩罚性赔偿的行政法反思》，载《法学研究》2019年第1期。
② 案例来源于中国裁判文书网，由于案件众多，故在此不一一罗列案号。
③ 辽宁省沈阳市中级人民法院（2021）辽01民初1313号民事判决书。
④ 陕西省西安市中级人民法院（2021）陕01知民初138号民事判决书。

不仅仅会加剧私主体诉讼权利的滥用，对于整个国家和社会而言，也会导致诉讼资源乃至社会公共资源被过度占用，不利于我国专利制度的健康发展，在一定程度上打压科技工作者发明创造的积极性，甚至对科学创新与技术进步产生阻碍作用。因此，如何合理确定法定赔偿的范围和额度，以平衡知识产权保护与可能的专利滥诉的关系，有必要加以探讨。

三、其他损害赔偿标准适用方面存在的问题

除了法定赔偿和惩罚性赔偿，《专利法》第71条还规定了三种基础的损害赔偿标准，即权利人实际损失法、侵权获利法和许可使用费倍数法。其中，权利人实际损失法是最符合填平原则理念的，即损失多少，赔偿多少。侵权获利法以及许可使用费倍数法虽然从理论上讲填平效果不如权利人实际损失法，但其亦符合尽量填补权利人损失的立法意图，因而亦可认为其遵循填平原则。在我国司法实践中，上述三种体现出填平原则的损害赔偿标准很少适用，究其原因，除了权利人举证困难外，每种标准的具体赔偿额计算方式也存在问题，降低了其可适用性。除了将实际损失与侵权获利归为同一适用顺位，2020年修改后的《专利法》并未对上述三种损害赔偿标准的具体适用作出新的规定，司法实践中长期存在的相关问题也没有改观，这势必影响新《专利法》的适用效果。因此，有必要对这些问题加以探讨。

（一）实际损失标准适用中忽略市场变化因素

2020年修正的《专利纠纷若干规定》第14条对如何适用实际损失法进行了规定：如果权利人销量减少的总数可以确定，则实际损失等于因侵权所造成销售量减少的总数乘以每件专利产品的合理利润所得之积；若难以确定销量减少的数量，则实际损失等于侵权产品在市场上销售的总数乘以每件专利产品的合理利润所得之积。这种计算方法虽然较为简单，但漏洞也比较明显，并没有考虑市场相关因素的变化。

首先，涉诉的侵权产品销售量并不是一成不变的。在市场经济之下，存在多种因素影响着当事人双方涉诉产品的销售量，比如市场竞争形势、产业政策、法律法规变动等。况且有些专利侵权诉讼时间跨度较大，难以对销售

量进行准确界定。此外，对于涉诉专利产品降低的销量中有多少是因为侵权行为引起的也比较难以判定。因此对于销售量进行精准确定实属不易。

其次，关于"合理利润"的界定也较为模糊。一方面，和销售量一样，涉诉产品的单位利润不是一成不变的，和企业的生长周期、成本投入、技术改进等因素密切相关，精准确定"合理利润"较为困难；另一方面，实践中对于"合理利润"的理解亦无统一标准，一般情况下出于便于计算的目的将之理解为"行业平均利润"，亦有些法院将其理解为"营业利润"，还有些法院将之理解为"毛利润"。

（二）侵权获利标准适用中技术分摊规则的应用情况不理想

《专利纠纷若干规定》中对该种损害赔偿标准的计算方法进行了规定：侵权人的侵权获利为侵权产品在市场上销售的总数与每件侵权产品的合理利润所得之乘积。除了"合理利润"的认定不明确外，有关技术分摊规则的适用情况也不尽理想。

技术分摊规则是指在专利侵权损害赔偿数额的确定过程中，从整个产品价值中分拣出的符合专利技术特征的相应部分的产品价值。即对涉诉专利产品进行专利贡献度评估，扣除并非因专利技术特征所引起的权利人损失和侵权人获利，进而更加精准地确定侵权损害赔偿数额。2009 年，最高人民法院出台《专利解释》，确立了我国专利领域的技术分摊规则，并且规定该规则的适用范围限定于侵权获利标准之中。

技术分摊规则最核心的内容便是确定专利贡献度，即将技术分摊进行量化。但这一工作是非常困难的，一方面，不同专利类型的技术价值相关甚远，在具体量化时需考虑专利的市场价值；另一方面，量化工作涉及技术、法律、财务等一系列的技术性问题，[①] 还要兼顾量化手段的科学性与实用性，这对于法院来说是个不小的挑战。

另外，在司法实践中对于如何适用技术分摊规则暂时也没有一个较为统一的标准，其适用更多的是依靠法官的自由裁量。有些法院会在裁判文书中

---

① 刘珍珍：《专利侵权损害赔偿中的技术分摊问题研究》，山东大学 2018 年硕士学位论文。

明确载明专利贡献度，如在无锡国威公司、蒋某与常熟林芝公司、苏宁公司侵害实用新型专利权纠纷案[①]中，法院认为"被诉侵权产品的利润来源除了使用专利技术方案外，可能来自其使用的其他专利或者其他部件，因此需要考虑本案专利对于侵权产品利润的贡献度"，最终经过分析认定涉案专利对于林芝公司侵权产品利润的贡献度为50%。再如，在扬州中集通华公司诉北京环达公司侵犯实用新型专利权纠纷案[②]中，审理法院综合考量涉诉专利在车辆运输车中的技术作用、涉诉专利产品在相关领域中的市场竞争地位，以及中集通华公司自身的营业利润等因素，认定安装有涉诉专利产品的车辆运输车所增加的利润为全部利润的三分之一。上述案件中的审理法院对专利贡献度进行了分析说明，但是在大部分案件中，法院并不会对专利贡献度予以明确，这无疑降低了裁判理由的说服力。

（三）许可使用费倍数标准适用前提较为严格

《专利纠纷若干规定》第15条对如何适用许可使用费倍数这一损害赔偿标准作出了规定："权利人的损失或者侵权人获得的利益难以确定，有专利许可使用费可以参照的，人民法院可以根据专利权的类型、侵权行为的性质和情节、专利许可的性质、范围、时间等因素，参照该专利许可使用费的倍数合理确定赔偿数额；……"可见，若要适用这一损害赔偿标准，需要满足以下条件。

第一，权利人实际损失或者侵权人侵权获利这两种损害赔偿标准均无法适用，即不允许权利人跳过前两种损害赔偿标准而直接适用许可使用费倍数。如在日星公司与启翔公司实用新型专利侵权纠纷上诉案[③]中，法院认为"原告未提供证据证明自己因侵权受到的损失以及被告因侵权的获利，而要求以3倍以上的专利许可使用费来确定赔偿数额，明显不合理"。该问题实际涉及专利侵权损害赔偿标准的适用顺位问题，将在下文进行论述。

第二，应有专利许可使用费进行参照。这就意味着若适用此种损害赔偿

---

① 最高人民法院（2018）最高法民再111号民事判决书。
② 北京市第一中级人民法院（2006）一中民初字第8857号民事判决书。
③ 上海市高级人民法院（2010）沪高民三（知）终字第11号民事判决书。

标准，权利人须有许可他人实施专利的经历，但实践中很多专利权人并没有向他人进行专利许可，因此亦不存在与专利许可使用费相关的合同，这就使得该种专利侵权损害赔偿标准的适用范围被限缩。

此外，专利制度之下存在多种许可方式，除了最常见的普通许可，还有独占许可、排他许可等，而不同的专利许可方式其许可使用费差别较大，即使同种类别的许可方式下许可人与被许可人约定的许可费也会存在一定的差别。而究竟选择哪一种许可费用模式作为侵权损害赔偿计算的基础，在实践中也没有相关标准，甚至出现过将独占许可费视为普通许可费进行计算的情形。①

若仅从理论上讲，许可使用费倍数是最为简便的专利侵权损害赔偿适用标准，法院仅需根据许可使用费合同的相关内容确定损害赔偿数额。然而其目前在我国的适用情况并不好，说明现行适用模式存在弊端，需要日后加以改进。

第三节 专利侵权损害赔偿标准的比较考察

为了进一步完善我国的专利侵权损害赔偿制度，在总结我国理论界与实务界的探索经验基础之上，亦可借鉴参考外国有关制度的适用情况。

一、美国专利侵权损害赔偿适用标准

美国《专利法》规定了三种专利侵权损害赔偿标准，即专利权人利润损失、合理许可使用费和惩罚性赔偿。美国法院会根据案件的具体情况适用上述三种损害赔偿标准计算赔偿数额，在特定的情况下，也可以同时并用损失利润和合理的许可费用这两种赔偿标准，对于适用哪种赔偿方式，需要专利权人主动提出并且进行相关证据的举证。②

---

① 韩畅：《我国专利侵权损害赔偿制度研究》，广西师范大学2019年硕士学位论文。
② 和育东：《美国专利侵权救济》，法律出版社2009年版。

（一）专利权人利润损失

专利权人利润损失指的是专利权人在遭受侵权行为之后与之前的经济利润之差。若适用损失利润方法确定侵权赔偿数额，则需要适用 Panduit 原则。该原则是 1978 年 Panduit Corp. v. Stahlin Bros. Fibre Works, Inc 案件中确立的规则，其后被大规模应用于美国专利侵权损害赔偿案件中。在 Panduit 案件中，法院认为专利权人如果要请求侵权人赔偿因侵权行为造成的与销售利润损失相等的赔偿金额，就需要知道在没有侵权行为发生的情况下专利权人会获得多少利益，权利人需要证明以下四个要件：一是涉诉侵权产品的市场需求量；二是市场上没有可替代产品；三是权利人有能力进行涉诉产品的生产制造与销售；四是涉诉产品若无侵权行为可得的利润。[①]Panduit 检测中的四项要件在随后的案件被不断修正优化，使其更加符合实际条件下的市场竞争环境，比如在 State Industries Inc. v. Mor-Flo Industries Inc. 一案中，法院对 Panduit 原则中的第二项要素进行了优化，改变了原要件中被诉侵权产权与专利权人的产权应同时属于同一竞争市场的前提，允许专利权人对其专利产品的市场份额比例进行计算，进而允许权利人同时适用损失利润和合理许可费用两种方式计算侵权损害赔偿金额。此外，在实务中，一般以边际利润法计算权利人利润损失。

具体到专利权人利润损失的细化计算标准，主要有销售流失法与价格侵蚀法。销售流失指的是权利人在没有侵权行为发生的情况下原本能够从专利产品的销售中得到的经济利益。所谓价格侵蚀，即专利权人在侵权行为出现时迫不得已下调专利产品的售价，进而使自己的产品利润受损。上述两种具体计算方式能够最大程度上细化专利权人所失利润的数额，使专利侵权损害赔偿金额更加合理。

（二）合理许可使用费

由于在利润损失计算方式中专利权人提供的证据需要具备证据优势，故

---

① 和育东：《专利侵权赔偿中的技术分摊难题——从美国废除专利侵权"非法获利"赔偿说起》，载《法律科学（西北政法大学学报）》2009 年第 3 期。

其举证比较困难,所以美国目前主要适用合理许可费用的方式确定专利侵权损害赔偿额,①并且联邦上诉法院在Rite-Hite一案中认为合理的专利许可使用费用可以作为专利权人侵权损害赔偿的最低数额。

若涉案专利有比较明确的许可使用费标准,法院可以在参考同行业交易惯例的基础上分析侵权情况,进而确定专利侵权损害赔偿金额。若有关许可使用费标准不存在,法院则利用"虚拟谈判法"确定许可使用费标准。这种计算方式假设专利权人和侵权人在还没有发生侵权行为之时便就专利许可费数额达成一致,由此确定合理许可费数额。②在具体应用这一计算方法时,首先要考虑专利权人的专家证人是否能够提供可比较的相关许可,若能够,法院便通过Georgia-Pacific一案中确立的十五个因素对合理许可费用进行调整;若不能够,专利权人的专家证人便可以根据相关经验直接对涉诉专利的许可使用费用进行评估,该方法在美国被大量应用于专利权许可评估工作中。③另外,当涉诉的专利涉及侵权人专利使用程度时,法院便会用到"分析法"来确定合理许可费:法院会对侵权人可收获的净利润进行假设,将此数值与一般情况下同行业可得的标准利润作差,即可得到权利人可得到的合理许可费数额。④

(三)惩罚性赔偿

美国《专利法》中并没有出现"惩罚性赔偿"一类的用语,但一般认为三倍损害赔偿额其实质上就是惩罚性赔偿。⑤并且法律也没有规定法院在什么时候适用该损害赔偿方式,通说认为这类赔偿方式适用于侵权人恶意侵犯专利权的行为,也即故意侵权行为。⑥

---

① 任晓玲:《美国专利诉讼纠纷的发展趋势——普华永道公布其相关分析报告》,载《中国发明与专利》2011年第3期。
② 李明德:《美国知识产权法》,法律出版社2002年版。
③ 李秀娟:《评美国Uniloc USA案中重要规则法适用的转变》,载《知识产权》2011年第5期。
④ 张玉敏、杨晓玲:《美国专利侵权诉讼中损害赔偿金计算及对我国的借鉴意义》,载《法律适用》2014年第8期。
⑤ 李明德:《美国知识产权法》,法律出版社2002年版。
⑥ 黄武双、阮开欣、刘迪等著译:《美国专利损害赔偿:原理与判例》,法律出版社2017年版,第65页。

对于故意侵权的认定，美国实务界通常采用"综合检验法"进行审查，并且认定标准在不断变化。在 Underwater 案中，联邦法院确立了判定侵权人主观过错的"合理注意义务"标准，即潜在侵权人只要知悉他人专利权的存在，就负有积极的合理注意义务，确认自己是否构成侵权。①Seagate 案确立了认定故意侵权的主客观轻率标准，按此标准认定"故意"可分为两步：第一步是认定是否满足客观轻率，专利权人需以清晰且令人信服的证据证明侵权人的行为客观上很有可能构成对有效专利的侵权，但仍在施行；第二步则是认定是否属于主观轻率，被控侵权人主观状态必须是明知或者应知这种侵权的风险。②Seagate 案大幅度提高了故意侵权的证明难度，使得惩罚性赔偿在美国实务界的适用比例下降。而在 Halo 案中，联邦最高法院确立了主观轻率标准，侵权人只要满足主观轻率要件即构成故意侵权，不必再考虑其侵权行为在客观上是否有侵犯有效专利的风险。③

总体来说，惩罚性赔偿在美国专利领域的适用呈现出由较为宽松向严格审慎适用的发展趋势，④这反映出美国《专利法》及其相关法律基于时代背景不断对惩罚性赔偿制度进行修订，体现出美国在寻求以强力保护专利权和防范惩罚性赔偿滥用之间达到平衡状态。

二、德国专利侵权损害赔偿适用标准

德国《专利法》中存在三种专利侵权损害赔偿标准，即专利权人实际损失、侵权人侵权获利以及合理许可使用费，在具体方式适用上，专利权人可任意挑选一种侵权损害赔偿方式，没有顺位的限制，但是不能混合采用以上三种方法，累计适用更不被允许。⑤

---

① Underwater Devices, Inc. v. Morrison-Knudsen Co., 717 F.2d 1380（1983）.
② In re Seagate Tech., LLC, 497 F.3d 1360, 1365, 2007 U.S. App.
③ Halo Elecs., Inc. v. Pulse Elecs., Inc., 136 S. Ct. 1923（2016）.
④ B.D. Danial, Heightened Standards of Proof in Patent Infringement Litigation: A Critique [J]. AIPLA Quarterly Journal, 2008. 36(4): pp.369–417.
⑤ Federal Supreme Court, March 6, 1980 (Tolbutamid), 1980 GRUR 841, 844.

（一）专利权人实际损失

实际损失法是按照填平原则的理念设计的一种最基础的损害赔偿额计算方法。适用实际损失法时应主要计算两部分的费用，即利润损失和合理费用。其中利润损失部分包括产品销量流失和产品售价侵蚀，即专利权人的专利产品在侵权行为出现之后销售量下滑或者专利权人不得已下调其专利产品的价格进而遭受的损失。① 另外，实际损失还可以包括侵权产品具有一定混淆性从而影响消费者认知，进而使专利权人承受一定程度上的市场利润损失。② 合理费用部分则包括专利权人因诉讼产生的费用、库存资金的流失等。

在德国司法实践中，主要有抽象方法与具体方法两种方式对利润损失进行评估。具体方法之下需要专利权人承担完整的侵权证明责任，需要对因侵权人的侵权行为造成的其经营活动、经济利益受到的损失进行举证。抽象方法则只要求权利人证明其正常的生产经营活动因侵权人侵权行为的存在而无法开展，使其不能得到预期的经济利益，而后，侵权人则需要提出反证来驳斥专利权人的观点。近年来，德国法院对于当事人适用实际损失法的证明责任要求有所降低，③ 但在实践中无论是对于法院还是当事人而言操作难度都比较大，因此实际损失法在德国专利侵权损害赔偿司法实践中较少适用。

（二）侵权人侵权获利

德国知识产权界通说观点认为侵权获利的计算方式是一种比较公平且稳妥的处理方式，它对专利权人的实际损失不直接进行确定。一般情况下，侵权获利法的计算规则如下：将减去生产销售成本之后的侵权产品销售收入乘以侵权比重，即侵权获得的收益占总体销售收入的比重。④ 关于如何

---

① 陈协平：《我国侵权责任法上的纯粹经济损失研究》，载《重庆理工大学学报（社会科学）》2015 年第 4 期。

② 胡晶晶：《德国法中的专利侵权损害赔偿计算——以德国〈专利法〉第 139 条与德国〈民事诉讼法〉第 287 条为中心》，载《法律科学（西北政法大学学报）》2018 年第 4 期。

③ Federal Supreme Court（Schmiermittel），2008 GRUR933, 935.

④ 胡晶晶：《德国法中的专利侵权损害赔偿计算——以德国〈专利法〉第 139 条与德国〈民事诉讼法〉第 287 条为中心》，载《法律科学（西北政法大学学报）》2018 年第 4 期。

确定侵权比重，德国司法实践中主要考虑以下两个因素：首先是确定消费者购买该产品的动机。德国法院通常以听证会的形式了解和评估消费者购买该产品的目的。其次是法院自行确定一个合适的比重，一般情况下根据德国《民事诉讼法》第 287 条的相关规定进行确定。比如在"软百叶窗"一案中，德国法院首先扣除了产品原材料等可变成本，然后按照德国《民事诉讼法》中加减配额因素的相关规定来最终判定侵权获利占总收入的比重。①

这种损害赔偿方式在计算损害赔偿金数额时较为简便，并且在举证责任方面对当事人的要求也不高，因此这种计算方式比实际损失法在德国司法实践中的应用更加广泛。

（三）合理许可使用费

合理许可费并没有明文规定在德国《专利法》之中，但是德国法院在实践中认可这一方式，从而以习惯法的形式应用到德国专利侵权诉讼中。该方法推定侵权行为发生伊始便在双方之间存在一个虚拟的专利许可契约，因而有专家学者将其称为"类推授权"。② 这种方法之下合理许可费的基数乘以合理许可费率所得的积即为合理许可使用费。一般情况下，侵权人因侵权行为获得的利益会被视为合理许可费基数。通常情况下德国法院对于许可使用费率的确定会重点参考有关行业的生产和销售惯例，以及市场中相似的许可使用合同，在此基础上，法院还会综合考虑诸如专利的市场价值、侵权行为持续时间、市场上有无侵权产品替代品、侵权行为对专利的损害等因素来最终确定专利许可费率。③ 合理许可费法因其操作简单方便，并且适合绝大部分专利侵权案件，因此是德国专利侵权司法实践中适用比重最高的专利侵权损害赔偿方式。

---

① Düsseldorf District Court, No.4a O 146/08, June 30, 2009（Rolladen II）.
② 范长军：《德国专利法研究》，科学出版社 2010 年版。
③ Xiaowu Li, Don Wang, Chinese Patent Law's Statutory Damages Provision: The One Size That Fits None, 26 Wash. Int'l L.J. 209 (2017).

三、日本专利侵权损害赔偿适用标准

日本《特许法》中规定了三种专利侵权损害赔偿适用标准：专利权人利润损失、侵权人非法获利以及合理许可使用费。专利权人可以任意选择一种方式要求法院适用，不仅没有适用的先后之分，并且这三种方式也无须考虑侵权人的主观心态是故意还是过失。此外，日本《特许法》第 105 条还单独规定了一种酌定赔偿法。

（一）专利权人利润损失

根据日本法律的相关规定，无论侵权行为人做出侵权行为是有意还是无意的，专利权人应得的侵权损害赔偿额等于若没有侵权行为的情况下专利权人可以销售的专利产品的数量与其单位个体利润之乘积，这便是损失利润损害赔偿方式的计算方法。[①] 与此同时，法律规定以专利权人的销售能力为限作为损失利润的推定额度，如果权利人的实际销售规模达不到与侵权人一致的程度，那么便将计算侵权产品的出售数量予以下调。另外，在日本专利侵权领域的司法实践中，一般以边际利润作为对单位利润的解释，在 1990 年之后的日本专利侵权案件中广泛贯彻了这一理念。[②] 这种操作方法考虑到专利权人在生产经营活动中的实际情形，即专利权人在侵权行为发生之前便已经完成了对专利产品的最初投资，后续因生产销售规模扩大而追加的资金也不需要支付先前的生产成本，这使得专利侵权损害赔偿金额的确定更加贴合市场竞争实际。

（二）侵权人非法获利

侵权人非法获利这一专利侵权损害赔偿方式在日本法律中实质上是专利

[①] 张鹏：《日本专利侵权损害赔偿数额计算的理念与制度》，载《知识产权》2017 年第 6 期。

[②] 陈秀芳：《我国专利侵权损害赔偿计算方式的研究》，华南理工大学 2018 年硕士学位论文。

人损失利润的一种特殊情形，属于"推定方式"。在这种损害赔偿方式之下将侵权的专利产品销量和侵权产品的单位利润相乘，就得到了侵权人非法获利的具体数额。这种计算方式不管侵权人是何种主观心态，只要实施了侵权行为并因此获利，就可以将该非法获利推定为专利权人因此受到的损失。同样地，这里的单位产品利润也是边际利润而非产品净利润。此外，如果侵权专利产品是由多个部分组合而成的，而专利技术方案对侵权专利产品的销售数量和获得利润只起到一部分作用，就可以引入"专利贡献率"的方式来评估侵权人所得的实际获益。[①] 日本法院在确定专利贡献率时，通常运用综合因素分析法，需要考虑相关的一系列因素，诸如市场上消费者对于专利产品部分的消费意愿、涉诉产品的市场价格和专利部分的产品生产成本、专利部分的使用频次，等等。

（三）合理许可使用费

日本《特许法》第 102 条第 3 款规定了合理许可费方法，当侵权行为人主观上无论是故意还是过失对专利权人实行了侵权行为时，可以将专利权人许可他人使用其专利技术而收取的费用作为专利权人的损失。这种损害赔偿方法适用于专利权人没有实际实施其所拥有的专利或其专利产品同侵权产品并不处于同一市场竞争关系之中，从而不能适用实际损失法和非法获利法的情况。一般情况下，可以假设专利权人和侵权行为人在侵权行为出现之前便存在专利许可合同，以此作为合理许可费的计算依据。[②] 在日本司法实践中，对于合理许可费的确定主要从专利权人与侵权行为人之间的商业来往关系、侵权行为人的具体侵权行为实行状态和涉案专利的市场经济价值等几个方面来进行。[③] 法院在此基础上还会结合该专利在所在领域的技术地位、创新程度以及社会大众关注程度等因素综合确定许可费数额。例如在"硬高尔夫球"

---

① 张鹏：《日本专利侵权损害赔偿数额计算的理念与制度》，载《知识产权》2017 年第 6 期。
② 陈秀芳：《我国专利侵权损害赔偿计算方式的研究》，华南理工大学 2018 年硕士学位论文。
③ 毛映红：《日本专利侵权损害赔偿计算若干问题研究及对我国的借鉴》，载《电子知识产权》2017 年第 6 期。

案中，审理法院认为双方当事人之间的专利许可使用合同反映了双方之间的业务往来关系，系双方真实且自由的意思表示，该协议中的许可使用费率能够比较接近实际费用，因而法院最终以双方约定的许可使用费率而非同行业的许可费率为基础，并综合考量其他因素从而确定侵权损害赔偿额。① 大体上来看，日本司法实务界中通常将合理许可使用费视为专利侵权损害赔偿数额的最低判赔标准。②

（四）酌定赔偿法

日本《特许法》第 105 条第 2 款规定的酌定赔偿法属于一种兜底性质的制度设计，当侵权人的侵权行为被确认之后，若发生权利人无论如何也无法利用以上三种方式计算专利侵权损害赔偿数额的情况，法院便可以行使一定的自由裁量权，综合考量双方当事人的辩词和相关证据，以此为基础确定一个合理的损害赔偿数额，不过该损害赔偿数额应高于或者等于合理许可费用的最低实施标准。这种方法比较类似于我国《专利法》中的法定赔偿方式，有着明确的适用顺位，但与我国不同的是，日本的酌定赔偿方法并没有赔偿额最高和最低标准的限制。另外，此种计算方式在日本专利侵权纠纷案件中适用次数较少，这也与我国司法实践中大量适用法定赔偿的情况形成鲜明的对比。

四、外国专利侵权损害赔偿标准对我国的借鉴意义

经过综合比较分析，不难看出以上三个国家在损害赔偿标准的适用上力求精细，相关制度的设计也较为合理。三个国家的专利侵权案件大多数适用许可使用费法或者侵权获利法，兜底性的规定极少适用，而我国的情况却截然相反，这一点着实值得反思。在惩罚性赔偿方面，美国在司法实践中有着

---

① 東京地裁平成 24.1.24 平成 22（ネ）判時 10032 号，111 頁［ソリッドゴルフボール事件］。

② 陈秀芳：《我国专利侵权损害赔偿计算方式的研究》，华南理工大学 2018 年硕士学位论文。

较为主流的故意侵权认定标准，且相关标准随着经济社会的发展不断调整，使得惩罚性赔偿制度在美国专利领域谨慎适用的同时又不失灵活性。由于美国的司法体制和证据规则等制度和经济发展状况与我国差异较大，因此相关经验不宜直接进行借鉴，需要根据我国实际进行取舍。比如，Seagate 案确立的主客观轻率标准可供我国参考，以提升我国司法实践中对于"故意侵权、情节严重"认定的科学性与合理性。另外，损害赔偿标准的适用没有顺位限制、酌定赔偿不规定上下限额、边际利润计算方法、技术分摊规则的应用方法、虚拟谈判法等经验，均值得我国借鉴。

第四节　完善我国专利侵权损害赔偿标准适用的建议

结合我国现行《专利法》关于专利侵权损害赔偿标准在适用中存在的问题以及美国、德国和日本等国家的域外经验，本节将从立法和司法两个层面提出相应的建议，以期完善我国的专利侵权损害赔偿机制。

一、完善我国专利侵权损害赔偿标准的立法建议

2020 年第四次修改的《专利法》在立法层面仍然存在可以优化调整的空间。虽然在短期内不宜再对其进行修改，但相关建议可供立法者在未来修法过程中加以参考。

（一）取消实际损失、侵权获利和许可使用费倍数的适用顺位

由前文可见，2020 年修改的《专利法》对实际损失、侵权获利和许可使用费倍数的适用顺位进行了微调，将实际损失和侵权获利二者归为同一顺位，先于许可使用费倍数适用。但是上述规定在司法实践中具体适用起来还是不够灵活，尤其是实际损失和侵权获利的损害赔偿标准对权利人的举证责任提出了较高的要求，出现专利权人举证难的问题，如此一来，仍然将较难举证的两种方式放在适用的第一顺位便有些匪夷所思。在知识产权学界，有不少学者认为我国《专利法》中有关损害赔偿适用标准的顺位规定不尽合理，若

取消先后的顺位限制可以在司法实践中给予权利人一定的自主选择权,从而更有利于保护专利权人的合法权益。^①甚至有学者主张除了应该取消损害赔偿标准的适用顺位,在对某一专利侵权案件适用许可费倍数的赔偿方式时,也应准许同时适用其他两种损害赔偿计算方式。^②

综观德国、日本等国家,其专利法及相关规定对三种侵权损害赔偿标准并没有做出适用顺位的限制,权利人可根据自身的实际情况灵活选择适用哪种侵权损害赔偿方式,并且在司法实践中不同的赔偿方式还对应着不同的具体计算规则,这一系列的举措在最大程度上维护专利权人的合法权益,同时使得侵权损害赔偿数额尽可能地遵循填平原则,避免诸如酌定赔偿一类的兜底性赔偿规则的适用。因此笔者建议,我国《专利法》可以考虑取消实际损失、侵权获利和许可使用费倍数等三种赔偿标准的适用顺位,让权利人根据个案证据等情况自由选择适用。

(二)优化惩罚性赔偿制度的前提条件

前文述及,现行《专利法》对于适用惩罚性赔偿制度的前提条件设计得较为严苛。诚然,惩罚性赔偿作为一种具有惩处功能且充满浓烈的报复色彩的损害赔偿方式,不宜随意适用,应设置比较严格的适用前提,但在目前的制度条件下其可适用空间几乎为零,可谓有名无实。《专利法》中规定的前三种较为基础的损害赔偿方式的适用情况都不尽理想,此种情况必然会使惩罚性赔偿的实施效果大打折扣。对此,本书建议可以在一定程度上优化惩罚性赔偿标准适用的前提条件,使得惩罚性赔偿在制度上更加具备可适用性。

具体而言,可以考虑将惩罚性赔偿的适用基础不再局限于前三种损害赔偿计算方式,而以法定赔偿数额作为基础,即在法定赔偿额的基准之上确定一倍至五倍的惩罚性赔偿额,换言之,将惩罚性赔偿与法定赔偿并用。事实上,在引入惩罚性赔偿机制较早的商标领域,司法实践中便存在将法定赔偿

---

① 和育东:《专利侵权损害赔偿计算制度:变迁、比较与借鉴》,载《知识产权》2009年第5期;吴汉东:《知识产权损害赔偿的市场价值基础与司法裁判规则》,载《中外法学》2016年第6期。

② 徐小奔:《论专利侵权合理许可费赔偿条款的适用》,载《法商研究》2016年第5期。

额作为惩罚性赔偿数额基数的现象，比如在德尔未来公司与伟创公司、瑞祥公司侵犯商标专用权纠纷案[①]中，二审法院在一审法院判决法定赔偿10万元的基础上，适用了三倍惩罚性赔偿的条款，将赔偿金额调整为30万元。有学者对此表示支持，认为将这两种赔偿标准并用可以激发惩罚性赔偿制度的惩处和震慑功能。[②]因此，在专利侵权领域可以借鉴商标法的实务经验，将法定赔偿与惩罚性赔偿并用。此外，还可以侵权产品销售额等因素作为惩罚性赔偿金额的基准，使惩罚性赔偿金额的确定更加便利化。

需要强调的是，在优化惩罚性赔偿制度的前提条件、提升其可适用性的同时，也要防范由此可能带来的专利滥诉，对此可以通过优化专利起诉机制等举措来进行规制，具体的措施将在下文进行说明。总之，在专利法之中建立惩罚性赔偿制度的必要性是毋庸置疑的，但应在加强其可适用性与避免专利滥诉之间寻求平衡。

（三）取消或降低法定赔偿额度下限

前文述及，损害赔偿额度的下限在司法实践中经常被法官突破，为此有学者提出了取消法定赔偿下限的观点，由此也引发了学界的一些讨论。主张设置下限者，通常以预防专利侵权为出发点，认为法定赔偿设置下限可以在一定程度上对专利侵权行为起到抑制作用。[③]而反对设置法定赔偿下限的学者则通常以填平原则的内涵为出发点，综合我国目前专利市场价值普遍不高、多数侵权行为情节轻微等情况，认为不宜设置法定赔偿最低额度。[④]甚至有学者结合实务中的经验认为我国的法定赔偿上下限的设置在实践中形同虚设。[⑤]

笔者认为，法定赔偿额下限的规定并无必要。虽然我国目前专利申请和

---

① 山西省高级人民法院（2018）晋民终字第555号民事判决书。
② 汤敏、胡恒：《商标侵权行为惩罚性赔偿与法定赔偿之关系》，载《南京理工大学学报（社会科学版）》2020年第4期。
③ 赵鹏：《惩罚性赔偿的行政法反思》，载《法学研究》2019年第1期。
④ 陈志兴：《专利侵权诉讼中法定赔偿的适用》，载《知识产权》2017年第4期。
⑤ 和育东：《知识产权侵权法定赔偿制度的异化与回归》，载《清华法学》2020年第2期。

授权量非常多，但是专利技术价值普遍不高，核心专利的比例较小。[①] 另外，由于专利类型不同，有些专利侵权行为的损失确实很小，坚持该下限标准有可能导致双方利益失衡。例如，在一些侵犯外观设计专利权的案件中，原告拥有的外观设计专利美感一般、设计较为简单且市场价值不高，而被告多为个体工商户等小型经营者，所涉及的侵权行为也基本上为销售行为，即从其他渠道购进涉诉外观设计专利产品进行转售，其主观恶性不大，甚至有些侵权者根本不知道未经专利权人许可进行销售是侵权行为，并且这些小型经营者的销售规模较小，专利权人的损失也不高，有的甚至只有几百元。[②] 针对这种情况，如果在适用法定赔偿制度时机械地采用3万元以上的赔偿额度显然不符合个案的情况，也与法定赔偿制度的理念背道而驰，甚至有可能导致预防过度。

综上所述，现行的3万元的最低额度对于一些侵权情节轻微的小型个体经营者来说无疑过高。对于实践中的法官来说，便会让他们陷入左右为难的境地：一边是情节轻微的侵权事实，另一边是冰冷的法律条文。无论倾向于哪一边都会遭受来自另一边的舆论压力。3万元的下限对于一些侵权行为轻微、专利价值不高的案件来说仍然太高了。因此，笔者建议，在未来的专利立法中可以适度降低或者直接取消法定赔偿额的下限，让法定赔偿的判赔额更加贴合其专利市场价值。

二、我国专利侵权损害赔偿标准适用的司法完善

鉴于短期内《专利法》不会再进行修改，在司法实践中完善专利侵权损害赔偿标准的适用条件便十分重要。

（一）完善法官适用法定赔偿制度的考量因素

对于我国《专利法》中法定赔偿相关规定较为笼统、模糊的现状，知识

[①] 张勤：《评2012年我国每万人有效发明专利拥有量超过3.3件》，载《知识产权》2013年第1期。

[②] 边仁君：《专利侵权损害赔偿规则的标准、困境与重构》，载《知识产权》2021年第3期。

产权学界有不少学者主张应将法定赔偿的具体适用规则进行细化。比如有学者认为在适用法定赔偿方式时，应首先对被侵犯专利权的具体专利类型加以考量，明确其专利性质与类型，而科学且精确的法定赔偿数额，应当根据相关专利评估方法确定的专利内容的市场价值确定。① 亦有学者认为除了侵权专利类型，还应考虑侵权人经济状况、侵权持续时间及影响、侵权后果等多种因素，进而综合确定法定赔偿额。② 基于此，笔者有以下几点建议。

首先，将专利类型作为法定赔偿考量要素。我国《专利法》规定了三种专利权类型，从整体上来看，这三种专利类型的技术含量和创新程度是不尽相同的，大体上而言技术含量与创新程度最高的是发明专利，而后是实用新型专利，最后是外观设计专利。需要说明的是，此处不同专利类型的技术含量和创新程度的比较只是从宏观层面上大致对比，即发明专利的技术含量与创新程度总体上高于实用新型专利和外观设计专利，三者处于不同的专利价值顺位，但不排除个别案例中位于后位阶的专利类型的技术含量和创新程度高于前位阶的专利类型。比如一些市场价格较高的工业产品，其外观设计是经过设计师精心构思、多方考量、反复修改之后最终成型的，具有相当程度上的美感，体现着该工业产品独特的价值追求，其技术含量和创新程度远非一般仅仅运用简单的机械原理进行拼装组合的实用新型专利所能够比拟的。即便在同种专利类型之中，各个专利的技术价值和创新程度的差异也非常之大。故对于这三种专利类型要区分适用3万元以上500万元以下这一法定赔偿数额，以实现针对损害赔偿数额的精细化操作。

其次，考量不同侵权行为对损害赔偿数额的影响。《专利法》中规定了侵犯三种专利权的具体行为，在这些侵权行为类型当中，毫无疑问，制造行为可以视为侵权行为的源头，是主观恶性最大、侵权情节最恶劣的侵权行为。③ 因此，针对制造这种侵权行为方式的法定赔偿数额总体上便应高于其他侵权行为。例如，在深圳源德盛公司与中山品创公司、刘某侵害实用新型

---

① 刘强、沈立华、马德帅：《我国专利侵权损害赔偿数额实证研究》，载《武陵学刊》2014年第5期。
② 刘远山、余秀宝、李伟文：《我国专利侵权损害赔偿额计算方法适用论要》，载《行政与法》2011年第1期。
③ 陈志兴：《专利侵权诉讼中法定赔偿的适用》，载《知识产权》2017年第4期。

专利权纠纷案①中，被告除了存在销售侵权产品的行为，还存在制造行为，并且在人民法院认定其侵权行为后仍然继续实施相关侵权行为，主观恶行较大，其故意侵权、反复侵权的行为严重侵犯了原告的专利权，应在法定幅度内从高确定法定赔偿额，故法院判决被告赔偿原告100万元。对于其他侵权行为也应该根据个案情况具体确定法定赔偿数额。对于一些个体工商户等主体销售少量的外观设计专利侵权产品的行为，因其侵权情节轻微，对其适用法定赔偿规则确定的损害赔偿数额不宜过高，否则极有可能出现法定赔偿数额高于其侵权行为造成的损失的情况，从而偏离法定赔偿制度的初衷。

需要特别指出的是，在司法实践中，有些法院为了更好地指导法官自由裁量，制定了规范法定赔偿适用的要素分析法，使法定赔偿的适用更加精细化，笔者认为其具有一定的借鉴意义。如浙江省高级人民法院曾经在2016年就商标侵权案件如何正确适用法定赔偿提出了"司法层级分析法"，并在西门子公司与西门子生活公司、邦代公司、吴某侵害商标权及不正当竞争纠纷案②中首次应用。这种方法设定了较为科学且合理的考察因素与层级分类，将权利信息（如权利主客体）与侵权方面的信息（如侵权主体和侵权行为）进行综合分析，并且将前述两个方面的信息根据个案划归到不同的层级区间之内，提升法官行使自由裁量权的科学性与规范性，以更加合理准确地确定法定赔偿的具体额度，提升法定赔偿制度适用的规范性，这种方法不仅贴合商标领域立法的价值基础，还考虑到了相关知识产权的市场价值，与市场经济运行规律相一致。虽然该方法是商标领域的指导意见，但是对专利领域如何细化适用法定赔偿仍然具有非常重要的借鉴意义。据此，笔者认为专利侵权法定赔偿的判断可以参照以下模型进行具体适用。

首先，对不同专利类型可适用的法定赔偿幅度做出大致的区间划分，如发明专利可设置为A1、实用新型专利设置为A2、外观设计专利设置为A3；其次，对侵权行为人的主观心态所应适用的法定赔偿幅度做出划分，如故意可设置为B1（其中又可分为直接故意B11、间接故意B12）、过失设置为B2；

---

① 广州知识产权法院（2019）粤73知民初996号民事判决书。
② 浙江省高级人民法院（2016）浙民终699号民事判决书。

最后，对侵权行为类型所对应的法定赔偿幅度进行划分，如制造行为设置为C1、使用行为设置为C2、销售行为设置为C3等。同时，可以引入其他量化指标，诸如侵权行为持续时间，可以一定的时间单位将侵权持续时间划分为不同等级；再如侵权产品的销售规模，可根据销售额进行进一步的划分。将个案的具体情况以不同指标进行量化之后再进行综合考量，合理确定最终的法定赔偿金额。以上仅是笔者的初步构思，各地法院应根据本地经济发展实际情况合理制定并调整上述指标方案，尽可能使法定赔偿的判赔数额符合侵权案件的实际情况。

（二）惩罚性赔偿中"故意"的认定

《惩罚性赔偿司法解释》中对于故意的认定标准仍较为模糊，笔者认为针对该问题可以按照下面的思路进行厘清。

首先，对故意应采意思主义解释。民法学界传统上对"故意"有意思主义与观念主义两种释义方法。意思主义是指行为人除了应该认识到其行为是侵权行为，会引发相应的不良后果，在主观心态上也应是一种积极追求侵权行为的结果或者对结果持放任态度，由此可以分为直接故意与间接故意。这种解释方法可以参考刑法中对"故意"的定义。但是观念主义对故意的认定门槛较低，只要求侵权人对侵权结果具备认知即可，而对认知的程度在所不问。[①] 所以，除了属于故意范畴的直接故意和间接故意，观念主义语境之下的"故意"还包含了类似于刑法中过于自信的过失这一过错心理形态。应该承认的是，过于自信的过失这一心理形态与直接故意和间接故意相比较，其在过错程度上较轻，其在道德上苛责性也相对较弱，毕竟其本身并不希望损害结果的发生，故对过于自信的过失进行处罚也应以填平损失为主，惩罚性赔偿在此不宜适用。综上所述，笔者认为惩罚性赔偿制度之下的"故意"应为意思主义的解释，而不能采取观念主义，否则会导致惩罚性赔偿的适用面过宽，造成预防过度。

其次，惩罚性赔偿语境之下的"故意"不仅包括直接故意，也包括间接

---

① 史尚宽：《债法总论》，中国政法大学出版社2000年版。

故意。间接故意指的是侵权行为人对其侵权行为所引发的结果具备认识因素，却对此侵权结果是否会发生持一种放任态度，继而有意实施此种侵权行为。间接故意与直接故意在认识因素上是一致的，二者都认识到其行为有可能造成侵权结果的发生。此外，虽然直接故意是积极追求侵权结果的发生，间接故意是对结果的发生置之不理、持一种放任态度，但两种故意心态下若发生侵权后果都不属于对其意志的违反，因此在意志因素上两种故意形态也是一致的。可以说，这两种故意形态都属于有意为之，具体到专利领域中，无论是直接故意，还是间接故意都属于对专利权人合法权益的漠视。不得不承认的是，这两种故意形态在实践中几乎无法进行区分，不论是对侵权结果的积极追求还是消极放任，均是侵权人主观世界的活动，他人很难从外在进行甄别，但毫无疑问的是，二者都是蓄意为之，从道德伦理上来说具备几乎一致的可苛责性。① 因此，笔者认为在惩罚性赔偿制度之下的"故意"既包括直接故意也包括间接故意。例如，某厂家利用专利方法和专利内容进行直接生产制造的行为毫无疑问属于直接故意的主观心态，当然应被认定为"故意"，与之相关，对于生产制造完毕的侵权产品进行直接分销的经销商而言，其明知或者应该知道该产品为侵权产品，仍然将之购进并销售，此种行为的主观心态可被认定为间接故意，亦应被评价为惩罚性赔偿制度语境之下的"故意"。需要明确的是，正如前文中所论及的，处于侵权产品经销层级底部的一般的个体经营者、小型商超，其并不直接从侵权生产厂家购进侵权产品，进货渠道通常也合法合规，符合合法来源抗辩的条件，因而不宜认定其主观心态上存在故意。

最后，将专利权具体的状态作为故意考量的因素。若专利已经被专利权人或其他许可人在市场上实施，则侵权人实行侵权行为可以被认定为故意。反之，如果专利处于未被实施应用的状态，则侵权人的主观心态就不宜直接被认定为故意，需要进一步进行评估。此外，专利产品的市场知名度越高、专利存续时间越长，那么侵权人主观心态为故意的可能性就越大。以上各因素需要法院在总结大量案例的基础上进行综合考察。

---

① 朱理：《专利侵权惩罚性赔偿制度的司法适用政策》，载《知识产权》2020 年第 8 期。

（三）惩罚性赔偿中"情节严重"的认定

《惩罚性赔偿司法解释》在如何界定情节严重这一问题上通过列举的形式进行规定，对初步认定情节严重有所帮助，但其仍然存在进一步解释的空间，对此本书有以下几点建议。

首先，就侵权行为方式即侵权手段而言，应具体评估其行为方式带来的损失或者获得的利益，而不能单纯地以侵权行为方式本身来判断是否情节严重，换句话说，侵权行为方式可以作为认定故意的参考因素，但不宜作为判断情节严重与否的因素。以制造行为为例，利用专利内容或专利方法进行生产制造说明侵权人对专利权的具体内容已经了熟于胸，制造行为是有意为之，毫无疑问应该将其认定为故意的主观心态，但是否属于情节严重则需另行判断。通常情况下，大规模的生产制造行为一般可认定为情节严重，这样的规模所涉及的侵权数额往往以数万元乃至数十万元起步，认定为情节严重合情合理，但如果是家庭作坊、小型手工工场进行的制造行为，只有几百元、几千元的侵权数额，虽主观心态是故意的，却不宜将其认定为情节严重。

其次，对侵权次数、侵权行为的持续时间也应作出具体规定，对于多次侵权的界定，可以参照刑法中对多次盗窃的定义，规定两年之内三次以上即可认定为多次侵权。而通过侵权行为的持续时间来判定情节严重则可根据侵权行为的类型进行相应规定，比如生产制造行为持续一年以上、销售行为持续两年以上则可认定为情节严重。

再次，需要进一步明确"以侵害知识产权为业"的含义。一般来说，此处的以侵权为业应理解为侵权人成立相关组织专门以侵犯他人专利权为依靠获取经济利益。笔者认为，前文提到的天赐案中，最高人民法院对以侵权为业的认定标准具有很好的借鉴意义，以生产、销售的侵权产品在侵权人所开展的业务中所占比例为判断依据，能够让法官在司法实践中较为便捷且相对合理地认定侵权人是否以侵权为业。如在广州市红日燃具有限公司诉广东睿尚电器股份有限公司等侵害商标权及不正当竞争纠纷案[①]中，审理法院认为"被诉产品收入在其全部收入中的占比高达89%，足以证明该被告基本以侵权

---

① 广州知识产权法院（2017）粤73民初2239号民事判决书。

为业"。对于该项比例达到多少即可认定为以侵权为业,目前尚无相关规定。笔者建议,可以参考财务领域中关于主营业务的界定,即某项业务在某单位或组织的所有业务中占比超过 50%,即可认定其为主营业务。具体到专利侵权诉讼中,法院在对侵权行为人日常的经营情况进行调查之后,若发现侵权人生产、销售的侵权产品构成了其主营业务,则可以考虑将其认定为以侵权为业。

最后,应对"侵权获利或者权利人受损巨大"进行细化。笔者建议,在专利侵权诉讼中,可引入诸如市场法、收益法、综合评价法等知识产权价值评估方法,[①] 对涉诉专利进行市场价值评估,在此基础上根据专利类型、技术创新程度、相关市场占有率、行业利润率、侵权产品销售量等因素认定侵权获利或权利人受损是否"巨大"。此外,相关司法解释或者法院系统内的指导规则可对"巨大"进行大体上的价值界定,抑或通过典型案例的形式为司法实践提供指南。

总之,对于情节严重的认定是一项系统化的任务,上述各指标的量化认定需要各级法院在总结大量案例、科学调研的基础上进行。

(四)完善其他损害赔偿标准的具体计算方式

结合美国、德国、日本等国家的相关经验,对于完善我国《专利法》中三种非法定赔偿标准的具体计算方式,提升其在实践中的可适用性,笔者有以下几点建议。

第一,采纳边际利润概念。所谓边际利润,是指单位产品销量增加所获得的利润,在经济学中是一项非常重要的指标。前文述及,根据相关司法解释,在适用实际损失和侵权获利两种侵权损害赔偿标准时,二者均采用产品的"合理利润"进行计算,实践中一般采用平均利润。相较于平均利润,通常而言边际利润的计算方式只扣除可变成本(如原材料和产品包装等与产量呈正相关的因素),而固定成本则不予扣除。假使侵权人并没有进行制造等侵权行为,但其在日常生产经营中亦需要机器设备和厂房等设施,这些固定成

---

① 朱荣、张亚婷、葛玲:《知识产权价值评估研究综述》,载《中国资产评估》2022 年第 1 期。

本不应被扣除，权利人也不应负担这些成本。①边际利润在一定程度上可以反映市场的动态变化，更贴合生产经营实际情况，从而使侵权损害赔偿数额的确定更加精确。美国、德国、日本等国家在计算利润损失时均采用边际利润的理念，因此可以考虑在实践中引入边际利润的计算方法。

第二，优化技术分摊规则在实践中的适用。其中最关键的问题便是对专利贡献度进行精确量化。对此，可以采用如下方法：（1）量化比例法。使用这种方法时，只需要计算出涉案专利产品总体成本中有关专利技术部分成本的比重，便可将该比重视作涉案专利产品的专利贡献率。量化比例法操作起来相对简单，能够节约诉讼成本，提高诉讼的效率。（2）替代品比较法。若利用此种方法计算贡献率，则需要在相关市场上寻找到不包括涉案专利技术内容，但与涉案专利产品具备相近功能效果的产品，对这两种产品的成本、利润等进行比较，最终得出涉案专利的专利贡献率。此种方法能够比较精准地计算出专利贡献度。（3）综合因素分析法。使用这种方法时法官需要综合考量在涉案专利产品中专利因素与非专利因素的贡献程度，再结合其他相关因素对专利贡献率进行酌定。具体参考的因素可以借鉴日本的相关经验，即消费者对专利产品部分的消费意愿、涉诉产品的市场价格和专利部分的产品生产成本、专利部分的使用频次等。另外，还可以扩大技术分摊规则的适用范围，不再将其局限于侵权获利标准中，而是扩大到包括法定赔偿和惩罚性赔偿在内的所有侵权损害赔偿标准中，以提升侵权损害赔偿的赔偿额计算的精细程度。

第三，引入"虚拟许可法"。我国专利侵权诉讼中许可使用费倍数适用较少的一个重要原因便是权利人和侵权人之间不存在有效的许可使用费约定。对此可以参考美国、德国等国家的经验，假设权利人与侵权人之间存在一个关于许可使用费的合同，法院根据行业情况、专利类型与市场价值、权利人与侵权人之间的关系等因素合理确定许可使用费数额，进而确定合理的倍数，提升该侵权损害赔偿标准的可适用性。

---

① 黄尔：《边际利润在确定知识产权侵权损害赔偿额中的应用——从经济学和知识产权法学的角度分析》，载《知识经济》2010年第19期。

三、完善其他配套制度

除了以上完善建议，相关的配套制度也需要优化跟进。其中较为重要的就是对专利滥诉行为的规制，对此笔者提出如下几个建议。

（一）严格专利审查机制

有关的专利行政部门在审查标准上应重点核查专利是否满足"三性"的要求，即新颖性、实用性和创造性，以保证送审专利具备一定的实际应用价值。此外，应仔细审查专利内容说明书和权利要求书。专利权保护范围应与专利技术贡献、创新程度及说明书可公开技术内容相适应，故在审查时应将专利内容说明书和权利要求书细致核对，严格审查涉及技术特征和功能结果的内容，对于技术特征的术语要求详细精准，避免"轻技术特征，重功能结果"的描写，将权利边界清晰化，避免权利保护范围不当扩大，让无效或部分无效专利进入专利权的保护范围。并且应对过审专利进行例行复查，及时将有问题、无效的专利剔除，从根源上减少专利滥诉现象的发生。

（二）完善专利诉讼诉前审查制度

虽然现在法院采取形式审查方式的立案登记制度，但涉及专利侵权诉讼可在一定程度上辅之以必要的实质审查，对具有专利滥诉行为和存在滥诉倾向的原告进行进一步的核实。法院系统内部可推出有关专利滥诉的动态黑名单制度，通过司法系统的大数据筛查，将已经过司法认定的专利权人和代理机构纳入黑名单，短期内对其进行诉权限制，可考虑对其裁定不予立案或者驳回起诉。待其确有投资生产行为或者诉讼频率下降之后视情况将其移出黑名单，以规范其正当行使诉讼权利，进一步遏制滥诉情形的发生。

（三）支持反赔之诉与确认不侵权之诉

在专利权人实施滥诉行为被法院驳回起诉、其瑕疵专利被认定无效而主动撤诉，以及法院判决其败诉后，权益受到损害的被控侵权人可以提起诉讼，请求专利滥诉人承担因滥诉行为导致的赔偿责任，此即反赔之诉。在反赔之诉中应注意其赔偿范围不应超过所受损失的范围，具体赔偿内容可包括财产损失赔偿和精神损失赔偿。确认不侵权之诉即市场中某一经营主体收到了来自知识产权权利人的侵权警告，在无法确定自身是否存在侵权行为的情形之下，转变侵权诉讼的被动地位，将权利人作为被告，主动向法院提起诉讼，请求法院认定自身并不侵犯相关知识产权。在专利领域中，确认不侵权之诉应明确受理的前提是，专利权人滥发警告索赔函，影响了被警告人的正常生产经营。在确认不侵权之诉的举证责任上，可以考虑将其分配给专利权人一方。

对于以上两种诉讼制度，法院在实践中可以根据情况进行探索适用，为遭受专利滥诉的受害者提供行之有效的救济途径，[①] 以弥补其因涉诉而蒙受的损失，也可以在一定程度上对专利滥诉者起到威慑作用。

第五节　结　论

2020 年修改的《专利法》在一定程度上回应了社会关切和学界争议，具有十分积极的进步意义。但是其存在的问题也不容忽视：将实际损失与非法获利二者归为同一适用顺位并不能赋予当事人充足的自主选择权，不利于权利人维护自身的合法权益；惩罚性赔偿严苛的适用前提使得这一制度在实践中难以适用，不利于惩罚性赔偿制度发挥其应有的作用；法定赔偿制度的适用规定笼统模糊、缺乏细则，不利于司法实践中法官做出客观合理的判决，并且法定赔偿额度下限设置过高，机械适用影响个案公正；高额的法定赔偿额度也容易进一步加剧专利滥诉的现象，浪费司法资源。另外，实际损失、侵权获利和许可使用费倍数等三种损害赔偿标准长期以来适用较少的情况也需要得到改善。

对于上述问题，发达国家在专利侵权损害赔偿领域的先进经验可以为我们提供借鉴。取消具体损害赔偿标准的适用顺位已是国际通行做法，赋予权利人更多的自主选择权，以便最大程度上维护专利权人的利益；优化惩罚性

---

① 胡小伟：《专利滥诉的司法规制路径构造》，载《学习与实践》2019 年第 12 期。

赔偿制度的适用机制，允许法定赔偿与惩罚性赔偿并用，以提升该制度的实际可操作性；细化法定赔偿制度的具体适用规则，根据专利类型、侵权情况等因素综合考量赔偿数额，并且取消或者降低法定赔偿下限，进一步促进司法公正；采纳边际利润概念、优化技术分摊规则、引入虚拟许可法以提升实际损失等三种赔偿标准的可操作性。

法律的生命在于实施。对于专利侵权损害赔偿标准的适用问题，应在结合大量司法判例的基础之上对其不断探索完善，进一步优化每种损害赔偿标准的具体适用条件，使专利侵权损害赔偿金额的确定更加科学合理，以促进我国专利制度的健康、长远发展。

第五章
涉外知识产权诉讼中的禁诉令制度研究

第一节 禁诉令制度概述

一、禁诉令的概念和分类

一般认为,禁诉令是指法院对该国法域管辖的当事人发出的,阻止当事人在外国法院提起或继续进行已提起的、与该国法院未决的诉讼相同或者相似的诉讼的限制性命令。[①]然而,随着涉外知识产权诉讼中的纠纷越来越复杂,禁诉令的内涵和外延也有不断发展的趋势。在现代,禁诉令越来越多地被用来解决国际平行诉讼中管辖权的争夺,在适用国家和适用领域上皆有不断扩大适用的趋势。尤其是美国、英国、加拿大等英美法系国家更是经常适用该制度,以捍卫其司法权力,克服因平行诉讼而产生的法律问题,以维护其欲保护的当事人的利益。

事实上,国际上对于禁诉令的分类,目前观点不一,但依据禁诉令签发意欲达成的效果或目的,禁诉令一般分为积极禁诉令、禁执令以及反禁诉令。积极禁诉令是指内国法院根据另一方当事人的申请签发积极禁诉令,不允许一方当事人在他国法院针对同时进行的平行诉讼的争议点再次提出诉讼,或是仍然申请执行,这种禁诉令的本质是希望通过对平行诉讼的禁止获得排他

---

① 欧福永:《国际民事诉讼中的禁诉令》,北京大学出版社2007年版,第14—16页。

性管辖权。积极禁诉令发生的场域一般是双方当事人已经就纠纷管辖进行了约定，但另一方当事人仍然无视约定在他国提起诉讼；或是该纠纷依据内国法院法律有专属管辖权，但另一方当事人依然在他国起诉。积极禁诉令情形下，内国法院主观上是积极的、主动的。所谓禁执令，就是禁止当事人在一定期限内执行外国法院作出的判决。禁执令本质上对他国管辖权并未否定，只是禁止本国当事人对他国已经作出的判决申请执行。可见，禁执令具有比较明显的防御性特征，也正因如此，被认为属于防范性禁诉令。反禁诉令是指如果外国法院根据已审理的国际民商事案件发出了禁诉令，限制当事人在他国法院进行民事诉讼，内国法院可能根据禁诉令原则发出反禁诉令，以限制当事人遵守由外国法院发出的禁诉令。由此可见，反禁诉令是对抗性最强的禁诉令，它的适用容易带来两国司法管辖权的激烈冲突。

二、禁诉令的起源和发展

从起源来看，禁诉令可以追溯到古罗马法。在受损害方的请求下，另一方可能被执政官要求的强制令所约束，从而从事或停止某些行为。最早在英国孕育出符合现代诉求的禁诉令制度，是用于解决当时国内出现的平行诉讼的相关问题。英国最初的司法系统是由王室法院和教会法院共同组成的，由此也必然会产生争夺管辖权或者重复诉讼的情况。意图压制教会法院的王室法院便制定了针对当事人的，限制其向教会法院行诉的制度。禁诉令同样出现在普通法院和衡平法院之间争夺管辖权，如果衡平法院认为案件由普通法院审理不合适，就可以向在普通法院诉讼的原告发出禁诉令，长此以往，英国逐渐形成了衡平法优于普通法的规则。[①] 19世纪初，英国法院发布了一项禁令，要求诉讼当事人不得在他国提起诉讼或参与外国法院的诉讼，他们认为自己有权在所受理的案件中限制诉讼当事人。随着国际贸易的开展，英国为了保护其世界司法与诉讼中心的地位，维护其享有的管辖权，援用了禁

---

① Airbus Industrie G.I.E.v.Patel and Others，[1997]2Lloys Rep.8.

诉令阻止当事人向外国法院兴讼。在英国，禁诉令的颁发通常满足两个条件：（1）英国法院是争端解决的自然法院，英国法院与双方有法律上的联系；（2）外国法院的诉讼是"压迫或者是令人困扰的"。①

美国政府于1973年颁布禁诉令法，以处理国内联邦法院与各州法官之间的管辖权冲突问题，之后又用来处理国际平行诉讼的相关问题。美国联邦法院对于禁诉令的颁发标准不一，根据对待国际礼让原则的重视态度，主要可以分为宽松主义、严格主义，以及折中主义。这三种立场在美国联邦巡回法院的不同巡回法庭都有适用。所谓宽松主义，是只要法院认为国际平行诉讼可能导致诉讼拖延和高昂的诉讼成本，就倾向于签发禁诉令禁止在他国的诉讼，其对国际礼让等因素很少加以考量。严格主义则相反，只有在保护法院地管辖权和防止当事人规避法院地重要公共政策时才考虑签发禁诉令。②该标准将国际礼让作为签发禁诉令主要考量的因素。而折中主义则强调综合考量国际礼让、对方当事人是否恶意等因素后再行决定。由美国禁诉令制度的适用可见，如今，禁诉令与不方便法院原则一起，成为英美法系国家处理国际平行诉讼的两大利器。③

在大陆法系，禁诉令并未得到广泛的适用和发展。德国认为禁诉令制度侵犯了德国的司法主权，有碍本国法院履行自己的职责。实践中一般持不接受的态度。法国与德国同为大陆法系国家，与德国对待禁诉令的态度大致相同，只有在特殊情况下才考虑签发禁诉令。即使在彼此之间存在国际条约的国家或者组织中，禁诉令制度也并未得到有效的发展。

从国家公约的层面看，《布鲁塞尔公约》第21条规定了以"最先受诉法院原则"来解决国际平行诉讼的问题。该公约以条约形式解决了大陆法系和英美法系争夺管辖权的冲突，有效地排除了禁诉令适用的问题。可见，禁诉令主要在英美法国家得到较为广泛的适用，大陆法系对其态度总体趋于保守。

---

① 王娟：《关于我国引入禁诉令制度的思考》，载《法学评论》2009年第6期。
② 张先者、殷越：《知识产权国际竞争背景下禁诉令制度探索与构建》，载《法律适用》2021年第4期。
③ Aibus v.Patel,［1999］A.C.119, 132–33（H.L.1999）.

三、禁诉令的功能

（一）解决国际平行诉讼中的滥诉问题

禁诉令的功能主要体现于国际平行诉讼中，用于防止当事人滥诉，避免因恶意诉讼给对方带来人力、物力的损失，以及司法资源的浪费。所谓国际平行诉讼，又称"双重起诉""诉讼竞合"，是指相同当事人就同一争议基于相同事实以及相同目的同时在两个或两个以上国家的法院进行诉讼的现象。国际平行诉讼通常是通过最先受理法院原则以及不方便法院原则予以解决。所谓最先受理法院原则，是指由最先受理的法院获得管辖权，在其作出裁决之前，其他法院应当中止在本国的诉讼。[①] 在具体适用时，最先受理法院原则受到不方便法院原则的限制，即最先受理法院如果认为由其受理案件并不方便，则应当主动中止该案件。

由于不同国家在法律体系、法律规定、公共政策方面都存在差异，对于当事人来说也通常会优先考虑对自己诉讼请求有利的国家提起诉讼，出现了择地行诉的现象是很正常的。进言之，如果不方便法院原则和最先受理法院原则得到很好的适用，国际平行诉讼中的对抗便不太会出现。但是，由于不方便法院原则具有很大的自由裁量权，而与之相对应的最先受理法院原则又容易被当事人滥用，即当事人恶意利用该原则而率先提出诉讼，以达到拖延诉讼等其他不当诉讼目的，由此便出现了禁诉令制度。而在知识产权领域，由于事关国家技术创新和企业发展，禁诉令得到广泛适用也就不足为奇了。

（二）维护国家司法主权

禁诉令能够维护一国司法主权的权威性和确定性，使纠纷不至于陷入无从管辖的被动局面。对于已经接受审理的案件或者已经作出裁决的案件，保证其司法公信力。稳定可靠的司法公信力，是一个主权国家实力的象征。由

---

① 张丽英：《"最先受诉法院原则"与禁诉令的博弈》，载《中国海商法研究》2012年第1期。

于应对不同国家的司法裁判带来的高额诉讼成本，以及裁判的结果都会影响到一个企业的兴废与发展，因此明确且有公信力的司法管辖权能吸引更多的企业选择驻留，有利于一个国家整体经济的发展。

第二节　我国涉外知识产权诉讼中禁诉令适用的实践分析

一、涉外知识产权诉讼中禁诉令适用案件梳理

近几年，我国多家跨国企业涉及知识产权纠纷，英美等国家颁发的禁诉令严重影响了我国企业的生存与发展。表 5-1 中便是相同案件在不同国家进行的平行诉讼的汇总情况。

表 5-1　相同案件在不同国家进行的平行诉讼的汇总情况

序号	时间	案件	中国法院	域外法院	禁诉令签发	禁诉令影响
1-1	2014.3	UP 与华为专利纠纷		英国伦敦高等法院	支持 UP 禁诉令申请	
1-2	2017.7	华为诉 UP 及 PO 专利侵权及费率纠纷	深圳市中级人民法院			华为撤回在中国对 UP 的诉讼
2-1	2018.4	康文森诉华为侵权纠纷		德国杜塞尔多夫法院		
2-2	2018.1	华为诉康文森侵权及专利费纠纷	南京市中级人民法院			
2-3	2019.11	康文森不服南京中院一审判决提起上诉	最高法院知识产权庭		批准华为申请的禁诉令	中国首次颁发禁诉令
3-1	2018.1	中兴与康文森专利费纠纷	深圳市中级人民法院			中兴撤诉

续表

序号	时间	案件	中国法院	域外法院	禁诉令签发	禁诉令影响
3-2	2017.7	康文森诉中兴专利费纠纷		英国伦敦高等法院	支持康文森禁诉令申请	中兴与康文森达成和解
4-1	2020.9	小米与交互数字FRAND费率之争	武汉市中级人民法院		同意小米申请的禁诉令	
4-2	2020.10	交互数字与小米FRAND费率之争		印度德里高院	同意交互数字反禁诉令的申请	

二、典型案例分析

2020 年被学术界称为我国禁诉令元年，我国法院在国内大型公司涉外知识产权诉讼中相继适用禁诉令，效果良好，也引发了学术界的关注。事实上，我国法院首次签发的禁诉令案件是由武汉海事法院在华泰保险公司案件中签发的，该案也被认为是我国内地法院主动反击禁诉令制度的一个典型案例。[①] 但是，由于其属于海事强制令，仅限于海事纠纷解决，与本书所讨论的涉外知识产权诉讼中的禁诉令存在很大差异，故本书不对其进行分析，而只限于对知识产权诉讼中的禁诉令进行分析。

（一）康文森公司与华为公司标准必要专利许可纠纷案

2018 年 1 月，华为公司向江苏省南京市中级人民法院提起知识产权确认不侵权诉讼，请求法院判决其未侵犯康文森公司三项中国专利权，并请求法院对康文森公司在中国的许可费率进行确定。南京市中级人民法院经审理后，于 2019 年 9 月作出一审判决，并对康文森的标准必要专利进行了费率确定。后康文森公司以费率过低为由，上诉至最高人民法院，该案于同年 11 月

---

① 阎冰、任伟哲：《破解域外禁诉令困境的一次尝试及思考》，载《上海法学研究》2019 年第 2 期。

在最高人民法院立案。另外，2018 年 4 月，华为公司在国内法院提起诉讼之后，康文森公司随即在德国法院提起华为公司侵犯其标准必要专利权，要求华为公司停止侵权的诉讼请求。德国杜塞尔多夫法院一审判决华为公司侵犯了康文森公司的德国专利，判决其停止侵权，禁止使用、销售专利产品并承担相应损失。2020 年 8 月 27 日，华为公司向最高人民法院提出禁诉令申请，请求最高人民法院禁止康文森公司在上诉案件终审判决前申请执行德国杜塞尔多夫法院判决。最高人民法院受理后于 48 小时内做出了行为保全裁定，禁止康文森公司在最高人民法院对本案最初终审判决前，申请执行德国法院判决。

最高人民法院在行为保全裁定中对为何支持华为公司的禁诉令申请进行了说理，认为，华为公司的禁诉令申请本质上属于行为保全申请，对于该保全申请，应当考量域外裁决执行对中国诉讼的影响、对双方当事人的影响、国际礼让因素，同时应根据行为保全制度中有关保全必要性的规定进行综合审查。最终，最高人民法院支持了华为公司的禁诉令申请。

在该案中，最高人民法院明确了其所签发的属于禁诉令性质的行为保全裁定，并明确其应当依照民事诉讼法以及有关知识产权行为保全的司法解释进行审查。该案在学界也引起了关于禁诉令与行为保全制度关系的讨论。究竟行为保全与禁诉令是何种关系，行为保全能否涵盖禁诉令，其审查内容上有何区别，我国应否建立单独的禁诉令制度等问题都成了学者们讨论的热点。在笔者看来，根据禁诉令的分类，本案中的行为保全裁定属于广义禁诉令中的禁执令类型，即禁止当事人在一定期限内申请执行他国法院作出的裁判。而由于我国尚未规定禁诉令制度，只有民事诉讼法中关于行为保全的规定可以作为本案的裁决依据。故本案中最高人民法院以行为保全裁定的方式裁决也是使其裁决获得合法性的基础。但两者的区别也是非常明显的。

（二）小米与美国交互数字公司 FRAND 费率纠纷案

2020 年 6 月，小米将交互数字公司起诉至武汉市中级人民法院，并要求武汉市中级人民法院判处交互数字公司授予小米公司 3G、4G 标准必要专利组合的国际准许费率，并确定全球费率许可范围。武汉市中级人民法院依法受理后，多次向交互数字公司发出起诉状副本等相关材料，但交互数字公司置之不理。交互数字公司反而于 2020 年 7 月，在印度德里地方法院申请临时禁令及永久禁令以限制小米公司的生产经营活动。2020 年 8 月，小米公司向武汉市中级人民法院申请发布禁诉令以制止被申请人针对小米公司发动的禁令措施。武汉市中级人民法院在小米公司完成申请禁令所需的程序后，启动禁诉令审查程序。武汉市中级人民法院经审查后认为，交互数字公司对该院正在进行的诉讼未予以配合和尊重，并在他国提起诉讼，有可能导致矛盾裁决的出现；且这种行为会导致申请人权益受到难以弥补的损害，为此，在考量各方利益受损害的可能后，最终裁决要求交互数字公司立即撤回或中止在印度针对小米申请的专利许可费率裁决及禁令，且不能在全球任何法院针对小米申请专利许可费率裁决及禁令。

与华为诉康文森案件相比，该案属于典型意义上的积极禁诉令，即我国法院要求交互数字公司撤回在印度法院对小米公司提出专利许可费率裁决及禁令，且不得在全球任何法院对小米公司申请上述禁令。在签发依据上，武汉市中级人民法院在该案裁决中依然引用了《民事诉讼法》第 100 条有关行为保全的规定，以及《最高人民法院关于审查知识产权纠纷行为保全案件适用法律若干问题的规定》第 3 条第 1 款。此案也在学术界再次引发了有关禁诉令与行为保全制度关系的讨论。笔者认为，在该案中，武汉市中级人民法院通过行为保全制度实现了禁诉令制度功能，由此，也进一步提出了对是否有必要建立单独禁诉令制度，禁诉令制度的内涵、分类以及其他相关理论的探讨。

（三）OPPO 公司诉夏普公司费率纠纷案

2020 年 1 月，夏普公司向东京地方法院提起了针对 OPPO 公司日本公司的专利侵权诉讼，随后，又在德国慕尼黑等全球多地法院对 OPPO 公司发起侵权诉讼，以获取不合理的高价专利许可费。同年 2 月底，OPPO 公司在深圳市中级人民法院提起诉讼，诉讼请求是请求法院对夏普公司标准必要专利许可的全球费率作出裁判，同时为了避免夏普公司以域外禁令对谈判施加压力，OPPO 公司向深圳市中级人民法院提出行为保全申请。深圳市中级人民法院向夏普公司签发了禁诉令，裁定夏普公司在本案终审判决作出之前，不得向其他国家、地区就本案所涉专利对 OPPO 公司提出新的诉讼或司法禁令，如有违反处每日罚款人民币 100 万元。夏普公司很快向德国慕尼黑法院提起诉讼，请求其签发反禁诉令。在深圳市中级人民法院禁诉令签发 7 小时后，德国慕尼黑第一地区法院就向 OPPO 公司下达了反禁诉令，要求 OPPO 公司向中国法院申请撤回禁诉令。之后，深圳市中级人民法院结合禁诉令和反禁诉令的内容，进一步调查和固定了夏普公司违反该院行为保全裁定的事实和证据，并向其释明违反中国法院裁判的严重法律后果。夏普公司最终表示将充分尊重中国法院判决，并无条件撤回了其向德国法院申请的"反禁诉令"。之后夏普公司依然就管辖权及该案实体问题向最高人民法院提起上诉，最高人民法院最终维持了该案一审判决。

该案最终获评 2020 年我国知识产权十大案例。在该案中，除了从学理上引发了有关行为保全和禁诉令关系的讨论外，由于其涉及外国法院签发的反禁诉令，且我国法院通过释法说理最终化解了反禁诉令，既维护了我国企业的合法利益，也探索了禁诉令案件的另一种解决方式。笔者认为，该案除了提出对于禁诉令制度应否单独设立的思考，还为禁诉令制度确立的意义提供了鲜活的案例。换言之，我国法院在知识产权领域硝烟弥漫的禁诉令大战中，应积极应对，从知识产权规则的跟随者逐渐发展为引领者，以便更好地维护我国当事人的合法权益。这也非常生动地表明了确立禁诉令制度的重要意义。

上述三个案例在学术界引发了持续不断的讨论。由于我国目前对上述禁令的签发依据的都是行为保全制度的相关规定，且最终通过拓宽行为保全制度的适用范围和边界来实现禁诉令制度的功能，这也引发国外组织和公司对其合法性的争论。而在我国理论界，也有学者认为行为保全制度具备了禁诉令的功能，我国完全无须建立独立的禁诉令制度。笔者认为，我国禁诉令制度快速发展的司法实践，更进一步表明了对禁诉令进行深入研究的必要性。而从理论上厘清行为保全和禁诉令的关系，探讨单独禁诉令制度确立的可行性和必要性，以及构建单独禁诉令制度都是需要认真加以讨论的问题。

第三节　确立我国涉外知识产权诉讼禁诉令制度的必要性

由前述实践分析可见，我国应否确立禁诉令制度是一个需要加以探讨的问题。由于目前我国司法实践是以行为保全制度实现禁诉令制度功能，因此，在研究禁诉令制度确立的必要性时，首先，我们需要探讨的是在当前涉外知识产权领域是否有必要确立禁诉令制度；其次，需要探讨的问题是，当下以行为保全制度实现禁诉令功能是否具有理论上的自洽性。而如果现有行为保全制度可以解决禁诉令问题，也就无须构建独立的禁诉令制度。

一、我国涉外知识产权领域建立禁诉令制度具有现实急迫性

对于我国是否应当确立禁诉令制度，学界一直存在分歧。反对者一般从我国法院目前并未获得他国当事人的充分信任，以及签发禁诉令可能使更多当事人不愿在我国诉讼，导致我国法院流失更多案件的角度提出我国不应该建立禁诉令制度。[①] 但是，更多的学者认为，当前我国有必要在涉外知识产权领域确立禁诉令制度。笔者对该观点持赞同态度。总体而言，我国涉外知识产权领域建立禁诉令制度的现实急迫性可以概括为以下几点。

（一）禁诉令制度可以有效应对管辖权争夺，维护司法主权

如前所述，在知识产权平行诉讼中，用以解决平行诉讼的方式主要是不方便法院原则和最先受理法院原则，但由于全球性管辖公约的缺乏，且这两个原则在很大程度上依赖法官自由裁量权和各国法院的谦让与克制，使得其适用有很大的不确定性；在知识产权激烈竞争的国际大背景下，各国对管辖权的争夺愈演愈烈。实践中，由于我国没有禁诉令制度，往往会遭受外国法院禁诉令的限制，对我国司法权威提出挑战，阻碍我国合法行使司法管辖权。如华为公司与三星公司关于标准必要专利交叉许可谈判陷入僵局，双方由此产生纠纷，最终因为三星公司向美国法院申请签发禁诉令，使得华为公司不得不接受调解，双方最终以撤诉的方式解决纠纷。若我国存在禁诉令制度，就可通过相应措施对其进行反制或者取得实际管辖权。因此，禁诉令制度对于维护我国当事人利益，有效应对国际管辖权的争夺具有重要意义。

---

① 徐昶：《我国不宜在涉外民商事审判中引入禁诉令制度——以禁诉令的目标与效果为视角》，载《南京工业大学学报（社会科学版）》2009年第3期。

（二）禁诉令制度的构建有助于保护我国当事人公平参与国际市场竞争

从民事诉讼的角度来看，管辖权的确定对当事人的影响非常大。其不仅意味着诉讼成本的增加，也意味着法律适用的重大区别。因此，禁诉令对当事人诉讼权利的影响是不言而喻的。尽管禁诉令制度的适用也存在一定争议，但从当事人的角度讲，一般不会对抗他国法院签发的禁诉令。这就意味着实施禁诉令，可以在管辖权上保护本国当事人的合法权益。前文述及的康文森公司与华为公司费率纠纷案、小米公司与交互数字公司费率纠纷等涉禁诉令案无不说明了这一道理；而夏普公司与OPPO公司费率纠纷案中，我国法院在签发禁诉令后，针对国外法院签发的反禁诉令进行相应的法庭调查和释法说理，最终化解了反禁诉令，在激烈对抗的禁诉令大战中维护了本国企业的利益。相反，对于没有禁诉令制度应对措施的国家，其当事人就经常在国际知识产权诉讼中被迫妥协。大数据时代，知识产权的竞争事关跨国企业的核心利益，甚至整个国家产业更新换代的重要科技创新成果。因此，确立禁诉令制度是保护本国当事人合法权益，维护其在国际知识产权诉讼中竞争力的关键，也是完善涉外知识产权争议解决制度的需要。在激烈的涉外知识产权竞争中，如果没有相应的反制和应对措施，必将在国际知识产权竞争中处于不利地位，这将直接影响我国企业在海外的利益和长远发展。

（三）完善国际知识产权法律保护体系的需要

目前，用于解决国际平行诉讼的法律制度主要是不方便法院原则。但由于该原则的适用受到各国法院自我克制、法官自由裁量权等诸多因素的影响，在缺乏全球性管辖权规则的情况下，难以有效保护我国当事人的权利，甚至在其他当事人恶意滥诉的情况下，使得我国企业的合法权益受到不利影响。而在知识产权领域，由于专利权是一国政府机关或者某一区域性组织依照国内法颁发证书并予以保护的一种独占实施权，知识产权诉讼，尤其是标准必要专利纠纷通常发生在拥有通信技术和国际竞争力的通信领域巨头以及主要移动设备生产者之间，这些当事人之间常因标准必要专利费率谈判破裂而引发争讼。这些争讼可能影响某一跨国企业市场核心利益甚至整个国家产业更新换代的重要科技创新成果。此时，每一个对其签发专利权利证书并提供法律保护的国家都不会轻易放弃司法管辖权。在发生管辖权争议的情况下，现有法律体系难以有效保护我国司法主权，也难以有效保护我国当事人合法权益。因此，为了更好地应对国际平行诉讼中出现的管辖权争夺，就有必要确立禁诉令制度，以完善我国涉外知识产权法律保护体系。

二、我国涉外知识产权领域确立禁诉令制度的理论必要性

在现有研究中，学者们通常将禁诉令分别与行为保全、海事强制令，以及知识产权领域的诉前禁令进行比较分析。从比较法的角度观之，诉前禁令是英美法国家对诉前行为保全的称谓，其本质上就是大陆法系国家的诉前行为保全制度。而海事强制令是指由海事司法机关依照海事申请人的要求，为使其权益免受损害，而责令被申请人当为或不当为的法律措施，其本质上属于对海事行为的行为保全。在我国，海事强制令最早规定在2000年7月实施的《海事诉讼特别程序法》中。由于海事强制令与诉前禁令本质上属于行为保全在不同领域的具体适用，因此，在研究禁诉令时，无须对诉前禁令、海事强制令进行过多的比较分析，重点分析行为保全制度与禁诉令的关系即可。事实上，由前面的论述可见，国外司法实践中对禁诉令的适用基本上是以现有保全制度为依据进行签发的。因此，探讨两者之间的关系，即可解决禁诉令的基本理论基础。

（一）禁诉令与行为保全的区别

根据民事诉讼法关于行为保全的规定，行为保全是法院为避免将来裁判结果得不到有效的执行以及避免申请人损失进一步扩大而要求被申请人为或不为一定行为的措施。其与禁诉令的区别主要体现为以下几点。

首先，两者制度目的不同。行为保全制度的确立在于最终实现判决，避免判决难以执行。例如，在知识产权诉讼中，对当事人侵害著作权、商标权的行为实施行为保全，要求其停止侵权行为。而禁诉令制度的目的，则是为了禁止一方当事人提起诉讼，或禁止一方当事人申请执行。从制度目的来看，前者主要是为了保护当事人实体权利最终得到实现，而后者主要是为了保障

当事人的诉权获得最终实现。

其次，两者诉请的形式和内容不同。由于禁诉令是针对诉讼行为而产生的，用来解决国际管辖权中的争议，其诉请一般表现为请求法院禁止被申请人在他国法院进行诉讼或申请执行。而行为保全是请求法院要求被申请人为或不为一定行为，以避免当事人实体权利受到进一步损害，或使得未来的判决难以执行。其表现形式和内容是非常宽泛的，在不同的案件中也会有很大差异。

再次，两者适用的场域不同。行为保全主要是解决内国民事诉讼而规定的制度，我国行为保全制度最早规定在2012年修正的民事诉讼法中，其从制度上完善了我国民事诉讼中的保全制度。而禁诉令则发生于国际平行诉讼中，这一点，从其起源和发展，以及其在当下涉外知识产权领域的具体运用中都可以得到印证。

最后，两者颁发所要考量的因素不同。对于行为保全而言，其主要考量的是损害是否难以弥补、判决能否得以执行等因素。而禁诉令需要考量的因素除了损害难以弥补外，还有国际礼让等。换言之，禁诉令的复杂之处就在于法官需要在双方当事人及两国法院之间寻求平衡点和公平点。在这一意义上，禁诉令对双方当事人和国际私法秩序可能带来的影响都将成为法院必须全面考量的因素。

可见，禁诉令无论从概念、制度目的、适用目的以及理论基础方面都不同于行为保全。将行为保全扩大解释适用于禁诉令问题，尽管有一定的合理性，但也难免面临理论逻辑上的困难。

（二）现有行为保全制度无法实现禁诉令功能

既然禁诉令是完全不同于行为保全的一种限制当事人诉权的救济制度，这也意味着并不能用现有行为保全制度理解禁诉令制度，也无法通过行为保全制度的适用来实现其制度目的。但是目前，主张行为保全可以适用于禁诉令的观点主要认为，行为保全制度与禁诉令制度具有高度的相似性，在内容要求和制度意义上都是在出现判决难以执行或者给当事人造成不利影响的情形下，禁止当事人的一定行为。该观点进而认为，在利用行为保全制度解决国际平行诉讼中的禁诉令问题时，如果双方间的标准必要专利属于我国专属管辖，另一方却将该争议向他国法院提起诉讼，此时，基于一方当事人的申请，我国法院可以对妨碍我国法院依法行使专属管辖的一方当事人采取行为保全措施，责令其撤回提起的诉讼。必要时，人民法院也可以依职权启动行为保全措施。① 而这种行为保全就属于禁诉令性质的行为保全。从前述案例分析可见，这是最近几年我国法院解决禁诉令问题所采取的通常做法。而由于行为保全制度适用时应具备一定的条件，故人民法院在决定是否发布禁诉令时，应结合行为保全适用的条件进行分析考量并最终作出决定。根据民事诉讼法的相关规定，采取行为保全的根本原因是不采取保全措施将使当事人或利害关系人的合法权益受到难以弥补的损害。在适用禁诉令的场合，目前我国法院可综合考虑争议的主体、内容、性质、对我国司法管辖的影响及国际礼让原则等因素决定是否签发禁诉令。

此外，主张以行为保全实现禁诉令功能的学者认为，未来有必要以司法解释明确以行为保全制度发挥禁诉令的功能；同时主张将级别管辖调整到中级法院以上；对于违反我国行为保全裁定，给申请人造成损失的，可以要求对方赔偿损失。② 总的来看，该观点主张将禁诉令制度归入行为保全制度的范畴，无须确立单独的禁诉令制度。

相反观点则认为，《民事诉讼法》中的行为保全制度并不能起到禁诉令的效果。并认为，行为保全制度本身不针对起诉行为也不涉及管辖权争夺，只是要求行为人"停止侵害""消除危险"；而禁诉令是在国际平行诉讼中应对管辖权冲突而存在的法律条款，解决当事人在他国另行提起诉讼的行为，是一国争夺管辖权的有效手段，体现为禁止申请人在他国申请执行或者提起诉讼。笔者对此持赞同态度。总的来说，现有行为保全制度不能用来解决禁诉令问题的理由，可以概括为以下几点。

首先，行为保全制度不同于禁诉令制度，勉强将之用于禁诉令实践，难免带来理论上的牵强附会。如前所述，行为保全制度主要是法院在诉前或诉中为了避免一方当事人损失扩大或将来判决难以执行，从而责令另一方为或

---

① 宾岳成：《禁诉令性质的行为保全裁定之考量因素及保障措施——我国知识产权诉讼首例禁诉令裁定解读》，载《法律适用》2021年第4期。
② 李晓枫：《论以我国行为保全制度实现禁诉令功能》，载《法学杂志》2015年第7期。

不为一定行为。显然，这些行为指的是影响当事人实体权益的行为，而并非起诉行为。从本质上讲，诉讼可以理解为行为保全制度适用的载体，没有诉讼也就没有行为保全的存在空间。易言之，起诉是行为保全发生的前提或基础，这一点甚至在诉前行为保全中也不能例外。而禁诉令作为禁止对方提起诉讼或申请执行的行为，显然属于对作为前提的起诉行为的限制，其完全不同于诉讼开始前或开始后对损害他人实体权益的行为的限制。正是因为存在上述不同，如果扩大适用，就会带来理论上的难以自洽。例如，我国行为保全裁定作出后是不能提起上诉的，在行为保全作出后，依法可以向法院申请复议。但我们看到，在禁诉令中，对于受到禁诉令限制的当事人可以申请上诉。故将两个完全不同的制度混为一谈，必然会带来理论上的牵强附会，从而最终影响我国法律的权威性。

其次，禁诉令涉及的内容明显超越了行为保全制度的考量范畴。由于禁诉令主要适用于国际平行诉讼的场合，因此该制度的适用必然涉及海外法院的管辖权以及他国法院裁决的效力。而法院在考量是否签发禁诉令时，也需考量国际礼让和国家关系等因素。因此，就禁诉令涉及的内容而言，已经远远超越了行为保全立法者所能预见的难度，以及难以预见的国际压力与影响力。①

最后，禁诉令在程序上如果缺失其应有的正义性，就很容易受到国外有关组织的质疑。②既然行为保全完全不同于禁诉令，如果在涉外知识产权诉讼中以其来解决禁诉令的签发问题，就容易让国外公司和国外组织质疑。2022年2月，欧盟驻世贸组织代表团向我国提出磋商请求，认为我国最高人民法院近两年所做出的有关禁诉令的裁决不符合《与贸易有关的知识产权协定》（以下简称《TRIPS协定》）及《中国加入世贸组织议定书》项下的有关义务。③尽管上述质疑并非从禁诉令的法律依据角度展开的，但这也表明，随着我国禁诉实践的不断发展，加强禁诉令理论和立法支撑将更加重要，否则也会影

---

① 黄菁茹：《中国首例禁诉令谦抑与确定》，载《科技·知产财经》2021 年第 4 期。
② 张卫平：《我国禁诉令的建构与实施》，载《中国法律评论》2022 年第 2 期。
③ 马乐：《欧盟对中国法院标准必要专利禁诉令裁决的质疑是否合理》，载知产财经，https://www.ipeconomy.cn/index.php/index/news/magazine_details/id/4623.html，最后访问时间：2023 年 10 月 26 日。

响我国法律的权威和司法公信力。

为此，从现有行为保全理论储备看，其并不能合法、有效地被用来解决禁诉令问题，故确立单独的禁诉令制度有理论必要性。

第四节　域外禁诉令制度比较分析

一、英国禁诉令制度

禁诉令起源于 16 世纪的英国。英国王室法院最初创立禁诉令是为了扩充自己的管辖权以达到压制教会法院的目的。在英国司法系统中衡平法院与普通法院的关系依旧如此。现如今，禁诉令被用作解决国际司法管辖权冲突，成为维护本国司法主权和保护当事人利益的有效手段。根据上述禁诉令制度的由来可以看出其设置的基础就是限制对方的权利，如今同样被用于处理国际平行诉讼，带来的效果是间接地干预了他国的司法主权，违背了国际礼让原则。英国现代意义上的国际禁诉令源自 1821 年衡平法院的 Bushby v. Munday 案。[①] 该案中，司法次臣签署了禁诉令，禁止当事人在苏格兰提起诉讼。此后，英国禁诉令制度由衡平法院处理国内管辖权冲突演变为处理国际管辖权。英国禁诉令的主要法律依据是 1981 年《高等法院法》（Senior Court Act）第 37 条以及英国 1996 年《仲裁法》第 44 条。初期只向在英格兰有住所或者有财产的当事人签发禁诉令，而后不断发展成只要与英国有实际联系或者是英国意图保护的利益，即使签发的对象不在英国也可以签发禁诉令。[②] 根据英国《高等法院法》第 37 条，英国高等法院有权在认为公平和便利的任何情况下签发禁诉令。在英国仲裁法中也存在可以签发禁诉令的相应条款。

当事人若触犯禁诉令，在英资产会受到查封冻结，甚至还会被禁诉令所规定的藐视法庭罪惩罚。同时，英国法院还会拒绝执行当事人申请的外国法

[①] Bushby v. Munday, 1821 WL 2134.
[②] 欧福永：《英国民商事管辖权制度的主要特色及其对我国的启示》，载《浙江社会科学》2007 年第 3 期。

院判决。此外，禁诉令带来的惩罚效果是长久性的，受到惩罚的当事人除非自愿受罚，否则在与英国的一切往来中都会受到限制。显然，禁诉令对于当事人的威慑力往往取决于禁诉令的签发国家与禁诉令所针对的当事人之间的关联是否密切。①

英国法官在司法实践中对禁诉令的基本规则也进行了总结，签发禁诉令需要满足两个条件：一是英国法院是案件争议的自然法院，二是在外国法院提起的诉讼是令人困扰的或是压迫的。这两个条件是递进性质的，只有先满足英国法院与案件有实质性的联系，才可以考量第二个条件。对于第二个条件，英国法院并没有进行法律条文的明确列举，而是在审判实践中不断摸索，形成总结。具体包括当事人之间存在排他性约定由英国法院管辖的协议，或者英国仲裁的协议；或是外国诉讼是违背良心、不正义的；或是保护英国法院的管辖权。这种没有明确成文的规定，给了法官较大的自由裁量权，容易导致滥用禁诉令的情况出现，违背国际礼让原则，不利于国际关系。

二、美国禁诉令制度

美国受英国禁诉令的影响，也创立了禁诉令制度。美国的禁诉令制度最早用于解决联邦法院与各州法院之间的管辖冲突，只是简单地要求联邦法院不能颁发禁诉令禁止各州法院的诉讼。而后不断发展，对禁诉令制度的适用也进行了修改，1874年美国国会在之前规定的基础之上增加了破产案件除外的情形。另外在1948年再次修改，扩充了例外情形，包括：（1）国会立法的明文规定；（2）保护管辖权的必要；（3）保护判决或者使判决有效。当时禁诉令制度还没有涉及国际问题，经过漫长的司法实践和探索才逐步确立了适合美国国情的禁诉令制度。现今美国各州法院对于禁诉令的颁发存在不同的标准，大体分为严苛标准和宽松标准。

美国的第二、第三、第六巡回上诉法院和哥伦比亚特区上诉法院采用的是严苛标准。该标准更加注重国际礼让原则在各国之间的关系。当两国都签发禁诉令时则不利于当事人争议得到真正的解决，也会被视为对其他国家司

---

① 欧福永：《国际民事诉讼中的禁诉令》，北京大学出版社2007年版，第263页。

法制度的不认可，因此上述法院对于禁诉令的颁发采取谨慎的态度。只有在他国法院试图获得排他性管辖或者损害本国法院的专属管辖，以及对于国内公共政策造成恶劣影响的情况下才颁发禁诉令。

第一、第五、第七、第八、第九等上诉巡回法庭则采用宽松的标准颁发禁诉令。上述法院认为快速有效的解决争议比注重国际礼让原则更加重要。当争议存在困扰、欺压性或者有偏见等情形时，法院就会颁发禁诉令。禁诉令的颁发有利于解决纠纷，避免产生巨额费用，有助于高效率地解决国际平行诉讼案件。

1793年美国国会通过了《反强制禁止法案》，反对由美国联邦法院作出的禁诉令，规定联邦法院不得禁止州法院的诉讼。此外，1948年，美国通过的相关法案也规定，美国的任何法院除非得到明确授权，或为了行使自己的管辖权，以及为保护法院的判决，否则不得签发禁诉令禁止州法院的诉讼。

三、欧盟禁诉令制度

欧盟一般不承认禁诉令制度，认为禁诉令制度有损一国司法主权。《布鲁塞尔公约》第21条中的"最先受诉法院原则"规定了成员之间的内部冲突解决规则。欧盟成员之间在出现国际平行诉讼问题时，相同当事人就同一诉因向不同国家法院起诉时，后受案的法院应该主动放弃管辖权，由最先受案的法院审判。在 Phillip Alexander Securities and Futures Limited v.Bamberger others 案中，德国法院拒绝执行英国的禁诉令，因其侵犯了德国的司法主权。[①] 禁诉令在比利时不被承认，因为它与比利时的公共政策相抵触，与《欧洲人权公约》第6条冲突。[②] 英国法院继2007年的 The Front Comor 案[③]后，再也没有发出限制当事人在欧盟成员中的法院进行诉讼。

---

① Phillip Alexander Securities and Futures Limited v. Bamberger and others [1997] I.L.Pr.73.
② Civ. Bruzelles, 18 déc. 1989, R.W. 1990–1991, p.676.
③ 彭先伟：《禁诉令的终结？——评欧盟法院就 the "FRONT COMOR" 案的裁决》，载《中国海商法年刊》2009年第4期。

欧盟认为成员之间的信任极其重要，英国的禁诉令制度会干预他国的司法主权，不利于成员之间的信任关系，故不符合公约内部的规定。

四、域外禁诉令制度借鉴

通过分析和比对各国法院针对当事人签发的禁诉令案例，不难发现在签发对象、考量因素、法律后果等方面存在一定的共性。体现为以下基本特征：一是签发法院认为自己具有管辖权是基本要求；二是签发的对象是当事人而非外国法院；三是域外诉讼或当事人申请域外裁判文书对签发国可能产生的影响以及国际礼让是通常考量的因素；四是对等原则通常并非禁诉令签发的考量因素；五是禁诉令以强制措施为保障。

在禁诉令签发的考量因素方面，英国禁诉令制度中的签发原则是值得我们学习的，随着英国禁诉令制度的发展，"谨慎签发"原则是英国处理国际平行诉讼，保护与本国有利益关系的当事人的重要手段。重视禁诉令制度的适用也是保护国家司法主权的有效方式。随着禁诉令适用范围的扩张，伦敦仲裁业务的繁荣，禁诉令的支持显得不可或缺。

美国禁诉令分为不同适用标准，区别开来更显得对禁诉令制度本身的重视。美国对禁诉令的态度主要取决于不同法院的态度，而不同法院中法官的自由裁量权则决定了美国与其他国家管辖是否产生冲突。

欧盟对禁诉令持反对态度，立场鲜明，明确具体。认为禁诉令的根本性质就是干预他国的司法主权，不利于欧盟内部成员之间的信任共处，故确立了公约以抵消禁诉令的影响，也是抵御其他国家干涉司法主权的有效手段。

第五节　涉外知识产权诉讼中禁诉令制度的具体构建

一、确立单独的禁诉令制度

如前所述，不方便法院原则、最先受诉法院原则无法完全解决国际平行诉讼中的争议。而行为保全制度由于在适用范围、制度目的、具体诉求以及签发的考量因素方面都完全不同于禁诉令。因此，在国外很多法院将禁诉令作为获得司法管辖权的强硬手段的今天，我国确立单独的禁诉令制度十分必要。一旦确立单独的禁诉令制度，在具体司法实践中，法院就可以避免适用"禁诉令性质的行为保全"这样从法理和制度层面都缺乏明确支撑的表述来解决禁诉令问题。具体而言，可以通过对民事诉讼法涉外民事案件管辖权制度进行修改，确立单独签发禁诉令制度的具体规则。

二、明确规定禁诉令的具体内容

（一）明确禁诉令适用的案件范围

对于禁诉令究竟在何种案件中可以采用，目前学术界也有不同的观点。禁诉令是两国之间的司法管辖权争议，其所涉及的问题却远远超越管辖权争议。这些问题包括如何与现有的国际平行诉讼理论契合，如何与我国改革开放、促进国际民商事交往的政策契合，等等。目前，有学者认为，几乎所有案件都存在禁诉令的需求，包括股权纠纷、继承纠纷等各类民商事纠纷，进而主张结合我国经济和社会发展的需求，应当将禁诉令拓展到所有案件。[①] 笔者认为，在我国大力发展国际民商事交往，并通过共建"一带一路"倡议拓展对外贸易的当下，可将禁诉令局限于涉外知识产权案件，因为在复杂的国际环境中，知识产权已经日益成为国际竞争的锚点，且这类案件直接关涉到我国知识产权战略的实施，以及我国高科技企业的国际竞争力，因此，在涉外知识产权案件中确立禁诉令制度十分必要。而对于其他类型纠纷可尽量在现有的国际平行诉讼相关理论框架下加以解决。正如有学者所指出的那样，域外国家对国际平行诉讼的协调实践，既反映出各国在促进国际民商事交往及维护国际民商事秩序上所付出的努力，亦凸显了各国对外国法院诉讼系属的尊重。因此，在国际平行诉讼中坚持司法礼让原则，是切实保障民商事关系当事人权益的必然要求。[②]

[①] 张卫平：《我国禁诉令的建构与实施》，载《中国法律评论》2022年第2期。
[②] 刘仁山、陈杰：《我国面临的国际平行诉讼问题与协调对策》，载《东岳论丛》2019年第12期。

（二）明确禁诉令的提起时间和提起主体

禁诉令的提起时间应局限于在诉讼过程中。在行为保全制度中，我国目前立法和司法解释规定可以提起诉前禁令，这主要是考量某些损害对方当事人权益的行为如不立刻加以制止，就会严重损害当事人的合法权益。但是在禁诉令制度中，禁诉令主要禁止在他国法院提起诉讼或申请执行，其紧迫性有别于行为保全。另外，由于禁诉令主要是用来解决国际平行诉讼的问题的，本质上也要求诉讼处于诉讼系属状态方可产生禁止在他国诉讼的问题。因此，在禁诉令的申请中，应将其时段限制在诉讼过程中。

禁诉令的提起主体，主要是指何人可以启动禁诉令程序。显然，双方当事人应该是禁诉令的提起主体，即在涉外知识产权纠纷中的当事人依法可以启动禁诉令的申请程序。众所周知，我国现有的行为保全制度可以由法院依据职权作出。那么禁诉令是否可以由法院依职权作出呢？笔者对此持否定态度，这是因为世界范围内民事诉讼的主要模式是当事人主义。当事人主义强调尊重当事人的处分权，而是否需要通过禁诉令方式阻止对方当事人提起诉讼或申请执行也是当事人处分权的重要内容，因此，由当事人自主决定是否申请禁诉令是当事人主义诉讼模式的内在要求。另外，如果法院可以依职权启动禁诉令程序，容易加剧国家间的冲突，不利于国际平行诉讼中管辖权冲突的解决。

（三）明确禁诉令的裁决方式

对于禁诉令而言，其属于受诉法院对程序事项的处理，因此理应采取裁定方式做出。对于该裁定的效力，笔者主张应规定其可以提起上诉。这是因为，在国内民事诉讼中，有关不予受理、驳回起诉的裁定都是可以提起上诉的裁定。这是考量到上述裁定与当事人的实体权益关系密切，所涉权益重大。对于禁诉令裁决而言，其会带来当事人在他国诉讼能否提起诉讼或申请执行的问题，对当事人的实体权益影响很大。因此，应明确规定不服禁诉令的当事人可以依法提起上诉。

（四）明确违反禁诉令的处罚

禁诉令既然是国家对当事人签发的强制性命令，就应具有法律上的强制约束力。如果一国法院颁发的禁诉令对于当事人来说没有任何实质性的影响，那么此制度也就形同虚设。目前，实施禁诉令制度的国家通常规定有相应的制裁措施来保证禁诉令的有效实施。例如，在美国，由于禁诉令属于法院的裁定，因为违背者将依据《联邦民事诉讼规则》第 37 条规定予以处罚。即对于不服从规定的当事人，美国法院可以以藐视法庭罪、懈怠判决予以认定，并判处其公司法定代表人或者高级管理人员监禁或罚金。如果当事人在美国有财产，则禁诉令对其的影响就极为明显。这其实也是收到国外法院禁诉令的公司对其不得不遵守的重要理由。事实上，这种威慑力对我国涉外企业、银行、保险等的影响也是巨大的，它严重阻碍了我国当事人在国内法院的诉讼进程和国外的资金安全。至于英国，则是通过《藐视法庭法》对违反禁诉令的行为进行制裁。根据该法第 14 条的规定，对于违反禁诉令的行为会被认定为藐视法庭的行为，并被法院判处当事人一个月以下的监禁和不超过 2500 英镑的罚金，而高等法院有权判决更长期限的监禁及更高额的罚金。可见，明确禁诉令的效力，对于禁诉令的实施具有保障作用。笔者认为，在构建我国禁诉令制度时，也应对违反禁诉令的处罚明确加以规定。

由于禁诉令主要是针对被申请一方当事人签发的，因此禁诉令颁发后，当事人有义务根据禁诉令的规定为或者不为某项行为。而其效力也主要体现在禁止另一方当事人在他国提起诉讼或申请执行。由于禁诉令属于法院的命令，本质上属于法院裁判。因此，如果当事人不加以遵守的话，就构成妨害民事诉讼的行为，可以依据我国民事诉讼法中有关妨害民事诉讼行为的规定，对其采取相应的强制措施。根据我国《民事诉讼法》第 114 条的规定，对拒不履行人民法院已经发生法律效力的判决、裁定的行为，法院进行罚款、拘留直至依法追究刑事责任。我们看到，在康文森与华为公司费率纠纷案中，我国法院就审慎探索了日罚金制度，即对不遵守裁定的当事人处以日罚款并按日积累的罚则，也为我国制裁违反禁诉令行为探索和积累了宝贵的经验。①

---

① 张卫平：《我国禁诉令的建构与实施》，载《中国法律评论》2022 年第 2 期。

除了罚款这一强制措施外,还可以对违反禁诉令的当事人进行司法拘留,即相关当事人或主要负责人如在我国境内可被处以司法拘留,限制其人身自由。

除了上述手段外,还可以采取程序制裁的方式。即如果收到禁诉令的当事人仍继续向他国提起诉讼或者继续参加诉讼的,对该外国法院的判决我国法院可以拒绝承认并拒绝执行。程序制裁从程序上使得外国法院的裁判在我国难以获得执行,对对方当事人也有一定的威慑力。当然,在英美法系国家,由于其多规定有藐视法庭罪,所以一般不遵守法院的判决都会被视为藐视法庭并受到一定的处罚。也有学者主张借鉴该制度,但事实上,我国有关拒不执行判决裁定的相应处罚基本可以解决这一问题,并无必要引进藐视法庭罪加以制裁。

三、明确签发禁诉令制度的考量因素

尽管禁诉令制度有利于维护本国当事人在涉外诉讼中的有利地位,维护国家司法主权,但是并不意味着禁诉令可以随意签发。随意签发必然带来两国矛盾冲突的加剧,甚至影响知识产权领域的合作。对于签发的具体条件,应注意以下几点。

(一)我国法院对纠纷具有合法正当的管辖权

首先,需要考虑我国受理该案件具有合法依据。当争议双方当事人事先就争议解决的方案有约定在我国仲裁或者约定由我国的法院管辖,就是享受了不在外国法院受诉的特殊权利。如果在诉讼过程中,另一方当事人向他国提起诉讼,则我国可以基于上述原因签发禁诉令。其次,若案件由我国专属管辖,意味着管辖权的行使事关公共政策,专属管辖是不可放弃、要坚决维护的。专属管辖是一个国家在司法领域内享有主权的体现。它意味着不承认外国对特定案件的管辖权,如果外国法院受理了本应由本国法院管辖的案件并作出裁判结果,则会被视为侵犯了本国的司法主权。最后,也是最重要的是,即使存在数个合法的管辖权法院,由于在先受理法院原则并不是通用的国际准则,且在我国法律中,也并未明确在先受理法院原则,因此法院在签发禁诉令时,主要考量的是外国法院是否属于与案件不存在实质联系的不方

便法院，以及在外国法院进行诉讼是否令人困扰。如果依据最密切联系原则，我国法院与争议案件有最密切联系，则我国法院依法也可以签发禁诉令。

(二) 在外国法院进行诉讼是具有压迫性的

该原则在禁诉令签发中具有重要考量意义。事实上，这也是我国法院在签发禁诉令时的首要考量标准。我国作为负责任的大国，一直重视国际礼让原则，避免损害国家间的关系，故只有外国的诉讼是令人困扰、压迫的，我国方可签发禁诉令。

所谓令人困扰、压迫的，应着重于从不签发禁诉令对申请人的损害等方面加以分析。例如，在康文森与华为诉讼案中，如果康文森公司申请执行德国法院判决，华为公司就得被迫接受远远高于中国法院的费率标准，或者选择退出德国市场。而退出市场对一个企业来说往往是灾难性的。华为公司为了避免退出市场就只能选择和解，接受高额费率。此时，德国法院的判决如果得到执行，华为公司所面临的实质损害无疑可以理解为令人困扰和压迫的。而这其实也意味着我国法院受理的案件失去了继续审理和判决的必要性。同样地，在小米与美国交互数字公司诉讼案中，对于我国法院的通知，美国交互数字公司置之不理，并在国外提起诉讼，此时美国交互数字公司的诉讼意图明显在于排除我国法院的管辖权，对此，我国法院指出其行为构成"抵消本案诉讼，对本案审理程序构成干扰和妨碍，主观意图十分明显"。这一分析，其实质也是指出对方在国外进行的诉讼是令人困扰和压迫的。

另外，综合考量双方当事人所受到的损害也是判断诉讼是不是令人困扰、压迫的一个因素，即通过对双方利益的衡量来判断应否签发禁诉令。例如在康文森案件中，如果我国法院不签发禁诉令，则意味着华为公司退出市场，承受外国法院判决的高额费率，损失的是长久的商业机会和诉讼利益；而康文森损害的可能仅仅是费率适用费这一经济利益。通过这样的对比，也可以对诉讼是不是令人困扰和压迫进行判断。

(三) 充分考量国际礼让原则

礼让原则是解决国际诉讼管辖权冲突的理论依据。礼让学说最早是由荷兰国际私法学者胡伯提出的。他在《论罗马法与现行法》一书中提出了礼让三原则。美国联邦最高法院雷格法官对该原则的内涵加以完善与丰富。他指出:"法律意义上的礼让,既不是一项绝对义务,也不仅仅是礼貌和善意。它是一国本着对国际义务的应有重视,对其公民及其法律保护下的其他人的权利的应有尊重,而在其领土内允许对另一国的立法、行政和司法的认可。"① 在笔者看来,由于禁诉令本质上是管辖权争夺,其适用很容易带来两国间司法管辖权的冲突。秉承礼让原则可以让该争夺更有理性,以排除对禁诉令的滥用。这既是对不同国家管辖权的尊重,也可以进一步体现国际私法领域管辖权的处理原则,即一国法院应当合法正当行使管辖权,既要坚持国家司法主权原则,也要对本国司法管辖权进行自我克制。

在国际礼让原则适用中,可以考虑从案件受理时间先后、案件管辖权是否适当、对外国法院审理和裁判影响的程度三个方面综合加以判断。

(四)不损害公共利益及国家利益原则

在公共利益方面,包括两个方面:一是案件本身对公共利益的影响。在Laker案中,原告称被告的掠夺性行为致使其破产,使得廉价的跨大西洋航空服务不复存在,导致众多美国消费者受损,美国法院基于《谢尔曼法》保护公共利益的目的,支持了原告的主张。② 二是颁发禁诉令对公共利益的影响。在华为诉康文森案中,最高人民法院专门考虑了行为保全(即禁执令)对公共利益的影响,认为"行为保全的对象是禁止康文森公司在本院终审判决作出前申请执行杜塞尔多夫法院的停止侵权判决,不影响公共利益"③,因而颁发了禁执令。

在国家利益方面,由于扩张管辖权本身便是有利可图的,任何涉及禁诉令的案件都可能被国家利益所涵盖,因此对国家利益应作限缩性的解释,仅包括国家秘密、军事安全、打击犯罪等少数情形。例如在戴维斯案中,戴维斯因涉嫌触犯11项罪名在美国被提起公诉,美国政府要求开曼群岛的一家银

---

① Hilton v. GUyo, 159 U.S 1985, p.113.
② 彭奕:《我国内地适用禁诉令制度探析》,载《武汉大学学报(哲学社会科学版)》2012年第5期。
③ 李红海:《自足的普通法与不自足的衡平法——论英国普通法与衡平法的关系》,载《清华法学》2020年第6期。

行提供其账户记录,而戴维斯在开曼群岛提起诉讼阻止银行提供相关信息。美国法院认为,美国在有效执行其刑法方面具有强烈的国家利益,开曼群岛在保护银行客户的隐私方面也有着重要的国家利益,但被告是美国公民,美国法院要求公民披露其外国银行账户,如果禁止被告在开曼群岛的诉讼不会损害开曼群岛的国家利益,因此美国法院颁发了禁诉令。①

从目前我国已经签发的禁诉令来看,基本体现了上述原则,在康文森案中,我国法院受理在先,申请行为保全并不影响德国杜塞尔多夫法院的一审判决,只是暂缓执行,并没有影响德国法院的判决效力。此时签发禁诉令,既维护了我国国家司法主权,也适当考量了对方的国家利益,充分体现了礼让原则。而在交互数字公司案中,法院判决说理涉及了以下内容:首先,交互数字公司不配合武汉市中级人民法院开展诉讼活动,以在印度法院提起诉讼的方式试图逃避管辖,抵消诉讼,对案件的审理造成各种干扰。其次,交互数字公司在印度提起的禁令程序实质性地影响到了双方标准必要专利许可谈判的达成。涉嫌滥用标准必要专利中的权力救济程序。再次,被申请人申请德里地方法院发动临时禁令和永久禁令严重损害了申请人的合法利益,破坏了双方间关于费率许可的达成。最后,武汉市中级人民法院指出,其发布的禁诉令并不会给被申请人交互数字公司持有的标准必要专利本身造成任何实质性的损害,不影响公共利益。这一案件,充分诠释了禁诉令签发时应予考量的要素。

---

① 苏力:《制度是如何形成的》,北京大学出版社 2007 年版。

第六章
商标侵权诉讼中的诉前禁令

在商标侵权中,对于权利人而言,最重要的是阻止侵权,让商标在原来的状态下继续经营,如果这种模式遭到破坏,肯定会引起纠纷,权利人想要获得赔偿,过程就比较艰难,能够保持商标一直是原来没有被侵害的状态一方面是防御侵权行为,另一方面能有效补偿损失。诉前禁令就是商标侵权救济中的有效办法,它有其独特的作用,是其他的民事救济方式代替不了的。近年来,不断发生各种商标侵权的案件,人们越来越认识到诉前禁令的重要性,很多时候都会选择诉前禁令来进行救济。

第一节 商标诉前禁令制度概述

一、诉前禁令的概念

禁令,是指在诉讼过程中,当侵权行为明显成立时,司法机关根据当事人的申请,责令侵权人实施某种行为或禁止其实施某种行为的诉讼制度。也可以称为禁止令、强制令,原始含义是停止侵权。[①] 禁令对我国来说是一种外来品,是从英美法移植过来的概念。禁令按不同的标准有不同的分类,而诉前禁令就是其中一种。诉前禁令是指案件发生后,权利人还没有来得及起诉就先去法院申请颁布让侵权人不能继续违法的命令。为了防止行为延迟使权

---

① 吴登楼:《论知识产权诉讼中的禁止令制度》,载《政治与法律》2000年第2期。

利人受到不可弥补的损害或者导致证据有被销毁的危险，法院可以根据权利人的请求采取及时的行为。

二、诉前禁令产生的原因

禁令起源于英美法系，英美法系一般分为普通法和衡平法两种救济方式，在诉讼救济中使用禁令就属于衡平法救济。一般情况下，在知识产权侵权行为中，权利人遭受侵害后，使用普通法救济，往往需要在实体诉讼程序中耗费很长的时间，这种赔偿需要等到程序结束后才能得到，这时候权利人的经济利益已经损失，只能得到补偿。这种救济方式不仅花费时间和精力，而且使许多案件得不到有效赔偿，对于权利人来说也不是最好的选择。在普通法救济程序中，等待法院最后宣判期间，侵权行为还没有停止，法院也没有权利制止这种行为，那么公平正义谈何实现？这就是这种救济方式的缺陷。正是在这种情况下，产生了诉前禁令。

在英美法系中，根据禁令发布时间的不同，可以分为三种，即起诉前发布的诉前禁令、诉讼中发布的初步禁令和诉讼结束后发布的永久禁令。在起诉前发布诉前禁令，就能很快地制止侵权行为，这样就避免了浪费时间，从而减少损害。"迟来的正义便是非正义"，诉前禁令的目的就是及时地制止即将实施或正在实施的侵权行为，以达到正义迅速实现之目的。① 正是由于诉前禁令能发挥其他禁令没有的作用，所以在知识产权的侵权案件中经常被用到，并且发挥了巨大的作用。在案件中，可以说时间就是金钱，迟一分钟阻止侵权行为，就迟一分钟减少损失，有时候这一分钟甚至可以挽救颓势。

三、诉前禁令的特征

两大法系的法律渊源和法律制度有诸多不同，诉前禁令亦如此。在英美法中，诉前禁令被称为禁令制度，在大陆法系中则发展成了假处分制度。

---

① 张广良：《知识产权侵权民事救济》，法律出版社2003年版，第46页。

因为起源相同，所以这两种法系的诉前禁令有其相同之处，但又因为不同法系的特点，也存在差别。共同之处在于产生于同一法理基础，所以在价值目标、基本构造、适用条件等方面比较相似，差别则表现在怎么去提起诉讼，应该起诉什么内容。大陆法系的民事诉讼分为确认之诉、形成之诉、给付之诉，英美法系则分为普通法救济和衡平法救济。在民事救济领域中，基于同一救济原理，却有不同的分类，即分为处罚性救济和预防性救济。处罚性救济是对行为人的侵权行为进行处罚，前提是发生了侵权行为造成了损失，事情发生后才去救济，只能根据损害来处罚侵权人，诉讼方式有两种即给付之诉和形成之诉；预防性救济就是事前进行防卫的，在损害没有发生之前提前救济，让权利保持不被侵害的状态，预防性救济主要是通过确认之诉和申请禁令来实行的。这种分类并没有导致两大法系出现裂痕，反而确定了它们共同的法理基础和同样的本质。我们知道，诉前禁令作为一种民事救济手段有着无可替代的作用，这种预防性救济突破了传统的损害发生后取得事后补偿的救济方式即处罚性救济，也扩大了救济的范围。从这两种法系对诉前禁令的影响中，我们可以看到诉前禁令的特征有以下几点。

（一）诉前禁令具有预防性

相对于普通的民事救济程序而言，诉前禁令具有事前防卫性。普通的民事救济是原告在自己的权利受到侵害后才去起诉，从而得到事后补偿，并且在起诉过程中法官判决前，侵权行为一直在进行，没有得到很好的控制。诉前禁令则是在审判之前就发挥作用，制止行为继续进行，避免损失的扩大，甚至可以避免损害的发生，与普通的民事救济相比较，诉前禁令的预防性非常重要。在现代社会中，由于知识产权是看不见摸不着的，一旦发生侵权行为，知识产权人想要保护自己的权利时就有一定的困难，而诉前禁令可以冻结侵权行为，保持原来的权利状态，对知识产权的保护有一定的优势。

（二）诉前禁令是一种行为保全救济

保全制度是一种确保当事人通过诉讼取得的结果得以实现的制度，保全制度和诉讼程序有着密切的关系。① 诉前禁令、先予执行、财产保全是民事诉讼程序的三种保全措施。与其他两种保全措施相比，诉前禁令有自己的独特之处。保全根据不同的标准有不同的分类，比如行为保全和财产保全。先予执行主要是起诉人目前的生产生活需要不能得到保障，无法生存下去，法院只能在判决前让侵权人先支付一部分钱财或物品。② 先予执行发生在诉讼过程中，案件事实已经清楚，为了满足权利人的迫切需要，比如赡养费、抚养费、抚恤金等，提前让他们行使自己的权利。财产保全是指权利人提出申请并且提供担保，让法院对侵权人与本案有关的财物进行保全，保证判决结果出来后法院能够执行下去。财产保全发生在诉讼之前，主要作用是保证法院判决能够顺利执行，在法院判决后有可执行的财产。由此可知，不同于财产保全制度中的先予执行和财产保全，诉前禁令是一种行为保全救济，它主要是禁止侵权行为，与财产无关。

（三）诉前禁令具有紧迫性和临时性

与一般的民事救济程序相比较，诉前禁令适用时就比较紧急。普通的民事救济程序过程比较漫长复杂，权利人已经遭受到了损害，就算最后能够胜诉，也会因为耗费巨大的时间精力而失去本来的目的，因此权利人选择程序简便的诉前禁令来进行救济也是无可厚非的。诉前禁令从三个方面来表现紧急：第一，情况紧急时，如果不发布禁令权利人就会被侵害遭受损失。第二，法院对是否颁发禁令进行审查的时间比较紧急。第三，诉前禁令的决定得马上执行。③ 因此，各个国家对诉前禁令的规定都比较简便和迅速，尤其在审查程序上。例如法国的"紧急审理程序"直接在定义上就表现出了紧迫性的特点。④ 而英国的诉前禁令只是依据原告单方面的申请禁令就作出裁定，即使高等法院和地方法院作出禁令裁定，也不会在通知时送给对方。这种简易化的

---

① 张淑隽、刘园园：《论行为保全——兼论我国民诉法设立行为保全制度的必要性》，载《法律适用》2006 年第 5 期。
② 江伟主编：《民事诉讼法》（第四版），高等教育出版社 2013 年版，第 246 页。
③ 张江涛、薛波：《美国中间禁令探讨》，载《北京理工大学学报（社会科学版）》2005 年第 3 期。
④ 沈达明：《比较民事诉讼法初论》，中国法制出版社 2002 年版。

程序一方面避免了权利人因为程序漫长冗杂而失去及时救济的意义，另一方面却增加了诉前禁令被随意滥用的概率。

法院根据申请人停止侵权的请求作出的判决是永久性的，而诉前禁令只是一种临时救济的方式，在大陆法系中，诉前禁令被称为"假处分"，"假"就是暂时、临时的意思。诉前禁令的颁布往往是法官根据权利人的申请或者简单的交流决定的，不用经过审判判决，也不用评论案件情况，只需要证明存在一定的胜诉可能性，当然申请人还是需要说清楚申请的事实和理由的。同样地，法院还要审查权利人有没有提供必要的担保，这也是核发诉前禁令的一个考察要件。诉前禁令和永久禁令最大的区别是发布时间和效力期间不同，从发布时间来看，只要法院没有最后判决，就可以去发布；从效力期间来看，一旦案件被判决，有了正式结论，诉前禁令也就失去了意义。因此，诉前禁令只是暂时的一种行为，不用去确定权利的归属，更多的是满足权利救济的紧迫。

四、商标诉前禁令的概念及其特殊性

（一）商标诉前禁令的概念

所谓商标诉前禁令，是指在商标范围内，商标权人的商标专用权被侵犯时，能在起诉前获得救济帮助，及时阻止发生侵权行为或者侵权发生后也能阻止继续侵权，快速有效阻止商标被侵害。商标权属于知识产权的一种，具有无形性，也不容易被控制，我们可以看到商标经常会受到侵害，尤其是品牌商标，可以说是防不胜防。商标一旦受到侵害，经济损失在一定时间内无法恢复。一般这种情况下，我们会选择诉讼方式来解决，但实践证明这种方式的缺陷显而易见，那就是时间上的滞后性。商标侵权类案件本来就比较复杂，其诉讼期限也比一般案件长，等到案件结束后再采取措施，其后果也就无法补偿，比如其商标的信誉受到影响，市场份额减少等。所以，在这种案件中，我们要体现时间的重要性，商标诉前禁令自然受到了大部分国家的欢迎，因为其能够及时地制止侵权行为。

我国知识产权领域引入了诉前禁令，尤其是专利领域研究的理论多，应用的案件也多，但本书选择研究商标诉前禁令有自己的考虑，也看到了商标诉前禁令的美好前景。由于商标的特殊性和商标保护原理，商标的诉前禁令有自己的独特性。商标包括两个组成部分，即商标标志和其所代表的商品信息，商标是商标标志和商品信息的结合体。① 商标标志本身不算是产品，不过当它表现出自身的信息时，它就可以被买卖，也可以被社会大众认识。商标权的独特性主要有：第一，从制度设立的目的来看，专利权和著作权的目的是鼓励创新和刺激创作，有专利权和著作权的保护，才会有越来越多的专利产品和著作品产生，才能创造更多的优秀产品。而商标权制度的目的则是维护商品交易秩序，在销售商品的过程中，商家想要卖出去更多的商品，获得更多的利益，就要有自身的独特之处，这样才能在竞争中获得有利的地位，因此商家对商品进行了标记，但这种"标记商品"又很容易被模仿从而出现混乱，于是商标权保护制度出现了。第二，从商标的经济功能来看，即商标将其所代表的商品信息，尤其是不容易观察到的信息，以一种比较直观、简便的方式向消费者表达出来，消费者也能获得商品经营者所知道的信息，这样消费者就有把握买到物美价廉并且适合自己的商品。在商品交易过程中，消费者经常处于不利的地位，因为消费者了解的商品信息往往来源于经营者的介绍或宣传，对其质量包装等了解的渠道很少。我们买商品时一般会去看商品的大小、气味、外观、形状等能直接看到的信息，但这些信息很容易被模仿，出现在别的产品里，这就需要商品经营者以自己的独特优势吸引顾客，比如好的产品质量、良好的企业信誉等。同样地，商品经营者也需要创立自己的商标使其在同类产品中脱颖而出，这就是所谓的品牌优势。而专利权具有实用性功能，以防止专利被侵犯。

（二）商标诉前禁令的特殊性

由于商标权具有特殊性，商标诉前禁令也具有自己的独特性，主要表现为以下两个方面。

第一，商标保护制度主要是为了防止商品市场的竞争秩序出现混乱。专利权的设立一方面是为了创造更多的发明产品，另一方面是为了平衡专利权

---

① 王太平：《商标本质的结构功能分析》，载刘春田主编：《中国知识产权评论》（第三卷），商务印书馆 2008 年版。

人的利益和社会公共利益；著作权也是要考虑公共利益的，所以在这两个领域内，诉前禁令的适用往往会受到一定的限制。在专利权和著作权领域内发布诉前禁令，那么权利人就会得到专利和著作的垄断权，并且是合法合理的，这样不利于传播知识和促进公共利益的发展。在商标权领域，商标对消费者至关重要，可以帮助消费者识别商品，防止上当受骗。商标诉前禁令重在它的提前作用，这样商标在即将或开始要被侵害时就被救济了，对其权利人来说是幸运，对消费者来说是幸福。使用商标诉前禁令，及时阻止了侵权行为的发生，保护了商标权利人对商标的各种权利，也避免让消费者产生混淆，辨别不清，让消费者可以买到正确的商品，从而减少损失。

第二，商标诉前禁令是让商标代表的信息一直是原来的状态。商标的灵魂是商标所包含的商品信息，失去商品信息的商标就没有存在的意义了。[①] 商品信息主要包括商品从哪产生、品质以及商誉等，商标也同样继承了这些特点，其中更注重自己所积累的名誉与消费者的口碑。商标权来源于能够控制商标标志代表的信息，专利权则来源于主动公开的信息，专利权设立保护期限是为了限制专利垄断，商标权设立保护期限则是为了更好地保护商标。与专利权相比，商标更容易被侵害，比如被模仿、复制，主要原因是商标权人不能够很好地控制商标。商标一开始的功能就是让顾客都认识，然后了解它所代表的信息，比如康师傅，顾客都知道是方便面，知道面的质量种类，知道这个品牌在这个领域内的地位，形成所谓的品牌效应，这个过程需要长时间的积累和大量的时间精力投入。前期，商标所有权人需要做好广告宣传，在销售过程中保障产品和服务质量，最后做好售后服务，通过这一系列的措施逐渐使商标获得消费者的认可，从而赢得商誉，但这种辛苦建立的商誉很容易被复制品、仿冒品破坏，相似商标的商品充满市场，消费者一不留神就会买错，从而对真正的品牌也产生厌恶心理。在这种情况下，商标权人很难让消费者对自己的商品恢复信心，也挽救不了商标本身所带有的价值，可以说商标侵权造成的损害是不可量化的，也是不可恢复的。因此从保护商标权的角度来说，最要紧的是能及时阻止侵权行为的发生而不是造成损失后去寻

---

① 王太平：《商标概念的符号学分析——兼论商标权和商标侵权的实质》，载《湘潭大学学报（哲学社会科学版）》2007年第3期。

求帮助得到金钱赔偿。商标诉前禁令的事前预防性正好可以满足这一点，成为保护商标的最迅速最有力的手段之一。

第二节 我国商标诉前禁令的立法现状及评析

一、我国商标诉前禁令的立法现状

我国原来是没有诉前禁令这个概念的，直到 2012 年修正后的《民事诉讼法》第 100 条中，才出现了相关的概念，即诉前停止侵权和诉中停止侵权，它们都属于诉讼保全，其中的诉前停止侵权就与诉前禁令有着相同的意义，这就是我国有关诉前禁令的法律规定。《TRIPS 协定》第 50 条规定："司法当局有权采取有效的临时措施，防止任何延误给权利人造成不可弥补的损害或者证据灭失。"中国加入世界贸易组织的时候做出过承诺要遵守其规定，因此不断修改中国的知识产权法律来符合 WTO 规则的要求是必要的。我国以前知识产权不够发达，相关法律也有待完善。为了加入 WTO，也为了我国科技事业的发展，我国开始完善知识产权法律，借鉴了《TRIPS 协定》的优点。此外，最高人民法院先后发布了有关专利和商标的诉前停止侵权的司法解释，详细写明了审查条件，目的就是保障这三个知识产权单行法能够实行下去。当然，在修改的过程中，我国也引入了诉前禁令，包括商标领域。

2001 年修正后的《商标法》就出现了诉前停止侵权的规定。随着《商标法》的不断修改，现行《商标法》第 65 条有这方面的规定。[①] 从这个规定中，我们可以看到，申请诉前禁令有三个条件，一是申请时间是在起诉前；二是侵权行为的发生或即将发生需要提供资料证明；三是所造成的损害是不可弥补的。《最高人民法院关于诉前停止侵犯注册商标专用权行为和保全证据适用法律问题的解释》（已失效）没有对商标诉前禁令怎么适用作出规定，但第 4

---

① 《商标法》第 65 条规定："商标注册人或者利害关系人有证据证明他人正在实施或者即将实施侵犯其注册商标专用权的行为，如不及时制止将会使其合法权益受到难以弥补的损害的，可以依法在起诉前向人民法院申请采取责令停止有关行为和财产保全的措施。"

条对证据作出了规定,即申请人在提出诉前禁令时要提交证据,主要包括:(1)商标注册证及复印件、商标使用许可合同、在商标局的备案材料,排他使用许可合同中还要提供放弃申请商标的证据材料,如果商标原来的权利人死亡,也可以由其后代继续使用,不过也要提供证明材料。(2)被申请人正准备或即将准备侵权的证据材料。

二、我国商标诉前禁令的立法评析

商标诉前禁令最早起源于英国衡平法,我国在立法上加以确立之后,由于司法环境的问题,依然存在一定的不契合性。例如iPad商标侵权案,原告是美国苹果公司和IP申请发展有限公司,被告是唯冠科技(深圳)有限公司(以下简称深圳唯冠)。深圳唯冠和台湾唯冠是唯冠国际公司的子公司,2000年,台湾唯冠在很多国家和地区注册了iPad商标(除了中国大陆);2001年,深圳唯冠在中国大陆注册了此商标。后来苹果公司准备推出iPad平板电脑,于是在2009年,苹果公司通过其设立的IP公司与台湾唯冠签订了iPad商标的转让协议,其中也包括中国大陆的。后来在苹果公司将iPad电脑推向中国市场时遇到了问题,主要原因是深圳唯冠仍是商标所有权人。2010年,两家公司就商标的所有权向深圳市中级人民法院提起诉讼。在二审期间,深圳唯冠向上海法院提出诉讼,要求认定苹果公司侵权,并申请禁止令,要求苹果公司停止销售带有iPad商标的平板电脑。在诉讼中,双方就被告的行为是否构成侵权,以及其行为是否对原告造成难以弥补的损害有很多不同意见。最终法院驳回了原告的申请,案件中止审理。该案例有力地揭示了商标诉前禁令制度立法中的问题,即侵权行为成立的判断标准以及难以弥补损害的认定标准皆不够完善。下面分别论述。

(一)侵权行为成立的判断标准不明确

侵权行为成立标准主要有四个:第一,需要什么样的被申请人,即在案件中被起诉实施侵权行为的主体;第二,申请人实施侵权行为需要有证据证明;第三,该侵权行为即将开始进行或正在进行;第四,经过初步判断可以认定该行为侵权。一般来说,侵权初步成立应该是指具有胜诉的可能性,即有足够的证据证明申请人所说的侵权行为存在。但是因为商标侵权的特殊性，在实践中想要判断是否侵权是很困难的。同样地，法律对"有证据证明"也没有作出具体规定。在我国，只有《商标法》第 65 条中的简单规定，除此之外，对于其侵权标准没有统一和细化的规定，也没有司法解释，这就导致在适用诉前禁令时难以操作。

（二）"难以弥补的损害"的认定标准不完善

核发诉前禁令的前提之一是侵权行为造成难以弥补的损害，但对这个标准的判断却不好操作，也不能用金钱量化。如何认定"难以弥补的损害"在法律中没有完整的标准，也没有具体的数据，导致法官在决定是否发布诉前禁令时只能依靠自己内心的善良和公正以及经历的实践经验来判断，在这种情况下，我国需要通过很多案件来提供数据，使数据合理化。目前，在实践中，我国对不同的案件有不同的认定方式，这就需要我国尽快制定认定标准，从而更好地处理这类案件。

（三）缺乏商标禁诉前禁令合法的考察标准

在这十几年中，我国的诉前禁令制度有了一定的发展，但相关的法律规定还是不够细化，没有跟上时代的发展。我国是成文法国家，制定的法律是适用诉前禁令的依据，然而在我国的法律和司法解释中，只有《商标法》第 65 条中有相关规定，但是，我们只能从这个规定中看到一个比较简单的考察标准，即商标所有人的权利是合法和有效的，还要有侵权行为和损害发生。然而，商标侵权的案件情况复杂，需要考虑的因素比较多，比如对双方利益的衡量以及对公共利益的考虑，对此我国法律中尚没有涉及，这就需要不断完善法律以及诉前禁令的考察标准。

第三节 域外商标诉前禁令的比较研究

禁令起源可以追溯到罗马法时代，而诉前禁令则是从英国衡平法发展而来的，美国移植了英国的法律制度，包括诉前禁令制度，并在此基础上发展形成自己的特色，成为诉前禁令制度发展比较完善的国家。我国的诉前禁令制度刚刚建起，主要按照《TRIPS 协定》的要求建立并学习了英美法系诉前禁令制度中的优点，我国商标法中诉前停止侵权的规定与英美法中的诉前禁令还是比较相似的，尤其在适用和功能上，而侵权判决中的"停止侵权"与英美法系的永久禁令也比较相似，都是一种责任承担方式。因此，本节主要分析了英美两个国家以及《TRIPS 协定》对商标诉前禁令的规定，从而为我国诉前禁令的完善提供借鉴。

一、美　国

在美国，诉前禁令在知识产权、环境保护、家庭暴力、劳动纠纷等很多民事领域都被适用，它属于民事诉讼的一种，所以在美国发展商标诉前禁令也可以说是在商标侵权案件中适用诉前禁令。

（一）美国商标诉前禁令的立法现状

美国的禁令制度分为三种，即临时限制令、初步禁令和永久禁令。法院在发布禁令措施时，都需要严格按照禁令的适用条件和审查标准进行。1937 年以前，诉前禁令的适用需要权利人向法院起诉，1937 年的《美国联邦民事诉讼规程》在第 65 条中作出了规定，以便发生民事案件时有所依据。在商标侵权案件中适用禁令救济是一种比较传统的方式，其中诉前禁令救济方法用得最多，可以说诉前禁令是让侵权人停止使用侵权商标、保护商标权利人利益最快捷的方法。

在美国，法院核发诉前禁令需要考虑的因素有以下几点：第一，权利人要提交申请书以及相关文件；第二，申请人提供保证金的数额要具体情况具体分析，这是为了防止错误申请诉前禁令使被申请人遭受损失；第三，权利人能否以其他途径获得救济，比如在不可弥补的损害发生之前就已经开庭审理或者被申请人用金钱向申请人弥补了损害，这样就不用诉前禁令了；第四，需要考虑难以弥补的损害的标准，权利人必须证明难以弥补的损害是用金钱无法衡量的；第五，需要考虑权利人是否有胜诉的可能性。

《美国联邦民事诉讼规程》第 65 条对诉前禁令进行了分类，即经通知的诉前禁令和未经通知的诉前禁令。在对申请人的要求、诉前禁令的有效期限这两个方面，法院对这两种诉前禁令进行核发时要求都不一样。对于第一种情况，申请人应当通知被申请人三点：（1）申请人申请诉前禁令的原因以及意图；（2）通知被申请人参加的时间还有持续的时间；（3）告知其诉前禁令是什么样的行为。除了这些，权利人在申请诉前禁令时还需要向法院提交起诉状、申请诉前禁令的文件和与此相关的法律问题的法律简述。法律简述重在简，简短但又清楚明白，但需要说明在案件作出判决前发布诉前禁令的原因，比如情况比较紧急，或者将要发生不可弥补的损害。除了这些，还需要提交证据来证明这些内容的真实性。相比较而言，未经通知的诉前禁令就需要更多的证明，例如，申请诉前禁令时要提供证据；原告的律师要证明申请人是努力送达通知的，即使不能发出通知也要说明正当理由，这些都得以书面形式提交法院。① 实践中，正当理由在不同法院有不同的规定，如第六巡回上诉法院要求的理由是：如果被申请人找不到行踪，申请人的通知不知道怎么发；或者申请人证明被申请人有可能毁灭证据，那么申请人为了自己的利益也不可能去发通知，不然诉讼结果肯定对申请人不利。

如果要发布经通知的诉前禁令，应该有其有效期限，但《美国联邦民事诉讼规程》第 65 条并没有明确规定，大多数美国法院一般采纳 20 日的有效期限，这主要是未经通知的诉前禁令的有效期限。《美国联邦民事诉讼规程》对于未经通知的诉前禁令的有效期限有一定的规定，一般是 10 日以下，但是禁令中如果没有明确表示，则默认为 10 日。当然期限也是可以延长的，只要有正当理由或者申请人与被申请人都同意。正当的理由有三种，在这里就不一一列举了。除了有正当理由外，还需要被申请人的同意，那么期限就可以延长至 20 日。

（二）美国商标诉前禁令的考察因素

《美国联邦民事诉讼规程》第 65 条只对诉前禁令的程序作了规定，对其实体规则和适用标准没有任何描述。美国联邦最高法院没有完全统一规定诉

---

① 《美国联邦民事诉讼规则·美国联邦证据规则》，白绿铉、卞建林译，中国法制出版社 2000 年版，第 103 页。

前禁令的考察因素和方式，因此只能从美国各级法院的判例中寻找，并找出共同点。

尽管美国各级法院核发商标诉前禁令的要求不同，不过以下四个因素都要考虑到：胜诉的可能性、不可弥补的损害、权衡双方受损、公共利益的考虑。这四要素的适用主要可以追溯到 eBay 案中，被告 eBay 是一个在线拍卖交易网站，原告 MercExchange 是一家拥有"立即购买"这项专利的在线拍卖技术的小公司，但是 MercExchange 自身并没有使用该项专利，而是通过许可他人使用来获取利益，eBay 在没有获得授权的情况下，就在自己的网站上使用了这项专利，所以 MercExchange 对 eBay 的侵权行为提起诉讼，这个案件是在美国东部地区的弗吉尼亚州地方法院审理并作出判决的，法院认定 eBay 侵权，并需要赔偿损失。不过 MercExchange 还提出了永久禁令的申请，遭到了法院的拒绝，因为法院认为 MercExchange 并没有积极去行使这项专利，所以判定其许可实施专利不是被迫的，并且给原告造成的损害可以用金钱衡量，并不会造成不可弥补的损害。① 在上诉中，巡回法院核发永久禁令要求有效的专利并且有侵权行为，只有在特殊的情况下，比如为了公共利益可以拒绝发布。不过 eBay 不服判决，就上诉到最高法院，最高法院觉得应当根据四要素测试法判断地方法院能否自由裁量发布：第一，原告有胜诉的可能性；第二，原告遭受的损害不能用金钱等物质来衡量和弥补；第三，发布禁令是在权衡双方的利益后做出的；第四，损害公众利益就不能发布禁令。② 在这个案件中，最高法院撤回了巡回法院的判决，发回重审，主张地方法院以四要素为标准行使自由裁量权。在 eBay 案发生前，商标领域发生案件适用诉前禁令时一般是根据胜诉的可能性来判断是否有不可弥补损害发生来发布的，在 eBay 案后，则主要是靠四要素来决定是否颁布诉前禁令。

1. 胜诉的可能性

美国最高法院 1987 年 Amoco Production Company v. Village of Gambell 案件备忘录中指出："不管是诉前禁令还是永久禁令，本质上的标准都相同，但还有一个例外，那就是原告必须证明其有胜诉可能性，而不用证明取得实际

---

① eBayInc. v. MercExchange, L.L.C.547U.S. 388 (2006).
② 邹春园:《停止侵权救济的限制适用研究》,烟台大学 2013 年硕士学位论文。

的胜诉。""权利人实体胜诉的可能性"就是法院核发商标诉前禁令其中一个标准。不同的学者对胜诉可能性有不同的看法。第一，这个因素不够明确，导致法官有很大的自由裁量权，这是一个比较抽象的概念，究竟胜诉的比例多大才能达到可能性，法律没有一个明确的规定，这就需要法官自由裁量。第二，申请人会滥用诉前禁令就是因为太多次地强调胜诉可能性。从法院判决的诉前禁令案件中，我们可以看到，原被告方在事实上认定清楚时，原告方能够提供证据证明自己具有合法权益，法院就会颁发诉前禁令。

认定胜诉可能性主要有两方面：（1）申请人权利的有效性；（2）被控诉侵权行为成立。[①] 权利的有效性是指临时措施的申请人向司法部门提供证据，只要是其通过合法渠道获得的，这样可以让司法部门确定申请人就是权利持有人，这是《TRIPS协定》第50条的规定。在商标侵权领域，实体胜诉的可能性包括两个方面。首先，有一个受保护的商标，其显著性比较固定，且获得"第二含义"。此外，要证明自己是商标权利人或者法律规定的利害关系人，就要证明申请人拥有法律保护的商标。其次，原告被告双方的商标或商品存在混淆可能性。如何判断混淆可能性呢？一般从以下七个因素来判断：（1）从商标外观上和其代表的意义上找寻类似；（2）商品的类似度；（3）商标使用的领域和方式；（4）消费者对商标的了解；（5）申请人商标的强度；（6）真正的混淆；（7）被申请人存在"让消费者将其商品误以为是其他商品"的意图。

2. 不可弥补的损害

美国的法律是从英国移植过来的，所以诉前禁令的标准也受英国衡平法的影响，其中法律救济不足就是其中一个条件。"不可弥补的损害"的标准有三个方面：第一，在法院核发诉前禁令前，权利申请人的权利正在或者即将被侵权。第二，权利人所受到的损害不可弥补，如产品潜在的市场份额在缩减，不能估算出价值，商品信息繁乱复杂，具有弥散性，导致商标传递信息的功能减弱，商标权人不能很好地控制商标信息，这就决定了商标权易受侵害；商标被侵害后造成的损害是不可弥补和难以恢复的，因为商标的经济价值（如商誉）是不断变化的，不能确定具体数值。第三，被告方是否有赔偿能力，

---

① 陈莹：《"诉前禁令"——知识产权保护的"及时雨"》，载《律师世界》2003年第7期。

如果被告方没有足够的资产满足赔偿，原告的经济损失得不到补偿，那么也会发诉前禁令，以及时阻止侵权，避免或减少损害的发生。

诉前禁令有一个特征是紧迫性，如果权利人有延迟寻求诉前禁令的救济，法院可以用这个行为来推测它应该不会发生经济损失。在 MDTV 商标纠纷案中，由于原告请求救济的时间推迟，被告就找到机会来反驳原告的指控，法院也能够推定原告的经济损失应该不多，而且能够用金钱补偿。原告确定自己可以得到补偿，所以也不是很迫切地需要诉前禁令，才会出现延迟救济。而不同案件中的延迟时间也不一样，至于到底需要延迟多久，并没有明确的规定。

3. 对双方利益的权衡

对双方利益的权衡是指法院比较核发诉前禁令和拒绝诉前禁令对原被告带来的后果。一般情况下，申请人和被申请人的利益总是会发生冲突的，法院核发诉前禁令需要对双方的利益进行权衡，很多情况下法律做不到公平，所以哪方的利益较大就保护哪方。

4. 公共利益

公共利益实质上是无数个人利益汇合而成的。所谓公共利益，也叫第三方利益，指的就是除了原告被告之外的其他人的利益。在美国商标侵权案件中的公共利益，是指法院发布诉前禁令后对利益相关人以外的人造成的影响，还有拒绝情况下的影响。把公共利益作为诉前禁令的考察因素是在 20 世纪初，所以对于公共利益的具体内容也不是很明确，比如公共利益的考虑程度没有明确。笔者认为，发布诉前禁令不仅要考虑对权利人造成的损失，也要考虑公共利益。与专利权相比，商标诉前禁令最主要的目的是保护商标的使用，从而保护公共利益。因此，在核发诉前禁令时，如果出现了损害公共利益的情况，法院也会拒绝发布诉前禁令。在商标案件中，所谓公众就是购买商品的广大人民群众。一般情况下，法院认为核发诉前禁令就能迅速将那些冒牌商品下架，控制影响，但有证据证明会影响社会公共利益的除外。如果在市场上只出现了两个商品竞争，核发诉前禁令不会损害公共利益的情形是，在市场上既不会只有权利人的商品，也不会淘汰掉侵权人的商品。

（三）美国商标诉前禁令的考察方式

根据需要考察因素的个数，诉前禁令的考察方式一般可分为四种：第一种是逐个考察方式，特点就是严格，是在 Virginia Petroleum Jobbers Association v. Federal Power Commission 案中提出来的，它要求仔细考察每一个要素，并且都能有证据材料，有一个考察因素不合格，就不应当核发诉前禁令。第二种是选择性考察方式，顾名思义，就是可以随意选择，但必须由两个因素结合而成，并且有证明力，比如美国第二巡回上诉法院就要求将不可弥补的损害和实体胜诉的可能性结合起来。第三种是权衡性考察方式，这种考察方式比较灵活，法院需要微妙地平衡所提交的各个考察因素的证据，它们之间就像跷跷板一样，一个有强的证明力，另一个就可以有弱的证明力。这种考察方式在美国比较常用。第四种是一些比较特殊的考察方式，主要包括确定例外情形、增加先决证明条件、交叉适用考察方式、滑动考察方式。

二、英　国

14 世纪末 15 世纪初的英国，封建经济迅速发展，产生了多样化和复杂化的社会经济关系，原来的普通法已经不能满足时代的需求，暴露出很多问题，比如程序过度地注重形式，法条比较陈旧不适应新的发展，审判形式也停留在过去，救济形式单一，无法解决各种各样的问题。普通法出现问题后，人们就要寻求新的解决办法，于是出现了衡平法。刚开始的时候，很多人在权利受到侵害时去起诉，但普通法不能解决问题，无奈之下，人们就去找国王裁决，国王就依照"公平和正义"的原则做出判断。但是后来国王一个人不能解决所有诉求，就委托大法官来帮助自己。久而久之，大法官的判例发展成一套新的法律体系，称为衡平法，衡平法的出现解决了很多以前不能解决的问题，它完全独立于普通法体系，也成立了属于自己的衡平法院。衡平法院能够帮助权利人获取禁令救济，在此基础上，英美法中的临时禁令制度（中间禁令）就建立了起来。

临时禁令也称中间禁令，是指在诉讼前或诉讼过程中发布的禁止行为人作出某种不合法行为，其特征是具有强制性和暂时性。其目的是保护原告的合法权利，减轻原告权利被侵害的风险。诉前禁令与中间禁令的作用和目的类似甚至相同，都是对权力状态的一种暂时性保护，二者之间的不同之处在于，中间禁令提出的时间是在诉讼期间内，诉前禁令提出的时间是在诉讼开始前。在英国，诉前禁令的适用不频繁，主要原因是双方权利人在没有起诉前，彼此的权利义务关系并不明确，要想提出诉前禁令就必须严格按照程序提出。英国有关诉前禁令的规定主要有三个方面：第一，诉前禁令必须以书面形式提出；第二，诉前禁令的案件申请时请求权基础即申请事项、事实理由等需要具体明确并且要详细；第三，申请诉前禁令案件要举行听证会，法院如果要核发诉前禁令，就会要求申请人提交起诉状并支付起诉的费用，时间要求可以是当天也可以是第二天。如果遇到紧急案件时，因为时间比较仓促，因此法院作出诉前禁令的判决时不会提前告诉被告，不过原告提出申请时可以提出自己的要求，比如对于申请书复件、案件相关证据、发布诉前禁令作出的裁定都要让当事人知晓。在英美法系中，法官具有很大的自由裁量权，尤其在衡平法院，更需要法官依靠自己的专业知识、逻辑判断等行使自由裁量权，但是法官在发布诉前禁令时也有自己的限制，还需要遵守法律的基本原则与规则。

三、《TRIPS 协定》的临时措施中关于商标诉前禁令的研究

《TRIPS 协定》在第三部分制定了实施知识产权程序的最低标准，其应用于全体 WTO 成员。有关诉前禁令的规定主要在《TRIPS 协定》第 50 条规定的临时措施中，根据第 50 条第 1 款的规定实行临时措施能达到两个目标，一是还没有发生的侵权行为被阻止，二是侵权行为已经发生后能控制在一定范围内，不能扩大。① 根据第 50 条第 2 款的规定，在可以的情况下，司法部门可以按照单方的要求采取临时性措施，主要有两种情形，尤其在不及时采取措施就会对权利所有人造成不可弥补损害的情况下，或者证据很明显就要被毁灭的情形下。也就是说，临时措施不一定需要提前通知被申请人。当然并不是不用通知，在第 50 条第 4 款中就规定了如果是单方请求采取临时性措施时，应该及时通知受到影响的当事人，最迟的时间是上述措施被执行后。第 50 条第 6 款规定了在不违反第 4 款的情况下，采取临时措施需要有一个合理

---

① 郑成思：《关贸总协定与世界贸易组织中的知识产权——关贸总协定乌拉圭回合最后文件〈与贸易有关的知识产权协议〉详解》，北京出版社 1994 年版，第 148 页。

的时间界限。第 50 条第 7 款规定了如果临时性措施被取消或者失效或者不存在侵权的情况，那么司法部门就可以根据被告的请求要求原告对这些临时性措施造成的损失进行赔偿。当然，《TRIPS 协定》的这些规定对参加 WTO 的成员都有效，我国也是其中之一，因此我国的知识产权诉前禁令的规定是符合《TRIPS 协定》的要求的。

第四节 我国商标诉前禁令的完善建议

在商标领域，诉前禁令占据了重要地位，它既保护了商标权利人的利益，避免了不可弥补的损害，同时维护了市场竞争秩序。然而，我国是商标诉前禁令的新兴国家，很多问题还不能解决，比如可操作性差、适用不公正等。[①]在上文，笔者已经分析过了我国商标诉前禁令在立法方面出现的问题，下文将根据出现的问题提出完善建议。

一、完善商标侵权认定标准

在上文 iPad 商标案件中存在很多争议，第一，诉前禁令的申请人深圳唯冠是否有资格申请，深圳唯冠认为自己是 iPad 商标在大陆的所有权人，但苹果公司认为自己有转让协议，也是所有权人；第二，侵权行为是否正在发生或即将发生，苹果公司没有得到深圳唯冠的授权，就在大陆市场上销售，是侵权行为，但苹果公司认为其所有权纠纷还没有解决，不一定就是侵权行为。基于这些疑问，法院最终没有发布禁令。从这个案件中可以很明显地看出，正是因为侵权认定标准不明确才导致具体案件在法律适用上出现争议，表明了对侵权行为认定标准进行完善的必要性。

一般认为，判定侵权主要从权利的有效性和证明有事实的侵权行为或即发侵权行为两方面来认定。首先，在权利的有效性方面，只要权利人能够证明该

[①] 周晓冰：《北京市法院首例诉前禁令案评析——兼议诉前禁令的审查标准》，载《科技与法律》2008 年第 4 期。

商标在实际生活中被使用，并且申请了商标权利证书，已经通过注册得到法律上的保护，就可以认定是有效的商标权。其次，商标法中没有很明确地表述侵权行为。对于法律规定的"有证据证明"是需要充分证明还是需要初步证明并不是很明确。同样地，对于正在实施侵权和即将实施侵权规定得也不是很明确，这就需要法院根据我国《商标法》第 57 条列举的商标侵权行为来认定。

另外，法律规定申请人要提供证据证明他人正在实施或即将实施侵权行为是为了避免错误申请造成不必要的损失，但是如果要提供太多的证据，也会阻止诉前禁令及时发挥作用。对于商标侵权而言，及时地阻止侵权行为比行为发生后获得补偿更重要，关于举证的程度，我们需要具体案件具体分析。对于正在实施的行为，如果权利人能够充分举证，那么就属于《商标法》第 57 条规定的侵权行为，法院就能够进行判决，也就不需要诉前禁令这种临时性的救济措施了。对于即将实施的行为，由于知识产权是无形的，很难提出证据。此时只是存在实施可能性，所以要证明行为有违法性、有损害事实存在以及行为和损害事实之间的因果关系确实很难。如果法院要求商标权利人在还没有起诉案件时就承担证明被申请人侵权的责任，显然是加重了权利人的举证责任。① 这种情况下，诉前禁令就失去了原来的救济意义。所以，《商标法》第 65 条中没有明确具体标准是不适当的，我们可以借鉴美国法院的做法，用胜诉可能性来进行考察，即核发诉前禁令时，不需要权利人取得胜诉，只要证明胜诉可能性比较大就可以了。当然，要证明有胜诉的可能性，我们也需要从两方面证明，即商标受法律保护以及侵权人的商标或商品与权利人具有混淆的可能性。

二、完善"不可弥补的损害"的判断标准

在上述 iPad 案件中，苹果公司是否真的对深圳唯冠造成不可弥补的损害？深圳唯冠认为，这种侵权行为存在并且一直继续就是对其商标的损害，是其商标的信誉和占有的市场份额的损失，而苹果公司认为深圳唯冠很少使用 iPad 商标，在市场上也没有其立足之地，而且现在的深圳唯冠基本属于停产

---

① 刘淑芬：《商标诉前禁令制度研究》，厦门大学 2006 年硕士学位论文。

状态，但这不是苹果公司使用 iPad 商标造成的，所以没有给其造成难以弥补的损害，当然就算造成了损害也可以用金钱赔偿。

在商标侵权案件中一般有三种情形可以认定为难以弥补的损害：（1）侵权行为侵犯的是商誉；（2）侵权行为已经发生或继续发生；（3）如果不能及时阻止侵权行为发生，将严重扩大侵权行为的范围和损害后果。当然被侵权人的财产状况较差，导致没有足够的偿付能力也有可能造成这种后果。笔者认为，在商标侵权案件中，权利人遭受不可弥补的损害应该是核发诉前禁令的一个标准，但是对于不同的侵权案件，其标准应该是不一样的。具体而言，在商标法中对不可弥补的损害进行界定应该考虑以下因素：一是因为被申请人的违法行为会严重损害申请人的商标权，影响商誉，造成的损害计算不清，也没办法赔偿；二是如果法院没有制止被申请人的侵权行为，那么被申请人无法完全补偿申请人即将遭受的损害。

需要指出的是，在我国现在的司法体制下，对于不可弥补的损害仅仅是靠法官的善良、公正的内心以及司法实践经验来判断，这样并不能真正实现公平，因此，我们应该在法律中对法官的自由裁量权有所限制。其具体思路就是明确规定不属于不可弥补损害的情形：（1）造成的损失能用钱财计算出来；（2）权利人申请商标诉前禁令时没有正当理由，除非双方庭外和解造成了迟延。当然法律有必要规定合理迟延的期限。

三、明确商标诉前禁令核发的考察因素

（一）增加"权衡双方利益"为考察因素

核发诉前禁令主要依据单方面的申请和举证，对于被申请人而言就不公平了。商标诉前禁令主要是为了保护申请人的权利而设立的，因此申请人要有足够的财产以保证自己可以提供一定的担保，也要证明自己确实有可能遭受不可弥补的损害，这样法院就有足够的理由做出诉前禁令的决定。不过，如果权利滥用，也会给申请人的市场份额、商誉等造成不可弥补的损害。由此可知，将"权衡双方利益"作为考察因素是很有必要的，换句话说，法院需要衡量接受核发诉前禁令后申请人遭受的损害和拒绝核发诉前禁令后权利人遭受的损害大小。如果申请人遭受的损害比被申请人多，那么法院应该通

过核发商标诉前禁令减少损害；反之，则拒绝核发诉前禁令。权衡双方利益实际上就是法院根据当事人双方当时所处的现状来判断是否需要进行改变。

（二）增加"公共利益"为考察因素

商标法的立法目的在于防止因商品或服务的名称或标记混淆使消费者利益受到损害和竞争秩序的混乱，从而保护消费者的利益以及维护自由、有序的市场竞争公共利益。[①] 由此可知，商标法保护了各个阶层的利益，有商标权利人的，也有消费者的，还有企业的，当然整个市场和谐有序、公平竞争也要靠它来维护。法院在决定是否核发诉前禁令时需要平衡申请人的利益、被申请人的利益还有消费者的利益，因此，我们可以将公共利益看成与商品有关的消费者利益，还应该将其与上文所提的"权衡双方利益"的因素综合起来考虑。

（三）考察方式的完善

借鉴美国商标诉前禁令的考察方式，我们可以知道一般情况下有三种考察方式。对于第一种逐个考察方式，法院需要对每一个考察因素都提供充分的证明，只要有一个考察因素的证明不够充分，法院就不会核发诉前禁令，这种考察方式将导致诉前禁令不够及时，不能更好地发挥诉前禁令的作用。第二种选择性考察方式比较灵活，但也有其缺点。它只要求有两种因素组合，并没有强调"不可弥补的损害"的重要性，如果没有这个因素，那么申请人获得诉前禁令的标准就容易获得了，某些企业很可能选择通过滥用诉前禁令来进行不正当竞争行为，让同行业竞争对手处于不公平地位，这样的司法行为很可能被某些企业钻空子。第三种权衡性考察方式，与前两种相比，是一种很好的考察方式。与逐个考察方式相比更加灵活，不用挨个考察每一个因素，只需要衡量一下各个因素的重要性，即使证据不充分，也可以获得法院的支持。当然，它也不像选择性考察方式那样宽松，它需要平衡每一个考察因素，根据平衡后的结果作出选择。因此，我国法院应当选择权衡性考察方式，同时，对于一些特殊的考察方式，我们可以引用并加以改变，让考察方式更加灵活，从而适应我国的诉前禁令发展。

---

① 冯晓青：《利益平衡论：知识产权法的理论基础》，载《知识产权》2003 年第 11 期。

第七章
著作权侵权惩罚性赔偿司法适用研究

伴随着社会主义现代化法治的推行，我国《著作权法》也于2020年进行了修正，值得注意的是，其对惩罚性赔偿这一规定进行了大刀阔斧的修改和完善。从法律价值角度来看，惩罚性赔偿制度的积极作用并非只有个别案例中的侵权与债权利益分配，更是对整个社会所普遍追求的正义、公平、诚信价值的需求。出于适应社会现实的需求，我们需要在现有法律的基础上找到相适应的方法，法律的修改对实务提出了新的要求，故需要正确理解该制度的正当性，在对其适用现状进行分析的过程中探讨未来著作权法惩罚性赔偿在司法适用中可能存在的问题。本书以此为基础，对我国现行著作权侵权惩罚性赔偿制度法律规定的司法适用进行研究。

第一节　著作权惩罚性赔偿的概念与区分

一、惩罚性赔偿的概念与发展起源

在美国《惩罚性赔偿示范法》中，惩罚性赔偿是指仅出于惩罚和限制目的给予请愿人的金钱。我国学者认为，惩罚性赔偿制度和补偿性赔偿制度是特殊的民事赔偿制度，是为了处罚和遏制侵权者的违约或侵权行为，要求赔偿超过侵权导致实际损失限度的赔偿金。该制度第一次出现是在2010年实施的《侵权责任法》中，后来2013年《商标法》在损害赔偿责任中首次以明文规定的形式明确了惩罚性赔偿。2020年通过的《民法典》又对侵犯知识产权的行为设定了惩罚性赔偿，并进一步指出惩罚性赔偿制度可以作为一种民事责任进行追偿。《著作权法》为了解决侵权者未受到合理惩罚、被侵权者举证困难、法定赔偿制度中难以获得赔偿等问题，直接修改了法定赔偿的上限和下限，增强对侵权行为的打击力度，以更大限度地保护权利人的合法权益。

二、惩罚性赔偿、补偿性赔偿和法定赔偿的关系

（一）惩罚性赔偿与补偿性赔偿

惩罚性或补偿性赔偿都是以保护权利人利益为着眼点的民事赔偿制度，但相同的目的并不妨碍两个系统在机制和功能上的根本差异。补偿性损害赔偿侧重于补偿受害者的损害或利益损失，而惩罚性损害赔偿则侧重于惩罚、威慑和防止违法行为。在民事侵权救济中，无论是在法律规定还是在实践中，大多数情况下首先考虑的是补偿性赔偿，只有在法律明确规定的情况下，惩罚性赔偿才能适用，致使其往往被视为补充要素。补偿性损害赔偿适用于一般侵权规则。该类责任的构成要件涵盖了主观过错、侵权行为、损害后果、因果关系四个因素，赔偿金额不得超过损失金额上限。惩罚性赔偿是指法律规定的对权利人造成的损害数额的附加处罚，在不考虑损害赔偿的情况下，侵权人的赔偿数额通常多于实际损失。当侵权人的行为既构成补偿性损害赔偿，又构成惩罚性损害赔偿时，当事人不得同时主张。当事人选择惩罚性赔偿时，赔偿数额以惩罚性赔偿数额为准。

在我国，引入惩罚性赔偿制度的《消费者权益保护法》采用了关联倍数的计算方法。这种以补偿性赔偿为基础推导惩罚性赔偿的做法，错误地认为惩罚性赔偿具备补偿功能，甚至认为补偿性赔偿制度是一种不完善的补救措施，法官掌握了决定惩罚性赔偿金额的全部权力，如何使这一问题趋于合理化，笔者认为，将计算标准、倍比关系等具体判定标准在下位法中予以明确，一方面，保证司法体系逻辑的一致性；另一方面，规范法官的自由裁量权、明确司法裁判中法律适用的标准，更有利于司法公正。

（二）惩罚性赔偿与法定赔偿

根据《著作权法》第 54 条的规定，侵权人侵犯他人著作权或者与著作权相关的权利的，侵权人应当赔偿被害人的实际损失或者依据其非法获利数额加以赔偿。此时，赔偿限于对当事人损失的弥补，而当有关数额无法确定时，法定赔偿①的作用体现在权利人受到侵害时充当权利保护的最后一道防线。相反，权利人的实际折损不能够准确算出、侵权人的实际利润几乎无法确认之时，其赔偿金额存在高于实际损失的可能，此时适用法定损害赔偿即具备了惩罚性意义。在实践和以往的司法案件中，地方司法机关在确定法定赔偿数额时，通常会参照侵权人的主观恶意、侵权人的过失程度、侵权行为的持续时间、侵权行为的次数等因素来判断侵权应当赔偿的数额，需要充分发挥法官的自由裁量权，此时，法定赔偿通常与惩罚性赔偿没有区别。结合规定，《著作权法》的法定赔偿条款和惩罚性赔偿条款不能同时适用，这就需要被侵权方自行选择，当被侵权人选择适用惩罚性赔偿而金额又无法准确确定时，不可以法定赔偿额作为基数予以判罚，为了能够维护公平利益和市场秩序，仍应适用《著作权法》的法定赔偿金额制度。

例如，在康成投资（中国）有限公司诉大润发投资电子科技有限公司不正当竞争纠纷案②中，康成公司以大润发公司侵犯注册商标专用权、滥用市场支配地位为由向人民法院提起诉讼，请求一审法院审理，判决赔偿经济损失，并要求 500 万元的惩罚性赔偿。一审法院认为，被告采用"大润发"来充当品牌名称，对原告构成滥用市场支配地位。该案中，大润发公司因通过公司网站、投资文件、宣传册等多种媒介突出使用"大润发"一词而受到两次行政处罚。由于本案损害赔偿数额不能根据原告的损失、被告的利润和所涉商标许可使用费等因素确定，因此没有计算惩罚性赔偿数额。需要注意的是，法院在判决书中强调："由于商标法建立了损害赔偿制度，必须坚持赔偿损失

---

① 《著作权法》第 54 条第 2 款规定："权利人的实际损失、侵权人的违法所得、权利使用费难以计算的，由人民法院根据侵权行为的情节，判决给予五百元以上五百万元以下的赔偿。"

② 上海知识产权法院（2015）沪知民初字第 731 号民事判决书。

和惩治侵权的双重目标,因此,将法定赔偿制度作为一种计算损害赔偿兜底的法定赔偿制度,必须具有补偿和补偿惩罚的双重功能。"笔者认为,法院在无法适用惩罚性赔偿条款的情况下,加大对侵权人的惩处力度、保障商标权人的合法权益的探索,值得称道。此案件的判决,充分体现了在特殊情况下法定赔偿具备惩罚性赔偿意义的可能性。

第二节　我国惩罚性赔偿司法适用现状

侵犯著作权造成的财产损失不仅针对作品本身,也是借由该作品取得的合法利益的丧失。推断有没有受到侵害,是实际法律适用中的困局,具体到被侵害程度、覆盖范围、金额的确认都是司法实践中的难点。民事诉讼法关于举证责任的规定是"谁主张,谁举证",这当然适用于著作权的相关纠纷,即要求由受侵害人提供证据,以证明其主张受到侵害的事实。

司法实务中,这无疑对权利人提出了过高的要求。即使现行法在一定程度上为立证难题提供了解决途径包括举证妨碍制度[①]以及举证责任的倒置[②]以降低权利人的举证责任,但法院往往不能脱离"谁主张,谁举证"思路的桎梏,导致权利人主张适用该制度很难受到法院支持。无论是《著作权法》还是《民法典》,都规定了惩罚性赔偿制度,具体关于如何正确适用该制度存在很多问题,虽然现行法更改了以往对于赔偿额顺位的规定,改由权利人自行选择,但如何证实所受实际损失或侵权人违法所得具体数额,实践中的评定标准和采纳依据意见不一,举证难问题不容忽视,尤其在互联网时代数字平台经济发展的时代背景下,层出不穷的网络侵权行为给严格适用举证规则带来极大挑战。

---

① 《著作权法》第54条第4款规定:"人民法院为确定赔偿数额,在权利人已经尽了必要举证责任,而与侵权行为相关的账簿、资料等主要由侵权人掌握的,可以责令侵权人提供与侵权行为相关的账簿、资料等;侵权人不提供,或者提供虚假的账簿、资料等的,人民法院可以参考权利人的主张和提供的证据确定赔偿数额。"

② 《著作权法》第59条第2款规定:"在诉讼程序中,被诉侵权人主张其不承担侵权责任的,应当提供证据证明已经取得权利人的许可,或者具有本法规定的不经权利人许可而可以使用的情形。"

一、适用惩罚性赔偿的分析路径

在现行的著作权损害赔偿机制中，惩罚性赔偿处于协助地位，有严格的适用要求。在以权利人请求的前提下，是否存在惩罚性赔偿的适用要素，不仅取决于侵权行为的具体事实、目的，还取决于双方对惩罚性赔偿规则的熟悉程度以及收集证据和提炼事实的能力。《民法典》关于惩罚性赔偿的适用条件分为主观"故意"和客观"情节严重"两个方面。根据《著作权法》第54条第1款的规定，在前述基础之上对于惩罚性赔偿的适用设定了可确定的赔偿基数，即参照权利人的损失、侵权违法所得或权利人许可使用费等因素，准确理解其适用要件是正确适用的基础前提。

（一）惩罚性赔偿适用的主观认定

首先，关于故意认定标准。实践中一般以"明知"和"应知"区分行为人的主观过错程度，惩罚性损害赔偿制度中"故意"对应"明知"，一般理解为明知自己的行为会导致侵权结果的发生而希望或放任其发生，"应知"划归于过失的范畴而不适用惩罚性赔偿。对于如何认定"明知"，笔者赞同"具体认知"标准，即行为人在实施侵权行为时不仅知道他人具体知识产权的存在，还知道其行为具有侵犯该知识产权的高度可能性。[1] 原告卡尔文·克雷恩商标托管与被告厦门某电子商务有限公司等侵害商标权纠纷案[2]是我国较早适用惩罚性赔偿原则的案件。基于被告擅自在天猫开设专业淘宝网店，在网店首页显眼的红色位置展示权利人商标，大量销售CK、CALVIN、Calvin KleinJeans等商标服装，侵犯原告商标专用权，且其淘宝网店的网站设计与原告类似，上述不正当竞争行为被法院认为明显具备恶意，适用惩罚性赔偿的基本原则，全额支持了原告诉请，共计赔偿经济损失210万元。另外，上海法院曾经采用过"推定故意的方式"确定是否适用侵权惩罚性赔偿。杭州不同凡响品牌

---

[1] 朱理：《专利侵权惩罚性赔偿制度的司法适用政策》，载《知识产权》2020年第8期。

[2] 青岛市中级人民法院2016年知识产权十大典型案例。

管理有限公司与临沂商城创业酒吧等侵害商标权纠纷案①中，原告主张在该案中适用惩罚性赔偿，法院认为，关于是否应适用惩罚性赔偿，被告的涉案行为应符合条件包括被告的行为必须是故意侵害他人的商标权，且侵权行为情节严重。就该案而言，被告在收到原告律师函及被行政机关处理后仍未停止侵权行为，主观上可推定其为故意。

其次，对于故意认定的证明标准。结合举证原则，具体案件行为人是否存在"故意"，承担举证责任的当事人应当举证证明，需要注意的是，基于间接证据推理确定"故意"时应审慎小心，其中不仅需要符合"明知"的判断标准，还应遵循证明规则和证明标准合理性原则。但是，在如何把握"故意"的证明标准即故意的证明程度上，还是存在一些分歧的，考虑到惩罚性赔偿对侵权人的严重处罚后果以及我国当前对于增强惩罚性赔偿适用的趋势，证明标准介于高度盖然性标准与优势证据标准之间是较为稳妥的做法。

（二）适用惩罚性赔偿的客观认定

法律设置惩罚性赔偿的重要目的之一是对情节严重的行为进行制裁，而不仅仅是制裁故意侵权行为。依规而言，客观层面"情节严重"以侵权后果为考量标准。对"侵权后果"的把握不能过于偏狭。笔者赞同以下观点，即一般应从以下两个方面把握：一方面，既要考虑具体的物质损害后果，也要考虑不法行为对权利人造成的损失存在抽象难以计算的部分；另一方面，既要考虑侵权行为给权利人造成的损害后果，也要考虑侵权行为对相关产业、社会公共秩序造成的负面影响。②

对"情节严重"具体个案的认定须综合考虑各方因素。在具体著作权案件中，判断侵权后果情节严重与否，需要综合考虑侵权行为的性质、侵权手段、持续时间、影响范围等因素。通常侵害时间长、地域广、侵害次数多、社会影响大、存在其他难以挽回损害的行为容易被认定为"情节严重"。在北京意读教育科技有限公司与上海寻梦信息技术有限公司等侵害作品发行权纠

---

① 上海市浦东新区人民法院（2021）沪0115民初14075号。
② 周翔：《对技术类知识产权侵权案件如何适用惩罚性赔偿的思考》，载《中国知识产权杂志》2020年第5期。

纷案①中,上海市徐汇区人民法院认为:"惩罚性赔偿适用条件为被告具有侵害知识产权的故意,且侵害知识产权情节严重。"该院基于被告经营的两家店铺同时销售侵权图书,认为该行为不属于"再次实施相同或者类似侵权行为",而应属于同时侵权行为,从而无法认定为侵权行为情节严重,以及原告主张惩罚性赔偿缺乏计算基数的情形,未支持原告所主张的惩罚性赔偿。在上文提到的杭州不同凡响品牌管理有限公司与临沂商城创业酒吧等侵害商标权纠纷案件中,就法院所认定的事实而言,认为原告的证据仍无法证明被告的各种侵犯肖像权的手段恶劣,侵犯肖像权的行为持续时间长,短时间内多次侵犯肖像权,不能证明法院裁定的不正当竞争行为对原告陈某造成重大经济损失或对涉案商标商誉减损造成严重负面影响,对原告诉求不予支持。

鉴于对"情节严重"的认定具有较大的解释弹性,当事人在案件中应尽可能多地从多个角度论证侵权行为后果的严重性。

(三)惩罚性赔偿基数认定

首先,根据《著作权法》第54条的规定,惩罚性赔偿的基数可以是权利人的实际损失、侵权人的违法所得或者权利使用费。在适用顺序上,首先应当适用《著作权法》中明文规定并列位的前两者,当二者难以计算的,可以参照该权利使用费进行赔偿。如果权利人实际遭受的损失以及侵权人违法所得、权利使用费计算困难,只能适用法定赔偿。当然,法定赔偿和惩罚性赔偿不能同时适用于同一侵权主体的同一侵权行为。涉案侵权行为损害赔偿情况构成"惩罚性赔偿"的,可以对相互"独立"的侵权行为分别适用不同的方法计算赔偿数额。在能够确定实际损失、违法所得等的情况下,同一案件可以并存多种损害赔偿计算方式,因此惩罚性赔偿和法定赔偿是有并行适用的可能的,这里所说的"惩罚性赔偿与法定赔偿并行适用",不是针对特定的具体侵权行为,而是针对同一案件中不同的侵权行为。

在浙江巨凯缝纫科技有限公司与JUKI株式会社侵害商标权纠纷案②中,

---

① 上海市徐汇区人民法院(2021)沪0104民初14318号民事判决书。
② 上海知识产权法院(2022)沪73民终187号民事判决书。

一审上海市浦东新区人民法院认为：“惩罚性赔偿与补偿性赔偿具有倍比关系，后者是前者的计算基数。基数固然重要，但机械认为只要基数的全部数额不能查明就不能适用惩罚性赔偿，将严重影响该制度功能的发挥，使恶性侵权者轻易逃避法律惩罚……既然基数全部数额查明时可以适用惩罚性赔偿，举重以明轻，部分数额能够确定时也可就该部分适用惩罚性赔偿。故本案针对巨凯公司向境外出口部分可适用惩罚性赔偿。"上海市浦东新区人民法院综合考虑侵权情节、巨凯公司主观过错程度、侵权行为的情节严重程度等因素，按照所确定的被告生产并出口境外的侵权获利193732.11元的3倍适用惩罚性赔偿，确定其应承担的赔偿总额应当为填平性赔偿数额与惩罚性赔偿数额之和，即为基数的4倍共774928.44元，无法查明的销售数额部分则针对巨凯公司在境内的侵权行为适用了法定赔偿。

其次，赔偿基数是否能够归类为"可计算确定"，关键在于证据的证明力度和计算的精确程度。在广西柳工集团诉莱州柳工机械侵害商标权纠纷案[①]中，法院确定以被告获利为计算基数，根据侵权商品的销售量与该商品单位利润的乘积计算，其中，侵权产品单价以原告提交的公证书内容为据，关于产品利润率，以原告提交的上市公司平均毛利率为参照酌情调整至15%，销售量以被告网站宣传内容为准，结合被告域名注册时间确定侵权行为持续时间，综合上述因素计算最后得出70万元的惩罚性赔偿额，可见在具体案件中，权利人主张惩罚性赔偿的，应当明确请求适用的赔偿基数和具体倍数，同时承担相应的举证责任。侵权人提出异议的，也可以提出相反的证据。该案例中被告提出双方于2017年达成调解协议，均放弃追究协议约定以外的其他违约责任和经济损失，此后被告继续实施侵权行为，法院据此认为侵权行为应当自达成调解协议之日起计算。实际上在大多数案件中，对于权利人来说，证明侵权产品的真实数量、单件产品具体利润难度很大，侵权产品的收益难以直接计算，从而导致数额的计算难以精确量化、难以确定最终的赔偿数额。

最后，当事人要求参照权利使用费确定赔偿基数时，关键在于参照费用标准的真实性、可比性和合理性。权利使用费作为无法查明实际损失和违法

[①] 山东省烟台市中级人民法院（2017）鲁06民初24号。

所得情况下后一顺位的考量凭据，其优势在于举证便利，相较于作为兜底的法定赔偿来说，其结果更具科学性和准确性。结合《北京市高级人民法院关于侵害知识产权及不正当竞争案件确定损害赔偿的指导意见及法定赔偿的裁判标准》第 1.9 条关于合理许可使用费的参考因素的规定，对于著作权侵权权利使用费的确定，法院需要考虑的是：首先，关于真实性的审查，实践中法院一般会要求权利人提供切实发生的许可使用合同及相关证明材料，包括发票、付款凭证等用以确定合同是否实际履行，会考虑著作权使用许可合同是否代表双方的真实意思表示，以及与相对人之间是否存在亲属、投资或利益相关等利害关系。关于可比性，需要对许可使用的著作权项目、许可方式、许可范围、许可期限等因素与被诉侵权行为之间是否相互可比进行判断，另外需要考虑的是，该权利使用费是否受到诉讼、并购、破产、清算等外在因素的影响，必须为正常的商业许可费用。至于合理性，可以从两个方面理解：一是权利使用费的倍数，著作权法中统一以确定数额的一倍以上五倍以下给予赔偿，倍数范围相差过大，对于最终赔偿数额的认定可能会对权利人造成不公平。二是权利使用费的定义和范围，由于立法和实践中并未形成对于权利使用费的具体考量因素及判断标准，一方面，在面对惩罚性质的赔偿条款时法官往往更为谨慎，在证据的审查上过于严苛、参照证据的范围逼仄，导致实务中适用率低；另一方面，近年来，参照基准在现有可查实的许可使用费的前提下，出现以第三方机构评估标准或比较同类许可费为参考基准。例如，在松原市石焱文化传媒有限公司与上海朝歌文化娱乐有限公司侵害作品放映权纠纷案[①]中，法院对于赔偿数额的判定参考了案外被告曾与集体管理组织订有相关著作权许可合同确定的许可费；山东省高级人民法院在（2022）鲁民终 1427 号判决书中对于案涉音像著作权侵权行为适用《著作权法》第 54 条的惩罚性赔偿条款，其中关于权利使用费的参考依据，由于并不存在切实履行的许可使用合同，最终依据国家版权局公告以及音集协会公告的收费标准，结合实际使用时间确定了赔偿数额，可见司法实践中有适度扩大参考范围的趋势。

---

① 上海市普陀区人民法院（2021）沪 0107 民初 22822 号民事判决书。

二、举证妨碍制度适用

为解决损失金额举证难的问题,《著作权法》第 54 条第 4 款规定了关于举证妨碍制度,这是继《商标法》和《最高人民法院关于审理侵犯专利权纠纷案件应用法律若干问题的解释(二)》[以下简称《专利纠纷解释(二)》]后有关著作权侵权领域针对证明妨碍行为的规定。所谓举证妨碍制度,是指诉讼当事人因可归责于对方当事人以故意或过失、作为或不作为致使其证明行为受阻、待证事实真伪不明时,法院在认定事实上作出对被妨碍当事人有利的调整。从 1998 年《最高人民法院关于民事经济审判方式改革问题的若干规定》(已失效)第 30 条证明妨碍行为的司法解释,到 2001 年《证据若干规定》第 75 条,直至知识产权诉讼中证明妨碍制度逐步统一规定的立法进程,完善法律以力求司法裁判公平公正。

其实在新法规定之前,实务界就已经在涉及著作权纠纷领域中对证明妨碍规则的适用进行了积极探索。在傅某与吉林音像出版社有限责任公司等著作权权属侵权纠纷①一案中,对于被告辩称其仅印刷 3000 册的出版行为,由于未提供证据证明其主张且在法院要求其提供印刷委托书时拒不提供,法院最后采纳原告观点,推定涉案出版物实际印刷数量为 3 万册,判定被告赔偿38.5 万元,法院根据权利人的主张认定侵权获利、推定其提供的影响最终获利计算结果的参考依据为真实。在陈某与余某等侵害著作权纠纷案②中,被告在明显持有且被要求提交编剧合同和发行合同用以确定违法所得的情形下,以涉及商业秘密为由拒绝提供,法院据此推定原告主张的酬金标准和发行价格具有可参考性,最终参考原告主张和证据酌情确定被告的赔偿数额。上述案件法院判决中虽并未具体引用举证妨碍制度有关法律条文规定,但无论是对于判决理由的论述还是最终的裁判结果,无不体现着对举证妨碍理念的肯定与应用。

关于举证妨碍制度的适用契合了司法实际的需要,较之以往涌现出良好

---

① 江苏省无锡高新技术产业开发区人民法院(2015)新知民初字第 0016 号民事判决书。
② 北京市第三中级人民法院(2014)三中民初字第 07916 号民事判决书。

反馈的同时，在现今这样日新月异的互联网数字经济时代背景下，规范化的法律条文无法包罗万象、面面俱到，在实践中不断更新完善是大势所趋，也是时代之必然。有以下几点需要厘清。

（一）关于适用前提的明确

根据《著作权法》第 54 条的规定，适用举证妨碍需要在权利人已经尽了必要的举证责任前提下进行，即权利人需要率先积极举证，对"必要的举证责任"的理解，首先，参照《商标法》第 63 条规定的权利人的尽力举证责任分析何谓"必要"以及对"必要"的程度如何把握，以广东永泉阀门科技有限公司、永泉阀门有限公司等侵害商标权纠纷案[①]为例，法院对于权利人已经尽力举证的认定依据在于其对被告公司在网络平台上的销售单价、行业利润率、概括性的侵权规模以及相关维权支出等初步证据进行举证，即使未能据此确定权利人的实际损失、侵权人的侵权获利或者相关权利许可使用费，仍然认定其已尽力举证。该案中提及的"初步证据"，在《专利纠纷解释（二）》中规定了权利人提供侵权获利的初步证据即权利人的初步举证义务，笔者认为，"必要"一词与其可做同一理解，"尽力举证"同理。具体来说，以网络平台为例，权利人应当围绕其因侵权行为遭受损失和侵权人实际违法所得承担举证责任，包括被诉侵权人网站产品销量、实际收货量、售价、累积用户评价等，以及官方公布的企业年报、利润表，甚至是相关媒体报道能够体现经营规模、营业情况的证据都需积极、全面提供，权利人怠于举证的，需要承担举证不能的法律后果。该条与《著作权法》第 59 条规定的举证责任倒置相区别，并非免除权利人的举证责任。

（二）关于规定的启动程序

法条并未明确关于举证妨碍制度的适用是依当事人申请，还是法院依职权启动。基于《民事诉讼法解释》第 112 条的规定[②]，著作权纠纷同属民事诉

[①] 广东省高级人民法院（2020）粤民终 1588 号民事判决书。
[②] 《民事诉讼法解释》第 112 条第 1 款规定："书证在对方当事人控制之下的，承担举证证明责任的当事人可以在举证期限届满前书面申请人民法院责令对方当事人提交。"

讼领域，为避免法律适用标准不统一，笔者认为，著作权侵权损害赔偿制度中举证妨碍规则的适用起步于权利人主动申请。回到法条本身，如上文所述，在权利人穷尽全部的资源和途径，将所有可能存在的证据尽力收集、提供后，法院才得以"责令侵权人提供与侵权行为相关的账簿资料等"。知识产权民事诉讼中双方当事人权利地位平等，法院依职权主动适用实质上是将裁判的天平向权利人方倾斜，过多地干预诉讼流程，司法裁判的公正性又将如何保障。

（三）法官释明义务

权利人在尽了必要的举证责任，向法院提出申请要求侵权人披露实际获利情况的相关证据，在此过程中，法官是否应当向被告指出权利人申请的具体事项、被告承担的举证义务以及当侵权人拒绝提供法院责令其提供的、由其掌握的证明权利人实际损失和侵权人实际获利情况的证据时，法官可以参照权利人的主张和提供的证据确定最终赔偿数额。但不可否认的是，在当事人双方主张有矛盾、有误会的情况下，法官向当事人阐述事实及提出法律上的指示，能有效减轻当事人的讼累，提高诉讼效率。法条并未规定法官在知识产权侵权诉讼中承担释明义务，但笔者认为，无论是从推进诉讼程序的有效进行，还是从司法公正的角度，证明妨碍规则适用的过程中对于法官释明义务应当引起足够的重视。

第三节 惩罚性赔偿制度完善的合理建议

一、放宽惩罚性赔偿制度事实认定的要求

在实践中，如果要主张惩罚性赔偿，条件之一是需要有侵权事实，之二则需要有证据证明，且被侵权人提供的证据需有较强的证明力。但现实中，举证困难一直是被侵权人面临的问题，在证据不充分的情况下，被判定的赔偿数额时常会小于被侵权人的实际损失。有意见主张，损害赔偿制度的一个实施难点在于举证责任制度还不够完善。笔者认为，英美法系中的"盖然性

优势"标准值得我们参考,该标准主张放宽对被侵权人的举证的要求,降低证据认定的标准。例如,在张某等人和希赛恩博公司的纠纷案[①]中,希赛恩博公司虽然不能提供直接证据,即产品实物来证明侵权行为,但该公司已经在能力范围内举证,其证据达到了高度的盖然性。法院基于此种情况判定被告实施的侵权行为成立,应当停止侵权、赔偿该公司的损失。最后法院判定,被告除了要向原告支付相关行政司法文书认定的侵权损害赔偿,还要额外支付50万元的惩罚性赔偿金。妨碍举证制度的适用虽应当灵活变通,但也应当建立在三个基础之上:首先,原告已经尽其最大的能力进行了充分的义务举证,并尽可能保证该证据的可靠性。其次,不能通过公开的合规方式获得侵权人或者侵权公司的内部数据。最后,侵权人通过不作为或者虚假的行为举证或者破坏、销毁有关证据。在这种情形下,对于被侵权人在合理范围内主张的惩罚性赔偿的数额,法院应当支持。

二、改进侵权损害赔偿的程序适用

惩罚性赔偿在实务中可能遇到更多的程序上的问题,对于适用程序需要进行改进以优化该制度的效果。从实体法来看,该制度的适用要考量侵权行为的损害程度、情节恶劣程度。从诉讼法来看,制度的适用程序不会妨碍被侵权人依法获得救济的权利。惩罚性赔偿制度的反对者认为该制度会导致"过度诉讼",而合理的适用程序可以防止这一现象的出现。因此,对实务中存在的相关程序性问题需要作出解答。首先,根据不诉不理的规定,原告在诉讼过程中未主张的权利,法官不能主动适用,在审判过程中,法官应处于中立地位。其次,如上文所提到的,惩罚性赔偿与补偿性赔偿存在一定差别,这也是适用惩罚性赔偿制度的前提。美国学者爱德华·J.科恩卡认为,惩罚性赔偿作为一种权利并不具备恢复性,只有在维护司法公正和公共利益时,陪审团才会酌情决定是否适当。因此,如果被侵权人在诉讼过程中并未主动提起适用惩罚性赔偿,在诉讼完结后,也不能再提起该请求。

---

① 广东自由贸易区南沙片区人民法院(2018)粤0191民初2号。

三、完善惩罚性赔偿的倍数适用的具体情形

《著作权法》修改后，确定惩罚性赔偿的金额时以确定的金额为基础，以1倍以上5倍以下的倍数计算金额。在现实的案件中如何确定赔偿的具体倍数？法官在确定赔偿数额时可以从下述三个层面考量：第一，被侵权作品的市场经济价值。市场经济价值越高，公众关注度越大，随之而来的浏览量、下载量等也会相应增多。显然，具有较高市场经济价值的作品一旦被侵权，从中可得的非法利益也会变高。第二，侵权人的侵权心态是直接故意还是间接故意，直接故意的主观恶性一般来说比间接故意更高。第三，侵权行为的持续时间、实施频率也是重要因素。侵权行为的时间范围是长期还是短期，实施频率是高还是低，对被侵权人带来的损害是不同的，显然带来的损害程度都是前者高于后者。在上述三种考量因素下，法院应根据具体情况判决加倍赔偿。

四、著作权人主动适用惩罚性赔偿的维权意识

通过上文中的论述和对相关案件的整理发现，在现阶段，我国实务中很少有著作权人会主张适用惩罚性赔偿，即使偶有一些主张的情况，也很难完全满足当时法律规定中的适用要件。与此相对的是，国外企业擅长主张适用该制度并寻求救济，在诉讼的举证环节具有较强的维权意识，对惩罚性赔偿也足够了解。在实际的司法实践中，虽然法院应当处于公平的中立位置，但在必要时，也可以提醒权利人有关惩罚性赔偿的适用。我国需要加强对相关法律知识的宣传，培养著作权人的法律意识，提高其对惩罚性赔偿制度的了解，进而通过法治宣传来增强维权意识。

五、结　语

由于许多侵权人财务制度不健全、运作不规范，且在很多情况下著作权权利人因客观原因难以证明自身利益具体损失数额，侵权人所获得的利益更

加难以计算，这让著作权权利的主要问题集中在"全面赔偿原则"本身难以得到有效贯彻。总体来看，我国加强著作权保护的关键不是一味地用"全面赔偿原则"代替"惩罚性赔偿原则"，而是通过完善包括企业财务、审计在内的一系列相关制度，从而使"全面赔偿原则"在司法实践中得到有效贯彻。对于我国知识产权惩罚性赔偿制度而言，在缺乏遵循先例制度（典型的案例指导制度显然难以与之相比）和相应的诉讼相关机制的情况下，即使《民法典》和知识产权相关法明确规定惩罚性赔偿，能否成功移植基于普通法传统的惩罚性赔偿制度仍存在不确定性。没有综合的制度基础支撑，单凭简单的立法文件，难以使知识产权惩罚性赔偿制度的建立实现既定的立法目标。

我们最终的目的是让侵权者不逃避法律的责任，让被侵权者得到应有的尊重和赔偿，让惩罚性赔偿的适用更加审慎。同时，要严格规定惩罚性赔偿的边界，防止滥用惩罚性赔偿规则导致的恶意竞争。

第八章
知识产权民事诉讼中证据提出命令研究

所谓证据提出命令，是指在知识产权民事诉讼中，负有举证证明责任的当事人向法院提出申请，请求法院责令持有证据的当事人提交证据，法院经审查认为符合条件的，作出责令证据持有人提交证据的裁定。证据提出命令制度是知识产权诉讼中特有的证据制度，是在普通民事诉讼中书证提出命令制度的基础上，结合知识产权特性与诉讼规律进行升级创新的制度成果。相比于书证提出命令制度，证据提出命令制度突破了当事人可申请提交的证据范围的限制，极大地提高了该制度在司法实践中的适用率。需要指出的是，尽管从字面含义观之，证据提出命令制度的客体范围理应包含民事诉讼中学理分类的八大类证据，但事实上，由于鉴定意见和勘验笔录的提出应遵循特别规定，因此，证据提出命令制度所涵盖的证据应主要是指书证、物证、视听资料、电子证据等证据种类。

然而，无论是在制度规范设计还是在司法案例适用中，证据提出命令制度与举证妨碍制度混用的情形时常出现。事实上，举证妨碍是指证据持有人因一定理由拒绝提出，或因自身原因不能提出证据所应当承担的行为后果。[①] 能够触发举证妨碍制度适用的原因有多种，除本章所研究的证据提出命令制度外，普通民事诉讼中，法院依申请或依职权调查收集证据等均为证据持有人设定了证据提出义务，要求其配合证据调查程序向法庭提出证据。若当事

---

① 江伟主编：《中国证据法草案及立法理由书》，中国人民大学出版社 2004 年版，第 389 页。

人无正当理由实施或消极或积极的举证妨碍行为,致使案件无法查明,则理应承担相应的举证妨碍责任。从这点来看,举证妨碍制度适用范围更加全面。但无论如何,基于辩论主义原则,要求当事人需对己方主张的案件事实承担证明责任是基本的证明责任法理,[①] 不能认为举证妨碍制度可以超越一般举证责任的分配规范。

此外,由于证据提出命令的实现方式为法官要求当事人提出证据,故此很容易将其与法官依据当事人申请调查证据相混淆。所谓法官依申请调查收集证据,是在我国《民事诉讼法解释》第94条所规定"因客观原因不能自行收集"的情形下,当事人可以申请法院调查取证。从表面上看,无论是证据提出命令还是当事人申请法院调查取证,制度的激活均以当事人向法院提出书面申请为前提,且均由法官推进制度进程,但二者在制度性质与制度目的上均有较大区别,具体分析如下。

就制度性质而言,当事人申请法院调查取证是当事人收集证据的补充性手段,法院是否作出准许调查取证的裁定,以及调查取证是否得出有效结果,均不具有必然的违法性后果;而证据提出命令的实质是为证据持有人设置了证据提出义务,若持有人违反法院责令其提交证据的裁定,那么必然引起不利推定的法律后果。就制度目的而言,法院调查证据一方面可以弥补当事人因权限不足或秘密证据等客观因素制约而无法收集证据的权利缺陷,另一方面也是维护国家利益、公共利益与个人利益之所需;而证据提出命令则是为解决因证据结构性偏在造成的双方当事人之间诉讼地位失衡、诉讼能力实质差异较大的问题,通过扩大负有举证责任的当事人收集证据途径,尽可能地收集更加完整、真实、与案件事实有关的证据,帮助法官尽快明确争议焦点、还原案件事实,避免当事人陷入举证难、维权难的困境,确保权利人能够获得足额的损害赔偿。可见,二者制度机理完全不同,在研究时应将其加以区别。

---

① 秦波:《论诉讼中的证据推理》,载《湖南科技大学学报(社会科学版)》2015年第2期。

第一节　知识产权民事诉讼中证据提出命令制度的价值

一、更好查明案件事实

正确的事实认定与法律适用是公正司法裁判的前提。① 通常情况下，裁判正当性基础植根于尊重案件基本事实的沃土，法官只有在正确认定事实的基础上才能选择恰当的法律规范并加以适用。② 若事实认定错误，那么正确适用法律将成为无源之水、无根之木。但法官并非案件事实的亲历者，只能通过分析诉讼中当事人的陈述与所提出的证据进行法律意义上的事实认定。与此同时，当事人的诉讼地位决定了彼此之间天然存在的利益对抗性，在陈述、举证等一系列证明过程中，当事人所重构的案件事实不可能完全一致，甚至会出现截然相反的情形，更加为法官查明案件事实增加了难度。

尤其在知识产权侵权诉讼中，知识产权并非依附于实质客体，即使有侵权行为的发生，一般也不会影响知识产权人正常行使其权利。且侵权人的行为极具隐蔽性，权利人可感知到的损失与侵权人的实际侵权获利之间往往存在巨大的差距，但由于获利数额的确定极大地依赖于侵权人所持有的诸如账簿、资料等证据，证据天平天然地偏向侵权人一方，这就更增加了法官查明事实的难度。尽管现有的证据交换、律师调查令等制度规范有助于法院查明案件事实，却仍难以应对知识产权诉讼中层出不穷的证据偏在、举证妨碍等现象。证据提出命令制度的出现恰恰弥补了这一缺陷：负有证明责任的当事人通过提交证据提出申请，可以自对方当事人与案外第三人处获取更多证据，进行充分的举证与陈述，从而进一步还原案件细节，帮助法院厘清案件线索，查明案件事实，作出客观公正的裁判。

---

① 张卫平：《自由心证原则的再认识：制约与保障——以民事诉讼的事实认定为中心》，载《政法论丛》2017 年第 4 期。

② ［德］伯恩·魏德士：《法理学》，丁小春、吴越译，法律出版社 2003 年版，第 298 页。

二、实现诉讼平等

事实上,诉讼平等并非要求双方当事人在形式上拥有相同的诉讼权利与义务,而是更加注重考虑当事人现实中客观存在的差异以针对性实现实质平等。[①]我国民事诉讼之所以规定主张者承担证明责任的诉讼法理,正是因为通常而言,提出主张的当事人进行举证的难度较小,证据距离较近。但在知识产权民事诉讼领域,证据偏在性却较为明显。这是因为与其他一般性财产相比,知识产权作为一种特殊的财产权,所具有的无形性特点决定了其必须依附于某种物质载体。在知识产权的产生过程中,权利人将抽象思想转化为具象表达,从而获得知识产权,知识产权的价值却并非就此定格,而是在流转、使用的过程中不断为权利人创造价值。即使有侵害知识产权的行为发生,知识产权客体一般也不会因此而遭到毁损、灭失,直至法定保护期间届满前,权利人及受让人仍享有合法独占权,可在权利范围内继续享有收益,但权利人有关知识产权市场价值、市场份额、商业信誉等实际损失却难以估量。能够用以证明与计算权利人实际受损的直接证据通常掌握在侵权人手中,双方当事人之间的经济实力、社会地位等差异更加扩大了双方诉讼能力的"非对称性",因此说,证据结构性偏在加剧了知识产权民事诉讼中双方举证能力的不平等性。

由上述可见,在知识产权诉讼中,持有关键证据的侵权人往往不会轻易选择提交证据而致占据优势地位的己方陷入败诉风险之境地,相反,侵权人或积极或消极地证明妨碍行为反而能够轻易造成对方当事人陷入"取证难""举证难"的困局,进而有损实质正义[②],导致知识产权侵权诉讼"否认滥用极为轻易,但证明侵权却非常困难"[③],与民事诉讼法中诉讼平等原则相悖。

证据提出命令制度正是根据这一原则对证据收集程序进行升级,要求法

[①] 杨锦炎:《武器平等原则在民事证据法的展开》,中国政法大学出版社 2013 年版,第 20 页。

[②] 潘剑锋、牛正浩:《书证提出命令的理论革新与路径优化——以商业秘密侵权诉讼为切入点》,载《北方法学》2021 年第 6 期。

[③] Jessica Litman, The Public Domain. 39 Emory Law Journal, 967.

官在引导诉讼程序的进行中应当始终保持客观公正,通过平衡双方当事人诉讼能力推动审判活动的进程。当存在不平等情形时,及时加强弱势一方的力量,以平等分配当事人的证据距离,促进诉讼平等原则更好实现。在证据结构性偏在的知识产权诉讼中,证据提出命令制度能够有效弥补举证人在证据收集能力方面的缺陷,保障举证人不因客观差异而失去平等诉讼地位的权利。

三、贯彻协同主义

协同主义是在一定权限划分的前提下,对辩论主义与职权主义权力界限的融合与协调①,强调法院与当事人协同合作,合力完成诉讼材料收集过程,以发现案件真实②。协同主义并非全新的诉讼模式,而是立足于辩论主义基本原则的基础上突破自身限制,对其进行修正与补充。协同主义更加注重诉讼参与人之间的沟通与协作,在明确各自职能定位分担的基础上寻求促进纠纷解决的共同目标,通过法官对双方当事人的主观证明责任进行干预,避免当事人之间的单独碰撞,进而平衡客观证明责任负担,用以应对诉讼不公与延迟的困境,注重诉讼中当事人之间实质意义上的平等,也更有利于武器平等原则在证明责任问题中的实现。③

在证据收集制度方面,协同主义更加强调诉讼参与人证据协力义务,主要体现在可以在条件成熟时要求不负证明责任的当事人或第三人提交必要证据,配合法庭调查,即对代表国家行使裁判权的法院进行协助,从而确保法院能够基于证据调查全面真实的结果作出公正裁判,④因此也具有一定的诉讼促进义务性质,当属公法上的义务。

从这个角度出发,证据提出命令制度正是对协同主义所主张的法官与诉讼参与人协同推动诉讼进程的体现。就知识产权民事诉讼而言,无论是权利人请求对方当事人提交证据时必经的证据特定化程序,还是法官作出责令提

---

① 唐力:《辩论主义的嬗变与协同主义的兴起》,载《现代法学》2005 年第 6 期。
② 王福华:《民事诉讼协同主义:在理想和现实之间》,载《现代法学》2006 年第 6 期。
③ 刘鹏飞:《修正辩论主义与武器平等的证明责任》,载《证据科学》2014 年第 6 期。
④ [日]梅本吉彦:《民事诉讼法》,信山社 2002 年版,第 781 页。

交证据的裁定，均以持有证据的一方当事人在程序中配合为前提，在遵循证明责任基本理论原则的前提下，经由法官的干预与调节进行主张责任的具体化调整。而为维护程序的正当性，理应对持有证据却不负证明责任的诉讼参与人设定诉讼义务，要求其提供举证协助，为法官及当事人共同推进证据交换、证据调查等环节提供行为规范意义上的指引，从程序上缓解弱势当事人证明困难的问题，能够有效提高当事人的证明能力，更加公平高效地推进证据调查程序，为维护和保障当事人合法的实体权利奠定事实基础。

第二节 知识产权民事诉讼中证据提出命令制度现状考察

一、知识产权民事诉讼中证据提出命令相关规定梳理

我国民事诉讼证据制度起步较西方国家晚，尤其是知识产权领域的证据制度，是在民事审判方式改革的宏观背景下，伴随着诉讼实务的推进发展起来的，并仍处于不断改革与发展过程中。根据特殊法优于一般法的基本原则，在知识产权领域应当优先适用知识产权民事诉讼中证据提出命令制度的有关规定，但鉴于即使在普通民事诉讼领域，该制度尚未形成规范体系，且多依托于司法解释进行定义说明，故而下文将分别从普通民事诉讼领域与知识产权民事诉讼领域出发，对证据提出命令制度的立法现状进行梳理。

起初，最高人民法院在2012年对《民事诉讼法》进行修正时，提出当事人及其诉讼代理人、知晓案件情况的有关单位和个人均负有协助取证的义务。[①] 随后，在诉讼双方当事人武器平等对抗的基本格局要求下，[②] 最高人民法院于2015年通过《民事诉讼法解释》创设性设立书证提出命令制度，在第112条中宏观地规定负有证明责任的当事人可在举证期限届满前向法院提出申请，经法院审查后认为理由成立时，责令控制书证的对方当事人提交证据，

---

① 参见2012年《民事诉讼法》第64条、第67条、第72条。
② 冯玉婷：《书证提出命令制度的泛化适用与价值平衡——兼评新〈民事证据规定〉第47条》，载《浙江工商大学学报》2021年第5期。

对方当事人无正当理由拒不提交所持有证据的，人民法院可认定申请人主张的书证内容为真实。而 2019 年施行的《最高人民法院关于民事诉讼证据的若干规定》（以下简称《民诉证据规定》）第 45 条至第 48 条对书证提出命令制度进一步细化，要求申请人提交申请时应当载明所申请提交的书证名称或者内容、需要以该书证证明的事实及事实的重要性、对方当事人控制该书证的根据以及应当提交该书证的理由，并对法院如何判断对方当事人是否控制书证、审查证据提出申请时应当听取双方当事人意见、控制书证的当事人应当提交书证的具体情形以及具有证明妨碍行为时需承担的法律效果等进行详细规定。

知识产权领域有关证据提出命令的规定体现在 2020 年最高人民法院发布的《最高人民法院关于知识产权民事诉讼证据的若干规定》（以下简称《知产证据规定》）第 24 条、第 25 条之中。根据该规定，负有举证责任的当事人可书面申请人民法院责令控制证据的对方当事人提交证据，申请理由成立的，人民法院应当作出责令提交的裁定。若对方当事人无正当理由拒绝提交的，则法院可以推定该证据所涉证明事项的主张成立。

相较普通民事诉讼领域，知识产权相关法律中涉及证据提出命令制度的条文扩大了司法实践中证据提出命令的适用情形，换言之，该制度突破了传统民事诉讼领域证据提出命令中对证据范围的限制，当事人可就包括书证在内的其他证据种类提出申请。笔者认为，对证据提出命令客体范围限制的突破使得该制度的适用范围在诉讼实践中得到极大延伸，直指知识产权诉讼普遍存在的证据偏在、"举证难"之难题，力求在反映知识产权诉讼特殊规律的同时，能够充分发挥证据制度优势，突破现有诉讼机制障碍，实现形式正义与实质正义相统一。

然而，《知产证据规定》相关规定虽有利于实践中破解新型知识产权诉讼中证据偏在困境，但由于有关适用条件、法律效果等规定过于粗略，且与民诉证据中的相关规定也缺乏完美对接，这不可避免地导致法律适用上的混乱。因此，对知识产权诉讼中证据提出命令制度相关理论和司法实践进行分析，对于探寻证据提出命令制度的完善路径具有重要意义。

另外，需要提及的是，知识产权单行法及其司法解释也有部分条文涉及证据提出命令的适用，这些条文主要见于单行法中涉及侵权损害赔偿标准适用的相关规定。具体包括，2013年《商标法》第63条有关商标侵权损害赔偿标准的规定，以及2016年最高人民法院颁布《专利纠纷解释（二）》有关专利侵权损害赔偿标准的规定。但是，不少学者将其作为被申请人拒绝证据提出命令所应当承担的后果，即认为该条文是知识产权诉讼中证据提出命令制度的延伸。但笔者认为，这是因为人们误解了举证妨碍的制度机理，从而机械割裂了证据提出命令与举证妨碍的关系。事实上，该制度应属《民事诉讼法解释》第95条有关举证妨碍规定在知识产权侵权场域的具体适用。

二、知识产权民事诉讼中证据提出命令制度相关规定分析

上述分析表明，证据提出命令制度存在一系列制度上的问题。笔者认为有两方面原因：在宏观层面，证据提出命令制度与相关证据制度的关系尚未得到透彻的梳理，导致不同司法解释之间的关系显得模糊不清；在微观设计层面，主体范围狭窄、审查标准不够完善等问题凸显出制度的缺陷。接下来，将对这两个方面的问题进行更为深入的剖析。

（一）相关制度之间的体系性较为模糊

从学理的角度分析，知识产权民事诉讼中证据提出命令制度是立足于普通民事诉讼中书证提出命令制度的基础上进行扩充，将提出证据的范围从仅限于书证扩展至包括所有证据类别。然而，目前法律和司法解释并未明确《知产证据规定》第25条与《民诉证据规定》第45条至第48条之间的关系，这可能引发一系列问题，如在适用证据提出命令时，应根据何种标准进行判断和运用，这无疑也是知识产权司法实践中较少运用《知产证据规定》第25条的原因之一。

此外，《民诉证据规定》第95条作为举证妨碍的概括规范规定了制度原则，其与证据提出命令之间的关系也存在多种解读。相关制度之间的体系性模糊必然导致法官在解决问题时倾向于回避程序较为烦琐的证据提出命令，选择直接适用举证妨碍作出对不负举证责任的当事人不利的推定。

总体而言，证据制度区别设定的意义在于根据实践中的不同情形准确应用，从而规范法院权力行使路径。然而，尽管我国知识产权民事诉讼中证据

提出命令制度在形式上已相对完整，但严格来说，具体条文仍不够细化统一。例如，尽管知识产权法及司法解释已规定了知识产权领域特殊的举证妨碍制度，但实践中仍多作为违反证据提出义务的制裁措施适用，实为制度混用的表现。因此，有必要进一步梳理制度之间的差异，促进司法适用更加规范。

（二）主体范围狭窄

证据提出命令的主体包括申请人（即负有证明责任的当事人）和被申请人（即控制证据的对方当事人）。从申请人的角度来看，主要是指对主张负有证明责任的人，包括对诉讼请求负有证明责任的原告，同时也包括在诉讼中提出新主张从而对待证事实负有举证责任的其他当事人。这一点，无论是在创设证据提出命令的《民事诉讼法解释》中，还是对该制度进行细化完善的《民诉证据规定》，以及在知识产权单行法及其司法解释中皆有体现。

然而，在确定被申请人时存在一些限制。最高人民法院在对民事诉讼证据规定进行解释时指出，与大陆法系国家和地区不同的是，我国的证据提出命令制度创设于司法解释，在划定被申请人主体范围时，囿于司法解释的局限性，无法为诉讼外第三人设定诉讼法之义务。[1]因此，即使对证据提出命令中的"被申请人"作广义理解，我国证据提出命令的被申请人也仅限于诉讼中控制证据的当事人，而不包括诉讼外第三人。事实上，用以证明案件事实的关键证据由案外第三人掌握的情形并不少见，例如侵害专利权或商标权的产品在第三方处使用，而侵权人手中并无此证。在这种情况下，若第三人拒绝提交该证据，又不能对第三人适用证据提出命令制度，则必然造成申请人合法权益难以得到保护。面对明知重要证据由案外人控制的情形，当事人苦于制度限制而难以有效获取关键证据，最终只能承受举证不能的不利后果，这无疑是对诉权平等最大的挑战。

（三）当事人申请证据提出命令的实质条件有待完善

通过分析制度可知，适用证据提出命令制度的明显前提是申请人已尽其

---

[1] 最高人民法院民事审判第一庭编著：《最高人民法院新民事诉讼证据规定理解与适用》，人民法院出版社2020年版，第435页。

力所能及的举证责任却仍无法提供关键证据,原因在于这些证据由被申请人所持有。然而,最高人民法院并没有详细分析制度适用的前提要件。即使从制度体系的角度,将《民诉证据规定》有关书证提出命令的要求迁移到证据提出命令中加以运用,依然存在制度规范过于粗略的问题。例如,《民诉证据规定》第 46 条第 2 款列举了法院不准许书证提出申请的情形,包括"书证不明确""书证对于待证事实的证明无必要""待证事实对于裁判结果无实质性影响"等情形,法官可以不准许证据提出申请。显然,对于书证是否明确、申请提交的书证是否对待证事实有必要等情形都需要法官进行主观判断。正如一些学者所指出的,规定"待证事实对于裁判结果无实质性影响"时不予准许,却未规定何种程度属于"实质性影响";规定因根据法律、习惯等因素结合案件事实,对于书证是否在当事人控制之下的事实做出判断,却未规定综合判断的标准为何。① 这种规定避重就轻地绕开了证据提出命令制度适用要件的实质问题,必然导致制度的实际应用在一定程度上受到限制,从而难以真正发挥其作用。

除了前述申请证据提出命令实质条件不明确的情况,还存在某些实质条件过于严格的问题。例如,《民诉证据规定》第 45 条第 1 款要求当事人在提出申请时,应当载明所申请书证的名称和内容,旨在特定化申请提交的书证,然而该规定对申请人而言明显过于苛刻。毕竟,相关证据由对方当事人掌握,其具体名称或内容有时当事人并不确切了解,这也会导致法院在适用该规定时出现自由裁量权过大、适用标准不统一等问题。此外,该规定也可能使法官要求当事人向法院明确欲申请提交的证据内容,由此带来因申请提交的证据内容不够明确而被法院拒绝的风险。

(四)证据提出命令的程序规则有待完善

证据提出命令的程序规则主要涉及提出证据提出命令申请的时间、法院审查的具体程序和方式等。根据《民事诉讼法解释》中有关书证提出命令的规定,书证提出命令的申请时间是在举证期限届满前,而举证期限届满时间

---

① 潘剑锋、牛正浩:《书证提出命令的理论革新与路径优化——以商业秘密侵权诉讼为切入点》,载《北方法学》2021 年第 6 期。

原则上就是进行证据交换的时间。然而，在双方证据未进行交换的情况下，当事人有时很难确定是否需要提交证据提出申请的要求。另外，我国现有民诉法对提出新证据的时间也相对灵活，并不适用十分严格的举证时限制度，此时，倘若依然要求证据提出命令申请必须在举证期限届满前提出，可能难以与整个民事诉讼证据体系获得逻辑上的自洽。此外，对于接到当事人的证据提出命令申请，法院应在何时、通过何种方式进行审查，目前皆缺乏明确规定。这也容易导致证据提出命令的适用难以获得理想的效果。

（五）救济程序缺失

在我国证据提出命令制度相关规定中，虽对证据持有人拒不提交证据的行为设以举证妨碍制度进行规制，但无论是法院裁定驳回的证据提出申请，还是作出的证据提交裁定，均未赋予当事人程序救济权。事实上，相关证据是否提出，对于双方当事人权益都有着十分重要的影响，甚至可以直接决定案件成败。面对如此重要的裁定却缺乏救济机会的情况下，难以实现程序正当性。另外，由于缺乏救济机制，作为证据提出命令的义务主体，无论是双方当事人还是案外第三人，均容易认为自己的正当诉讼权利受到限制，并与法院之间发生冲突。

因此，理应赋予当事人与第三人同提出义务相统一的程序异议权，特别是案外第三人持有证据时，缺乏救济程序的证据提出命令制度使得本应被责令提出的证据无法提交，当事人只能通过上诉来维护个人合法权益，这导致实践中多存在因程序性问题未能解决而引发的案件上移和浪费司法资源的现象。无救济则无权利，救济程序的规范性缺失严重阻碍了证据提出命令制度的正常运行，使其无法与我国现行民事诉讼法理念相适配，完善救济程序势在必行。

三、知识产权民事诉讼中证据提出命令制度典型案例梳理

考虑到证据提出命令制度创设至今仅有十余年，且实践中法官使用措辞习惯多有不同，因此笔者在中国裁判文书网中裁判时间为 2010 年 1 月 1 日至 2022 年 12 月 31 日之间，且案由属于"知识产权权属、侵权纠纷"类目的判

决书中,分别以"证据提出命令"、"书证(文书)提出命令"及证据提出命令制度相关法条等为关键词进行全文检索,共计获得 62 篇判决书;另以"举证妨碍""证明妨害"进行检索,共计获得 44 篇判决书。下文将在此 106 篇判决书中选取类案中最为典型的几个案例展开分析。

(一)翡翠东方诉浙江移动等侵害作品信息网络传播权纠纷案

在上海翡翠东方传播有限公司(以下简称翡翠东方)诉中国移动通信集团浙江有限公司(以下简称浙江移动)、未来电视有限公司(以下简称未来电视)侵害作品信息网络传播权纠纷一案①中,翡翠东方享有电视剧《巴不得爸爸》的信息网络传播权,而浙江移动与未来电视未经其合法授权即提供该电视剧的在线播放服务,侵害翡翠东方合法权益。双方当事人围绕侵权行为主体浙江移动与二被告未来电视是否成立共同侵权展开辩论。而本案中连带责任的证明需要共同侵权行为人具有分工合作等方式共同提供作品,因此法院责令被告方提交其内部合作协议作进一步审查判断。但浙江移动与未来电视均拒绝提交合作协议,因此承担举证不利的后果。

本案中,法庭根据《民诉证据规定》第 95 条要求被告方提交合作协议,被告虽持有但拒绝提交该协议,法院随即认定侵权事实成立。从本案的举证责任分配来看,该证据既不属于法院依职权调查证据的范围,也未出现当事人因客观原因无法收集证据而申请法院调查的情形,换言之,该证据依然属于原告依法应承担举证责任加以证明的事实。显然,此时法院应基于原告的证据提出申请而要求被告提交该证据。但在本案中,法院直接依职权要求被告提交该证据,并在遭到拒绝后直接认为双方构成共同侵权。显然,法院的行为已在事实上违反程序规定,这导致翡翠东方在诉讼中的角色被极大地弱化,法官过分主导证据程序的推进,已然超出证据提出命令制度的法定程序。

根据现有规定,证据提出命令制度由负有举证责任的当事人向法庭提交证据提出申请方可激活,而实践中多有法庭直接要求当事人提交证据以查证案件事实,当事人若拒不提交,则属举证妨碍行为,应承担举证不利的后果。诚然,举证妨碍制度作为如证据提出命令、法官依职权或依申请调查收集证据、

---

① 杭州互联网法院(2020)浙 0192 民初 5995 号民事判决书。

当事人故意损坏证据等情形的制裁措施，能够有效敦促当事人提交证据，配合法庭推进诉讼进程，但前置程序不可错位，否则多有法庭滥用职权之嫌疑。

（二）浙江中冠诉安徽中冠侵害商标权纠纷案

在浙江中冠建筑装饰工程有限公司（以下简称浙江中冠）诉安徽中冠建筑工程有限公司（以下简称安徽中冠）侵害商标权纠纷一案[①]中，浙江中冠诉请安徽中冠停止不正当竞争与侵犯其注册商标专用权，并赔偿其相应的侵权损失。为证明其主张，浙江中冠在提交商标注册证及续展注册证明、企业信用系统公示信息、诸多荣誉证书等证据的同时，请求法院责令安徽中冠提交交易文书以确定侵权赔偿数额，但该申请被法庭以"交易材料与其获利与浙江中冠所受损失并无直接关联"为由裁定不予准许。

本案中，法庭最后认定安徽中冠存在不正当竞争行为，但驳回了浙江中冠有关要求安徽中冠停止侵害商标权纠纷的诉请，并判决安徽中冠需赔偿浙江中冠经济损失与合理费用共6万元。值得注意的是，对于浙江中冠的证据提出申请，法庭在作出不予准许的裁定时，似乎并未形成侵权事实是否存在的自由心证，而是以"经营范围存在重合但并不完全相同"模糊带过，更不用说是否对该申请所指向的文书是否有必要提出进行分析。虽本案已审理完结，双方当事人并未上诉，但案件暴露出的问题却是值得高度警惕与反思的。证据提出的必要性直接决定了证据提出申请能否得到准许，因此也被看作整个制度的灵魂，法官在作出裁定时应当尤为重视。

（三）李某诉风云商贸侵害商标权纠纷案

在李某诉安阳风云商贸有限公司（以下简称风云商贸）侵害商标权纠纷一案[②]中，李某主张风云商贸实施的酒水零售批发服务与其注册商标中"替他人推销"构成同一种或类似服务，且风云商贸的行为已超出商标核定使用服务范围，属于侵害李某商标专用权的行为。经审理，一审法院认为，应当从商标注册时间先后、商标核定使用服务范围、"替他人推销"等内容进行辨

[①] 安徽省宣城市中级人民法院（2022）皖18民初63号民事判决书。
[②] 河南省高级人民法院（2022）豫知民终11号民事判决书。

析对比。一审法院认为，风云商贸商标申请日期与注册日期均早于李某的注册商标，且风云商贸在使用商标时均未超出核定使用范围，并未故意模糊自己的图文商标与李某文字商标之间的区别，未损害李某合法权益，因此李某有关被告侵犯其注册商标专用权的主张不成立。而对李某提交的书证提出命令申请，法院仅以"不符合相关规定"为由裁定不予准许，后作出驳回原告诉讼请求与被告反诉的判决，双方当事人均提起上诉。二审法院经审理查明，风云商贸所享有的注册商标并未包含"替他人推销"这一服务类型，而风云商贸在进行销售活动时不但超出核定使用范围向他人推销，还故意攀附李某的注册商标，极易导致混淆，一审法院认定事实发生错误，风云商贸应当立即停止侵犯李某注册商标专用权。

本案中，原告李某主张被告侵害其商标权，向一审法院提交证据提出申请，以期能够自被告处获取更多侵权证据证明其主张。但法院在对现有证据进行审查后即认定侵权事实不存在，随即裁定不予准许申请，而对于是否对该申请进行审查、审查标准如何，裁判文书中均未涉及，严重侵犯了举证人的知情权与证据收集权。虽二审法院及时对该判决作出纠正，在一定程度上弥补了权利人的合法权益，但因释法说理不足而引发的司法不公平不正义问题才是亟待解决的重点所在。一直以来，裁判文书始终以理性的状态展现于公众面前，法官在进行释法说理时总是习惯性使用更加精简、专业的词句，以排除个人主观的情感表达与伦理说教，维护法律威严。然而，过度的距离感不但起不到正向效果，反而会消耗公民对于法律的信任感与认同感。

此外，经检索发现，仅 2010 年至 2022 年全国各级人民法院受理知识产权诉讼案件多达 51 万件。可见，与如此庞大的基数相比，当事人提出证据申请的案件数量相当少，人民法院准许申请的情形更是微乎其微。极低的司法适用率使得原本就不甚完善的证据提出命令制度难以在实践中进行检视，在一定程度上阻碍了证据制度的发展。

四、知识产权民事诉讼中证据提出命令制度实践问题分析

（一）未与举证妨碍制度区分适用

从研究的案例可见，在司法实践中，普遍存在一种现象，即法院在处理

证据提出命令制度与举证妨碍制度时经常出现混淆，有时甚至倾向于从制度层面来看更为简化的举证妨碍制度。笔者认为，究其原因是因为现有制度并未将普通民事诉讼中的书证提出命令制度、知识产权诉讼中的证据提出命令制度，以及分散于民诉法及其司法解释和知识产权单行法及其司法解释中有关举证妨碍的规定有效衔接，从而导致制度界限的模糊不清和制度关系的错综复杂，进而使得法官在实际审判过程中更易混用这两种制度。为此，有必要对这些制度之间的相互关系进行系统梳理，并进一步在法律或司法解释层面作出明确规定，以避免司法实践中对这两种制度的不当混用。

（二）未严格遵循证据提出命令的适用程序

从制度规范来看，法院依职权主动调查收集证据的情形理应受《民事诉讼法解释》第96条规定的限制，但司法实践中多存在证据提出命令制度异化现象。特别是在极具职权主义色彩的知识产权诉讼中，当事人未提出申请，法院即主动依职权调查收集证据已较为常见，从严格的程序法角度来看，这种做法违背了程序法定原则。[①] 通过深入分析前述案例，可以发现在知识产权民事诉讼中，证据提出命令的实际运用并未严格遵循"当事人提出申请→法院审查→裁定准许或驳回"的正当程序，相反，多有法官主动"依职权"责令提交的情形。[②] 笔者认为，为加快推进诉讼进程，许多法院存在未经当事人申请而径行适用证据提出命令制度的做法，要求证据持有人提交证据，否则将要承担不利后果；或是直接责令原被告双方提交证据等行为。这种做法可能损害当事人诉讼权利，导致证据提出命令制度在实践中名存实亡。

（三）法官裁决说理不充分

从目前收集到的案例看，在处理当事人证据提出申请时，部分法官倾向

[①] 最高人民法院民事审判第一庭编著：《新民事诉讼证据规定理解与适用（上）》，人民法院出版社2020年版，第328页。

[②] 参见瑞安市豪运机械有限公司诉郭某侵害实用新型专利权纠纷案，浙江省宁波市中级人民法院（2020）浙02知民初145号民事判决书；上海翡翠东方传播有限公司诉中国移动通信集团浙江有限公司、未来电视有限公司侵害作品信息网络传播权纠纷案，杭州互联网法院（2020）浙0192民初5995号民事判决书等。

于直接采用"简单罗列法条→重复案件情况→不符合法律规定"的"三段论"论证模式，这种方法通常缺乏对裁定的详细分析。具体而言，在驳回当事人申请或直接指令当事人提交证据的裁定中，法院往往只是简单罗列法条，就得出申请不符合法定要求，当事人须承担不利后果的结论，却对制度适用的分析过程直接省略，这种"固定论证模板"在普通民事诉讼裁判中也较为常见。

尽管最高人民法院通过裁判文书改革制度以加强法官说理，但长期以来的审判惯性使得这些改革效果并不尽如人意。法官释法说理的不足不但严重影响了当事人服判息讼社会效果的实现，还使得法官在驳回当事人申请时更加得心应手，而无说理之"忧"。从证据提出命令的司法适用看，这种处理方式不利于加强巩固当事人对法律的信任，也难以充分发挥该制度的潜在价值。提高裁判文书的说理质量，强化法官在裁判文书中对法律适用的分析和解释，对于提升司法透明度和公正性至关重要。

（四）总体适用率低

近年来，知识产权侵权诉讼案件数量呈爆炸式增长，但适用证据提出命令的案件占比极低，这种现象的出现既涉及当事人的因素，也有法院层面的原因，具体分析如下。

从当事人的角度来看，证据提出命令作为一项新规定的制度，实施时间相对较短，因此从制度出台到当事人理解并能够灵活运用通常存在一定的时间差。尤其在知识产权诉讼领域，对审判专业性与技术性的要求更高，这对当事人及其诉讼代理人都构成了极大挑战。实践中，许多权利受损的当事人应诉能力有限，而专业知识产权律师比例相对较低，对于知识产权民事诉讼领域内证据规定不甚熟悉；证据提出命令规定的粗略性更是加大了当事人及其诉讼代理人适用的难度。

从法院层面观之，面对当事人提出的证据提出命令申请，许多法院选择了直接驳回的做法，导致总体上能够适用证据提出命令推动诉讼进程的案件数量较少。笔者通过分析案例，认为主要有三个原因。首先，无论是普通民事诉讼还是知识产权诉讼，与证据提出命令制度相关的规范条文均未涉及当事人拒绝提出证据的法律后果，这必然在无形中增加了证据提出命令制度适用的难度与复杂性，其适用率也必然大打折扣。其次，将强制提出证据的范围扩大到所有证据类型，是知识产权证据司法解释的新规定，其在实践中的具体适用还未形成较为成熟的规范体系，因此也并未真正融入审判程序。相反，举证妨碍制度作为一项理论与实践均已相当成熟的制度，几乎已经成为违反证据程序时的通用制裁制度，这使得法官更倾向于适用举证妨碍来解决当事人拒绝提出证据的问题。最后，随着知识产权诉讼案件数量增多，基层法院办案压力增大，启动证据提出命令审查需要一定时间，容易导致本就复杂的案件更加烦琐，甚至仅在证据调查程序就耽搁数年。

对于任何一项诉讼制度而言，如果启动的"制度门槛"设定过高，那么该制度在司法实践中被应用的频率就会降低，同时可能带来在制度设立初期投入的公共资源"沉没成本"增加的问题。如果不能充分发挥其制度功能以促进治理水平提高和司法公正效益最大化，那就是对社会治理制度成本的浪费。

第三节　域外知识产权民事诉讼中证据提出命令制度分析

一、大陆法系国家（地区）证据提出命令制度分析

在新一轮科技革命与产业变革的浪潮中，证据结构性偏差已在全球范围内的司法实践中显现为一个不容忽视的问题，由此引发各类诉讼延长和高昂的诉讼成本，尤其在知识产权侵权案件中，多次间断型的审理结构进一步激化了司法危机。传统民事诉讼所追求的当事人形式上机会平等已无法平衡因实质不平等所导致的不公正不正义。为了应对这一挑战，各国对证据制度开展了积极探索，大陆法系国家和地区通过书证提出命令制度有效扩大举证人的证据收集途径，英美法系国家则通过设立完善的证据开示制度以敦促当事人提出证据。下文将对两大法系不同证据制度分别进行对比与分析，以期能够为完善我国证据提出命令制度提供新的思路和方向。

（一）德国书证提出命令制度分析

在德国民事诉讼中，书证提出命令申请人的权利依据既有实体法基础，

又有程序法保障。该权利不仅涉及民法、商法、知识产权法等实体法领域内规定的权利文书，还包括民事诉讼法所规定的引用文书以及部分法律关系文书与利益文书，申请人可根据申请提出文书的性质选择适用不同的法律规定。然而，在程序设置层面，则要求申请人必须另行提起诉讼方能要求证据持有人提交文书，[①] 若出现申请人或被申请人不服法院命令的情形时，双方均可向上一级法院提起上诉，以确保当事人的诉讼权利得到充分实现。

在提出文书义务主体上，德国民事诉讼法并未作过多限制，而是本着保障举证人证据收集权的目的，将被申请人范围进一步扩大至第三人，从而有效扩展了书证提出命令的适用范围。此外，《德国民法典》特别规定了政府机构与公务员的文书提出义务，当其有义务拒绝提出文书时，应当根据第三人提出文书的相关规定进行拒证权审查。虽然第三人与当事人提出文书义务的来源相同，但在强制提出方面，出于保护第三人合法权益的考虑，必须通过诉讼程序方能强制第三人提出。

在提出必要性审查方面，除文书性质与内容、用以证明的案件事实、持有人占有文书的依据外，申请人还需说明被申请人负有提出义务的原因。与文书特定化高标准要求相对应的是，德国民事诉讼法同样对法院提出命令的审查进行严格要求，不但规定了第三人拒绝权与被申请人否认持有时的文书查找义务，还针对有关商业秘密等涉密文书的提出必要性审查引入第三人评判机制，避免法官或对方当事人直接接触该文书，[②] 旨在更加全面、有效地保护被申请人的涉密信息。

在违反书证提出命令申请的法律后果方面，针对不同的义务主体有着不同的法律设定。若被申请人为对方当事人，其拒绝提出文书或具有举证妨碍行为，或法院认为其未尽力查找文书，即使仅提交文书副本，法院也应当认定其履行了提出义务，但如果未提交任何证据，则应直接认定申请人所主张的事实为真实。若被申请人为案外第三人，其拒绝提出文书时，法院无权强制要求其提出证据，而应告知申请人另行提起文书给付之诉。

---

① Astrid Stadler, Der Schutz des Unternehmensgeheimnissesimdeutschen und U.S. amerikanischenZivilprezess und imRechtshilfeverfahren, 1989, S.106.

② 常怡主编：《比较民事诉讼法》，中国政法大学出版社 2002 年版，第 434 页。

（二）日本书证提出命令制度分析

自文书提出义务概念出现伊始，日本民事诉讼法即明确规定，文书持有人作为提出义务主体，包括案件当事人与案外第三人，文书提出义务的客体范围也以法律规定的四类文书为限，因此属于限定性义务规范。而在书证提出命令制度不断发展完善的过程中，日本现行民事诉讼法将文书提出义务确定为一般性义务，除法律明确规定持有人可拒绝提出文书的五种例外情形外，持有人均应按要求提出文书。而这五种例外规定包括持有人或特定关系人不利影响、公务秘密、未免除保密义务、专为持有人使用以及涉及刑事犯罪与少年保护的文书。日本还率先设立了秘密审查程序，当文书持有人具有正当的拒绝提出权时，法官可通过该程序对待提出证据进行实质性审查再作判断。通过一般化义务规定与法定例外情形的配合，从而有效平衡申请人证据收集权与被申请人利益保护的关系，使得文书提出义务更加合乎情理。

文书提出义务的一般化并未降低日本法院对文书提出必要性审查的标准。根据"谁主张，谁举证"的民事诉讼基本规则，申请人除了应当对文书标示与内容、被申请人持有文书、待提交文书用以证明的事实以及提出原因进行说明外，在被申请人具有法定拒绝提出权的情况下，申请人还应当在申请书中载明文书提出必要性。[1] 此外，日本还特地量身定制了符合知识产权诉讼规律的文书提出必要性审查两阶段审理方式，主要体现在东京对专利侵权诉讼审理模式的创新探索。在确认是否存在侵权事实的第一审理阶段中，主要围绕文书对证明侵权行为的必要性进行审查；在确认存在侵权事实、判断侵权损害赔偿数额的第二审理阶段中，主要围绕文书用于计算因侵权行为而产生的损害赔偿数额的必要性进行审查，从而更加贴合知识产权诉讼审判实际的需要。为进一步强化在司法实践中的可操作性与应对性，日本还设立了专门审查文书持有人是否负有提出义务的特别程序，由法官在庭审外对有无提出义务发生争议的文书作出判断。

除此以外，根据违反书证提出命令的文书持有人的性质不同（对方当事

---

[1]《日本民事诉讼法典》，曹云吉译，厦门大学出版社2017年版，第69—74页。

人或案外第三人），在具体的制裁措施上也有所差异。若对方当事人违反命令拒绝提交文书证据，申请方当事人所提交的文书证据法院不仅可以视其为真实，还可以在其他证据证明此文书证据的真实性存疑的前提下，直接将申请人所提交的证据认定为真实证据。并且，若存在违反命令的诉讼外第三人，法院一般对其处以高额罚款。

（三）我国台湾地区书证提出命令制度分析

针对现代型诉讼中普遍存在的证据偏在问题，我国台湾地区在修订民事诉讼相关规定时对书证提出命令制度进行了重点修改，在文书提出范围中增加了"与诉讼有关事项所做文书"类型，有效地扩大了客体范围。

在文书提出义务的申请人与被申请人范围限定上，我国台湾地区同样以对待证事实负有举证责任的当事人为申请人、持有文书的对方当事人与案外第三人为被申请人，同时为持有人设定了拒绝提出权与文书特定协助义务。为防止申请人对公共利益、个人隐私等方面利益的侵害，文书持有人在特定情形下享有拒绝提出权，双方对是否提交文书产生争议时，可通过秘密审查程序向法官公示文书，经法官审查后作出是否要求提出的判断。而在证据偏在的情形中，举证人往往被隔离在待提出文书的制作、生成过程之外，若仅因其申请提出文书时难以进行特定化，明知其证明困难而强行要求特定，则有违制度设立目的，因此增设文书特定义务，持有人应当在申请人表明文书确有困难的时候给予必要协助进行文书特定化，但在被申请人违反文书特定协助义务的制裁措施方面未作进一步规定。

在违反书证提出命令的制裁方面，我国台湾地区更加侧重于对举证人证据收集权的保护。除了由法官根据自由心证对被申请人拒绝提出文书的理由、案件审理情况、文书提出必要性等进行审查外，针对违反提出命令的案外第三人另有特别规定。第三人对案件无直接意义上的利益或不利益，因此法律赋予第三人在拒绝提出时可向法庭进行意见陈述，若拒绝理由不成立而第三人仍不提交时，法庭可根据诉讼需要强制其提出文书，强制措施一般以高额罚款为主，必要时也可通过裁定进行强制处分。

二、英美法系国家证据开示制度分析

（一）英国证据开示制度分析

证据开示制度发端于英国。事实上，受"神明证据""司法决斗"的影响，英国起初并不重视证据制度。但是由于在进行司法案件时，当事人并未使用合法合理的方式进行诉讼，而是普遍选择简单运用证据突袭的诉讼技巧，直接导致司法案件中的公平性与正义性受到威胁。为了解决这一诉讼危机，法官在综合各方面因素的前提下运用自由裁量权进行个案平衡，证据开示制度的雏形就是在此阶段的衡平法司法实践中所形成的。此后的 17 世纪中叶，英国曾出现运用证据开示制度进行审判的司法判例，并在实践中得到了较为系统的发展，但仍属于法官依据司法个案行使自由裁量权的范畴。事实上，证据开示作为诉讼双方当事人之间交锋的战场，当事人可自行开示己方持有的证据而无须法院作出命令，其中并不涉及第三人持有证据的情形。在长达几个世纪的发展中，证据开示也早已成为民事诉讼正常运行的有力保障。而在违反证据开示制度的法律后果方面，法院对此规定极为严苛，未经开示的证据一概不得作为诉讼中证据武器使用。即使是持有证据的当事人，一旦未履行或超期履行开示义务，也随之丧失了诉讼中开示该证据的权利，除非法院审查允许后方可开示。此外，法院还可对拒不遵守开示命令的当事人处以罚金或拘留。

（二）美国证据开示制度分析

美国有着极为典型的当事人主义诉讼模式，而证据开示作为民事诉讼制度最主要、最关键的环节，在一定程度上决定着诉讼的成本与成败。美国证据开示程序并未对开示范围进行过多限制，除保密特权外均可进行开示，但需满足相关性与提出频率和程度的限制，如不合理重复、开示成本效益对比等要求。当事人可以选择口头或书面取证、质询书、提供证据文件及其他载体、身体和精神状态检查、自认等方式进行开示，开示程序与开示效果各有特别规定。除被开示方享有合法对抗的拒证权外，未经开示的证据，不得在诉讼中使用，此项规定与英国证据开示制度不谋而合，也是证据开示的制度要义。被开示方具有保密义务的,可通过向法院申请保护令的方式,申请法院对待开示证据进行审查后决定是否开示。而对于违反证据开示的法律后果,美国民事诉讼法制定了较为完备的制裁体系,针对不开示、拒绝自认、不参加及不答复证据程序三种情形分别进行规定,按照当事人违反开示义务的主观恶性程度大小作出处罚与制裁。①

三、比较研究小结

受制于两大法系历史文化的本源性差异,各自形成了与其诉讼理念相匹配的证据制度。虽各有不同,但均以保障当事人证据收集权为目的,通过制度程序的合理利用有效地推进诉讼进程,帮助法官发现案件真实,作出公正裁判,进而极大地降低了现代型诉讼中因证据偏在直接导致权利人败诉的可能。而在制度特色方面,两大证据制度又各有其优势。

书证提出命令制度的优势在于:第一,当事人通过向法院提交申请,由法院责令证据持有人提出证据,公权力的及时介入能够有效保障证据收集程序的顺利推进,引导当事人规范行使各项权利;第二,书证提出命令制度设有完整的第三人权益保护制度,无论是第三人拒证权还是秘密审查程序,均十分注重对第三人隐私的保护,以实体与司法结合的方式维持第三人提出证据的不利益与申请人证据收集权之间的平衡。但由于提出范围与必要性审查的局限性,针对知识产权民事诉讼案件规律的特殊规定仍显不足,难以得到广泛的适用。

证据开示制度的优势在于:一方面,通过双方当事人的证据开示极大地提高了庭前和解率;另一方面,严苛的法律制裁后果也能够有效遏制诉讼中证据偷袭行为,帮助法官快速明确案件争议焦点,提高审判效率。但现代型诉讼多有证据繁多复杂的情形,过于冗长的证据开示程序极易拖延庭前程序的进程,当事人甚至可以通过滥用证据收集权而获取不当利益。

研究程序法的意义并非简单借鉴或移植法条进行程序改革,而是应当以

---

① 张卫平主编:《外国民事证据制度研究》,清华大学出版社2002年版,第98页。

国家司法制度运行为背景,[①] 以制度成效为最终目的。与德、日等大陆法系不同的是,我国证据提出命令制度在设立伊始,因未涉及具体化规定,而被视为一种真正的、绝对的一般化义务,因未划定提交范围与免于提交的情形,实质上为证据持有人设立了较重的义务负担。随着制度在实践中检验审视的推进,最高人民法院进一步明确列举了当事人应当提出文书的情形、文书特定化标准、提出必要性说明等程序,我国证据提出命令制度的构建已初具体系,并率先在知识产权民事诉讼领域中升级为适用于所有证据种类的证据提出命令制度。然而,无论是大陆法系的书证提出命令制度,还是英美法系的证据开示制度,均有在发展过程中相互融合的趋势,如日本以文书提出义务为主体,进一步增设了当事人诉前会照制度,英美也愈加注重法官对于证据开示方法的引导,旨在强化法院管理职能。具体到我国知识产权民事诉讼中证据提出命令制度完善工作上,应当切实立足于我国当下的民事诉讼体制机制,结合我国现有的证据收集制度基础,选择更加适合我国基本国情且发展已然成熟、收效良好的书证提出命令制度作为参考,同时理性借鉴证据开示制度的优势特点,在实践中进一步发展完善我国证据提出命令制度。

第四节　知识产权民事诉讼中证据提出命令制度的完善建议

一、证据提出命令制度层面的完善建议

(一)进一步明确相关制度之间的逻辑和体系

如前所述,知识产权领域证据提出命令规定过于简化,一定程度上导致了法官在实践中往往回避这一制度,使其成为一种休眠条款。因此,笔者认为,在《知产证据规定》的构建中,首先需明确知识产权领域的证据提出命令制度是书证提出命令制度在知识产权领域的扩展适用,并对其适用条件进

---

① 任重:《民事诉讼协动主义的风险及批判——兼论当代德国民事诉讼基本走向》,载《当代法学》2014年第4期。

行更为明确的规定;同时应指出,在制定上缺乏明确性的情况下,应依法参照适用书证提出命令的相关条款。

在理顺了《民事诉讼法解释》与《知产证据规定》之间的关系后,我们可以确定知识产权领域证据提出命令的申请条件包含以下内容:申请人为负有举证责任的当事人;申请提出的证据需要明确;申请人必须证明该证据为对方当事人所持有以及证据必须提交的理由,即申请人已尽力举证但依然未满足证明要求,并且证据的提交对裁决结果具有实质性的影响。这种明确性规定必然会为法官在司法实践中适用该制度提供明确指引。

关于证据提出命令与举证妨碍的关系,正如有学者所述,证据提出命令是以实现武器平等与发现案件真实为目的创设的制度,但制度效用与特定利益之间的冲突却在泛化适用的过程中逐渐凸显。① 究其原因,仍在于不同证据制度规范之间的逻辑关系尚未得到明确梳理。尤其在举证妨碍和证据提出命令的关系上,曾有学者指出,最高人民法院在塑造《民诉证据规定》第 95 条举证妨碍制度时并未揭示举证妨碍的指导思想。② 事实上,作为一般规则的《民事诉讼法解释》第 95 条所规定的举证妨碍行为,也应当建立在不负举证责任当事人负担提交证据义务的基础上。因此,笔者认为,为了明确举证妨碍规则,应在《民诉证据规定》第 95 条中进一步详细规定,法院应根据相应规范依职权或依申请发布提交证据的命令,只有在当事人未能遵守这一命令的情况下,才应考虑其对举证妨碍的责任。这种理念与《知产证据规定》第 25 条所规定的证据提出命令制度作为举证妨碍的前提条件,比《民诉证据规定》第 95 条的要件设定要更为贴切。③ 基于此,就可厘清证据提出命令制度(含书证提出命令制度)与举证妨碍制度的关系,也可以在司法实践中降低法官避开有严格程序要求的证据提出命令制度,而直接适用举证妨碍规则的可能。对于知识产权侵权损害赔偿领域,法院应确保当事人履行证据提交义务,否则可依据相关规定适用举证妨碍责任。

---

① 冯玉婷:《书证提出命令制度的泛化适用与价值平衡——兼评新〈民事证据规定〉第 47 条》,载《浙江工商大学学报》2021 年第 5 期。
② 周翠:《举证妨碍规范的解释与完善》,载《当代法学》2022 年第 1 期。
③ 周翠:《举证妨碍规范的解释与完善》,载《当代法学》2022 年第 1 期。

（二）扩大义务主体范围

目前来看，无论是普通民事诉讼中的书证提出命令，还是知识产权诉讼中的证据提出命令，其义务主体均被限定于不负举证责任的对方当事人。然而，在知识产权诉讼中却常有诉讼外第三人持有关键证据的情形。坚持将第三人排除在证据提出命令的被申请人之外，将严重削弱该制度的适用效果。

有学者认为，囿于司法解释局限性，证据提出命令制度难以为诉讼外第三人设定诉讼义务，[①] 针对第三人持有证据的情况，举证人可以借助现行的证据保全制度、律师调查令制度以及当事人申请法院调查收集证据等民事诉讼法相关规定来寻找应对之道。例如，现行的律师调查令制度可以有效弥补当事人举证能力失衡的问题，作为辅助证据提出命令实现制度价值的手段，因此无须扩大证据提出命令的义务主体范围。[②] 但笔者认为，就目前而言，现有规定仍难以达到制度设立的理想效果，具体分析如下。

就证据保全制度而言，其往往以证据可能"灭失或以后难以取得"为前提，多采用"固定证据"的方式，对证据进行审查认定并非必要条件，因此难以将该制度作为证据提出命令的补充。[③] 就律师调查令制度而言，尽管律师调查令强调义务人对法院调查收集证据的协助义务，无正当理由违反具有强制力的调查令必然带来相应的制裁后果，但我国律师调查令制度尚不完善，制度本身仍存在取证难、范围窄等诸多弊端，各地对涉及商业秘密证据的调查令限制更是极大限缩了该制度在知识产权诉讼领域的适用范围，[④] 无法完全替代证据提出命令制度的功能。因此，笔者并不认同该制度与证据提出命令具有某种程度的同质性，可用以弥补我国民事诉讼领域证据收集制度的缺陷。

[①] 宋春雨：《新民事证据规定理解与适用若干问题》，载《法律适用》2020年第13期。

[②] 王杏飞、刘洋：《论我国民事诉讼中的律师调查令》，载《法治研究》2017年第3期。

[③] 李大扬：《日本知识产权诉讼书证提出命令制度及其启示》，载《知识产权》2021年第5期。

[④] 参见北京、上海、广东、江苏、重庆、安徽等地高级人民法院制定的有关民事证据调查令的规范性文件，其中均有规定，涉及商业秘密的，不予签发律师调查令。

至于法官依职权调查收集证据，由于该制度中对"客观原因"的把握是交由法院自行判定，在实际应用中仍稍显不足：一方面，法官过大的自由裁量权极易导致司法适用差异化；另一方面，因缺乏细化规定，法官往往选择严阵以待规避风险，多有消极取证之嫌，无法保障当事人的正当证据收集权。

综上所述，现有证据制度并未有效解决第三人持有证据的问题。对此，笔者认为，证据提出命令作为推进诉讼进程、发现案件真实的重要证据制度，具有绝对的公法性质，且扩大证据提出命令的义务主体并非没有根据。一方面，我国《民事诉讼法》第70条明确规定，有关单位和个人负有协助法院进行调查取证的义务；另一方面，通过证据提交，使得掌握关键证据的案外第三人协助法院进行调查也符合逻辑。[1]因此，有必要借鉴大陆法系国家证据提出命令制度，扩张我国证据提出命令义务主体范围至包含案外第三人在内的所有证据持有人，同时对案外第三人设置程序利益保障，只有在法院认为有必要对证据进行实质查阅时，才可要求案外第三人提交证据至法院进行提出必要性审查判断：若法院认为该证据确有必要作为案件审理依据，再作出证据提出命令的裁定；若经审查认为必要性不足，则法院可裁定驳回申请人的申请[2]。需要注意的是，对于未经提出的证据，即使法院已进行实质性审查，也不得作为裁判依据，以保证自由心证。

（三）进一步明确审查标准

证据提出命令制度在知识产权领域的运用需要结合知识产权特殊性进行进一步规制，因此对制度适用的前提要件与判断标准应进行明确。在此背景下，笔者认为，可以围绕"证据明确性""证据为对方当事人持有""证据对于证明案件事实的必要性"三个方面展开。

首先，在"证据明确性"方面。作为申请人提出证据提出命令申请所面临的第一个门槛，需要在《知产证据规定》对证据提出命令制度进一步细化

---

[1] 包冰锋：《我国书证提出命令制度构造的反思与调整》，载《安徽师范大学学报（人文社会科学版）》2022年第3期。

[2] 李大扬：《日本知识产权诉讼文书提出命令制度及其启示》，载《知识产权》2021年第5期。

完善之前,将普通民事诉讼中有关证据提出命令申请书的规定引入知识产权领域,这包括需载明所申请提交的书证名称或内容、需证明的案件事实及事实重要性、对方当事人控制书证的根据及应当提交书证的理由等。然而,在知识产权侵权诉讼中,权利人通常被隔离在证据形成过程之外,难以获知证据的具体内容,过于苛刻的特定化要求无疑会增加申请人负担。对此,可参考《日本民事诉讼法》第222条中有关"书证特定化程序",允许申请人在无法明确证据具体内容时,通过其他能够识别证据的事项代替,以防举证主体任意摸索证明。例如,允许当事人通过其他可以使证据特定化的信息,诸如文书页码、文书要素以及证据外观和效能等进行明确。

其次,对于"证据为对方当事人持有"的证明审查方面。可以通过司法解释采用较低的证明标准,无须适用民事诉讼领域通用的高度盖然性证明标准。换言之,规定申请人在提交申请时,应对被申请人持有证据的事实进行举证,但作为程序性事实,只需达到优势证据或存在"盖然性占优"的证明程度即可。①

最后,在"证据对于证明案件事实的必要性"方面。该条件实质是要法官判断待证事实是否对裁判结果有实质性影响。首先,应当明确该规则适用以"举证人已尽力举证"为必要前提。也就是说,为避免证据提出申请过于恣意,人民法院可参考《知产证据规定》第3条作为判断证据提出命令申请人是否满足"尽到合理努力"的衡量标准,只有在申请人已经对其主张的案件事实尽合理举证的努力,而因未能提出该证据而导致案件事实真伪不明时,法院才可通过证据提出申请;但若申请人未对其主张的事实尽合理举证努力,则证据持有人有正当理由拒绝提交证据。②其次,应当明确如当事人已尽力举证,但待证事实仍处于真伪不明状态,可认为该证据对裁判结果有实质影响。

---

① 霍海红:《提高民事诉讼证明标准的理论反思》,载《中国法学》2016年第2期。
② 《知产证据规定》第3条本质是降低原告的证明标准,在原告穷尽举证手段后,认为原告的举证责任已履行完毕,举证责任转移给被告,而原告为逃避第3条"尽到合理努力"举证责任转而适用第24条所规定的证据提出命令制度时,存在原告以推测为依据的探索申请,或以获取商业秘密为目的滥用申请的可能。且"尽到合理努力"只适用于侵害专利权纠纷中,在其他知识产权侵权纠纷中更容易发生原告利用证据提出命令制度逃避举证责任、加重被告举证责任的风险。

（四）完善证据提出命令的程序规则

一方面，在申请时间上，为避免该制度适用落空，笔者主张将证据提出命令的时间明确限定至法庭辩论终结前。这样既可以与现有的弹性举证时限制度相协调，又为当事人提供了更加充分的实践空间，以判断是否需要提交证据提出命令的申请。

另一方面，在审查程序上，当前我国民事诉讼法对程序性时限的审查实践一般相对较短，考虑到证据提出命令的裁决对于查明案件事实和推动诉讼进程具有重要作用，针对证据提出命令申请，可明确法院应在接到申请之日 10 日起内进行审查并做出裁决，有助于确保程序的高效进行，为当事人提供更明确的时间框架，促使法院及时判断证据提出申请的合理性并作出决策。

（五）完善证据提出命令主体的救济机制

证据提出命令制度救济程序的缺失，将本就因证据结构性偏在而难以取证的当事人推向更加艰难的处境，同时在一定程度上增加了证据持有人的证明负担。因此，笔者认为，应当完善证据提出命令制度的救济途径，赋予当事人平等的程序异议权，无论申请人或被申请人请求与拒绝理由成立与否，法院均应以裁定方式告知审查结果，并注明救济途径。鉴于证据提出命令申请属于诉讼中的附带程序事项，因此当事人可就驳回申请或提出证据的裁定，通过向作出裁定的法院或上一级法院申请复议的方式提出异议；当事人选择向作出裁定的法院提出复议申请时，法院应当另行组成合议庭进行审查。

此外，随着证据提出命令义务主体的扩充，对于违反提出证据裁定的案外第三人，应当设置相应的制裁措施。由于第三人并非案件当事人，其救济程序设置应更加周全，以避免可能发生的冲突。首先，在法院向案外人发出提交证据的裁定前，应确保案外人有充足的陈述意见的机会，必要时可对证据进行实质性审查后再作判断。其次，对于案外人不服证据提交裁定的，应当参照当事人救济程序，赋予案外人同样的程序复议权，但复议不得停止执行，如果因案外人实施举证妨碍行为而致案件事实真伪不明时，法院可对案外人进行罚款警告；确有必要时，应当对案外人提交证据的不利益与该证据证明案件事实的必要性进行价值判断，由法院派遣专人从案外人处强制取得该证据。最后，对于案外第三人提交证据的费用，可参考我国民事诉讼法有关证人履行作证义务的规定，由申请人负担案外人提交该证据的必要费用；但案外人因实施举证妨碍行为而被法院处罚才提交证据的，则应当自行承担提交费用。①

二、证据提出命令司法层面的完善

（一）强化法官释明义务

法官释明制度的确立是我国公正司法与人权保障理念在民事诉讼中得以具体贯彻的制度体现。在民事诉讼审判中，法官释明权主要包括释明提供证据、释明事实主张、释明法律观点、释明变更诉讼请求等内容，②旨在为当事人提供充分的辩论机会，增强判决既判力正当性，有效弥补当事人诉讼能力的不足，是实现诉讼平等的重要方式，也是民事诉讼制度和程序依照立法目的正常运行的重要保障。③

较普通民事诉讼而言，知识产权诉讼对专业性判断有着极高的要求，在证据制度的适用方面也应当以查明案件事实为目的，强化法官释明权，确保当事人知悉自己应有的诉讼权利，正与证据提出命令制度克服证据偏在、促进协力诉讼的设立目的相吻合，对于平衡治理成本与司法资源具有重要意义。具体来说，知识产权证据提出命令领域的释明要求应涵盖证据提出命令的申请条件、法律后果等问题，以引导当事人自行启动证据收集的申请。在当事人面临举证不能的困境时，法院不能简单以举证不能需承担败诉后果直接裁判，而应当向当事人释明司法解释关于证据提出命令制度的规定。通过这种释明，如果当事人依然未提出申请的，法院不能直接以举证妨碍进行裁定，以遵循民事诉讼中举证责任分配的基本原则，保持辩论原则的完整性。

---

① 包冰锋：《我国书证提出命令制度构造的反思与调整》，载《安徽师范大学学报（人文社会科学版）》2022年第30期。
② 阚珂、李先伟：《法官释明权及其法律监督》，载《人民检察》2022年第17期。
③ 李祖军、吕辉：《个案举证释明研究——兼评2012年〈民事诉讼法〉第65条》，载《现代法学》2014年第1期。

(二)法院应严格遵循法定程序

程序法定原则是民事证据收集应当遵循的基本原则之一,旨在确保负有举证责任的当事人能够直接快速收集到与其主张密切相关的证据,避免因程序违法影响法官对案件事实的正确判断。在我国民事诉讼法及相关司法解释中,对证据收集程序作出了详尽具体的规定,然而,在长期适用职权主义审理模式的背景下,法官主导程序的司法惯性在当事人主义审理模式中仍然有所保留,证据提出命令制度的司法混用正体现了这一问题。正如现行证据提出命令制度规定,负有举证责任的当事人作为证据提出命令的申请人,也是激活证据提出命令的主体,只有申请人向法庭提交证据提出申请,经法官进行证据提出必要性审查后才能作出是否准许的裁定。然而,实践中大多数法院通常未经当事人申请而直接责令不负证明责任的证据持有人提交证据,证据持有人拒不提交或提交有瑕疵时,举证责任即发生转移,持有人将面临不利的诉讼结果,而证据提出命令也就变成了法官依职权收集证据的补充方式。这种现象实际上是程序违法的表现,与程序法定原则相悖。

事实上,较普通民事诉讼而言,证据提出命令制度在知识产权诉讼中的程序启动方面规定已相对宽松,如在确定侵权损害赔偿数额时,人民法院有权在当事人已尽力取证的前提下责令侵权人提供其所持有的账簿、资料。但在其他审理阶段,作为司法主体的法官应当更加严格地遵循证据程序规定,避免对证据收集的过多介入,以确保证据收集在合法的框架内有效进行。这不仅有助于树立司法公信力,也有助于保护当事人的合法权益,确保案件能够在公正、透明、程序合法的环境中得到正确解决。

(三)完善裁判说理

裁判与说理是法院最为重要的两大功能。法官通过司法裁判厘清抽象法条与具象现实之间千丝万缕的联系,并将法律事实推理与法律适用选择的过程进行梳理,最终以裁判文书的形式呈现出来[①]。随着以审判为中心的司法体制改革的深入进行,裁判文书公开作为司法公开的重要内容,其重要性日益

---

① 凌斌:《法官如何说理:中国经验与普遍原理》,载《中国法学》2015年第5期。

凸显。一方面，法官不但要结合整个社会环境所隐含的类似问题对案件进行考量，还需平衡滞后的法律规定与不断演变的社会问题之间的关系；[①] 另一方面，司法裁判还具有一定的指引作用，在潜移默化中影响着社会主体的思维方式与行为习惯，在国家治理与社会治理中发挥着重要作用。尤其在社会公众还不甚了解知悉的新制度应用方面，裁判文书中说理内容是否充分、推理是否清晰、论证是否充分，正是制度是否得到良好运行的重要体现。

当然，完善裁判说理并非要求法官过多使用专业术语或一味长篇大论，而是应当依托于法律条文与案件事实，适当兼顾社会大众的表达方式，尽可能地展现法条运用的灵活性，体现法律的魅力。在裁判文书专业用语方面，法官可以运用凝练的说理技巧具象司法权，将案件事实与抽象法律明确对应起来，运用法律关系理论在二者间搭建起坚实的逻辑桥梁，以公平正义视角检验对案件事实的价值判断是否与法律规范相匹配，从而得出逻辑自洽、有效回应诉求的结论，构筑裁判文书可接受基础。同时，在说理过程中，法官还应当从普通民众角度出发，选择社会公众容易理解的语言文字推导结论，以实现政治效果、法律效果、社会效果的统一，获得民众发自内心的认可与期待。

第五节 结 论

在现代型诉讼中，证据偏在现象对强调自我证明责任的传统诉讼模式提出了新的挑战，而在知识产权民事诉讼中，知识产权客体无形性的财产性特征更是加剧了证据结构性偏在现象的发生，使得权利人更易陷入维权难、举证难的举证悖论，最终导致本就受损的权利人败诉的风险性大大增加。在经济发展与社会进步的过程中，出现许多传统诉讼制度无法简单涵盖的新型诉讼。这些新型诉讼通常以证据结构性偏在于一方当事人为主要表现形式，双方当事人证据能力与诉讼地位明显不对等，传统民事诉讼所预设的双方当事

---

① 庄绪龙：《裁判文书"说理难"的现实语境与制度理性》，载《法律适用》2015年第11期。

人平等对抗的基础在诉讼飞速发展过程中不断崩塌，法官与当事人在自由主义民事诉讼中的分工权限和作用负担已发生实质性改变。[①] 当事人举证难与证据偏在问题之间的矛盾日益尖锐，法官也因此更易陷入难以发现案件事实的困境之中。

作为完善当事人证据制度的重要环节，证据提出命令制度能够在实现形式程序正义的框架内进一步平衡当事人在举证责任方面的利益关系，弥补因证据距离导致的审判结果差异，进而实现双方当事人诉讼武器实质平等，有助于在司法实践中切实维护举证人的证据收集能力，从根本上解决知识产权诉讼中法定赔偿率畸高、权利人维权难等问题。通过责令持有证据的侵权人或第三人主动提供证据，并对存在举证妨碍行为的证据持有人进行制裁，以实现缓解权利人举证负担的立法目的。但该制度仍在不断的发展改进之中，尚未形成较为完善的制度体系，仍存在申请主体范围狭窄、提出必要性审查程序不明、当事人救济程序缺失等规范不足的问题，且不可避免地导致实务中存在适用率低、法官说理不足等适用困境。

综上所述，本文认为应当结合知识产权客体的特有性质以及知识产权诉讼中的证据特性，综合考量我国经济发展与新兴智慧产业的特点对证据提出命令制度进行完善。通过扩大申请人主体范围、明确必要性审查程序、设置当事人救济程序进一步完善制度规范体系，并通过明确法官解释义务，强化裁判说理等提高证据提出命令制度在知识产权诉讼中的适用率。唯有将立法与实践紧密结合，在不断增、删、立、改的过程中对制度进行提高与革新，才能真正构建完善的证据收集制度，实现应有的制度价值。

---

① 肖建华：《民事诉讼立法研究与理论探索》，法律出版社2008年版，第23页。

第九章
知识产权纠纷多元解决机制研究

随着社会整体法律意识不断提高，依靠法律途径维权成为常见现象，在知识产权纠纷领域也特别明显。根据2015—2019年的统计数据，涉及知识产权纠纷类的争议，民众的普遍做法是起诉到法院进行裁判。由此可见，诉讼方式在化解知识产权纠纷的过程中形成主导地位。一方面涉及知识产权纠纷类的诉讼案件的数量在逐年增加，另一方面以非诉方式化解知识产权纠纷的案件却没有实质性增长，这既带来了法官审理负担过重的问题，也容易使知识产权纠纷中人们的多元诉求难以得到实现。针对这种现状，探索一套科学有效的多元机制，对化解知识产权纠纷很有必要。

第一节 知识产权纠纷多元解决机制概述

一、知识产权纠纷的概念和特征

简言之，知识产权纠纷就是以人的智力成果为核心的权属争议，是围绕知识产权发生的，也是存在于不同的社会主体之间的利益冲突，而"导致利益主体无法实现知识产权权利的状态"[①]。

[①] 齐伟、刘丝丝、徐子强：《社会治理视角下知识产权纠纷多元化解决机制研究》，载《中外企业家》2017年第25期。

知识产权的创造主体是人类自身，是人类通过充分发挥主观能动性创造出来的智力劳动成果，知识产权的权利主体是个人和组织。常见的知识产权种类有著作权、专利权、商标权等。当前，市场经济主导全球经济大趋势，全球市场进一步发展，涉及知识产权的交流和纠纷普遍存在于各行各业，在这种条件下，为实现最大化经济效益，应当构建科学完善的多元知识产权纠纷解决机制。

（一）知识产权纠纷的特殊性

从知识产权的性质来看，在知识产权中往往融合着智力独创、技术和规范性要求。在司法实践中，知识产权与美学、工程设计、文学、建筑学等学科具有很强的牵连性，一旦产生了涉及知识产权的争议问题，很有可能出现横跨多学科、多领域的专业鉴定问题。其中最典型的就是专利权纠纷，具有极强的专业性和技术性，处理起来也很复杂，尤其在处理新型纠纷或疑难复杂纠纷时，往往要求专业人员对该纠纷进行专业判断，在此期间，还会存在科研方面的事实认定问题以及具体的法律适用问题，普通社会群体和个人单凭基本的法律理解很难做出理性判断。如果想要更好地化解知识产权纠纷，无论知识产权纠纷的当事人还是处理纠纷问题的人，普遍要求具备相应的专业知识储备，因此，知识产权纠纷是明显迥异于其他类型的纠纷。

（二）知识产权纠纷的市场因素明显

当前，世界上主要的经济体通过千丝万缕的政治文化交流日益成为一个共同体，各个国家和地区之间的经贸联系越来越密切。知识产权在市场经济体制下显现出越来越明显的财产性和商业性的特征。而随着市场竞争的日益激烈，各个经济体对本地区的知识产权重视度不断提高，无形中促进了知识产权市场化的进程，同时加剧了对知识产权的财产价值和商业价值的争夺。知识产权的价值在市场中才得以体现，一方面知识产权不同于民法所规定的其他财产性权利，它的财产价值需要经过商业行为转化；另一方面对于拥有知识产权的商业主体而言，可以根据知识产权制定商业发展战略，打造独特的市场竞争武器。在市场竞争日趋激烈的商业环境中，跨国跨地区的知识产权纠纷数量也在迅速增加，知识产权被滥用的风险不断上升。综合来看，我们应当以新的理念来认识知识产权纠纷，找到知识产权纠纷相关的各个要素之间的关系，才能找到行之有效的方式来解决知识产权纠纷。

（三）知识产权纠纷的社会影响牵涉面广

根据权利属性的划分标准，知识产权属于私权，具有排他性。知识产权普遍存在于社会生活中，并具有多种多样的表现形式，既可以是重大的科技发明创造、耳熟能详的驰名商标，也可以是一个普通的外观设计，或者一部文学作品。考虑到知识产权的创造主体不确定，可以是文化名人、行业巨头、科学巨匠，也可以是一个普通的社会人，知识产权纠纷往往会引发社会的广泛关注，正是"外行人看热闹，内行人看门道"，社会群体对知识产权纠纷的关注，除了是因为对知识产权纠纷的处理结果直接影响了某些企业和行业的前途命运，也从侧面反映了一个国家的政府形象和市场化发展进程。以法律的形式保护知识产权，其主要目的是保障权利人的智力成果，使其能够充分享受其智力成果带来的利益，"从而对社会形成激励，使得人们能够积极主动地展开创新研发活动，成为对社会有价值的人，以创新驱动国家发展，提高我国的科技创新能力"[①]。

（四）知识产权纠纷的类型复杂多样

知识产权是人类智力成果的体现，知识产权纠纷有很多种表现形式，具体可分为行政纠纷、侵权纠纷、合同纠纷、权属纠纷四种，单就侵权纠纷而言，为了追求经济利益，侵权形式也可以有很多种，通过梳理人民法院网中的知识产权侵权纠纷案件，可以看出这些案件存在共性：侵权行为的隐蔽性强、侵权行为分散、侵权行为表现形式多样化。

在知识产权纠纷引发的诉讼中，很多被指控侵权的企业，利用所了解到的法律知识，在诉讼审理过程中想方设法拖延案件审理期限，造成案件审理周期延长，以此为某些存在侵权行为的企业争取时间（通过转移财产、毁灭证据等手段），企图避免承担法律责任。当事人一方提出证据保全或者财产保全的要求，但是法院受审查程序影响，未必能够及时有效做出批复，导致权

---

① 魏敏婕：《C2C 进口零售模式海关税收技术制度研究》，载《中外企业家》2017 年第 25 期。

利人的合法权利无法得到及时保护，加剧了知识产权纠纷化解的复杂程度。

二、知识产权纠纷多元解决机制的概念和内涵

尽管在不同国家，知识产权纠纷的具体解决方式有所差别，但大致都包含诉讼解决、行政解决、仲裁解决和民间解决等基本内容。

知识产权纠纷的诉讼解决方式是最常见的纠纷化解方式，是指当事人把争议纠纷直接提交给法院审理裁决，法院审判在化解纠纷中发挥的作用极大，具有极高的权威性，同时因为它的门槛低，立案成本低，成为纠纷当事人的首要选择。但也导致"社会过分依赖法院来解决纠纷，且缺乏完善可靠的多元纠纷解决机制"[①]的问题。

知识产权纠纷的行政解决方式包含行政调解、行政执法、行政管理，目前纠纷双方当事人以行政方式来处理知识产权纠纷，实质上是借助某些对知识产权具备行政管理权的机关的力量，达成了调解协议或者做出其他行政处理，实现化解纠纷的目的。

知识产权纠纷的仲裁解决方式则是指将知识产权纠纷提交仲裁机构处理。由于仲裁的特点，其在较发达的城市和地区，解决知识产权纠纷时发挥了一定的作用，但在欠发达的城市和地区发挥的作用非常有限。由于知识产权纠纷仲裁范围有局限性、仲裁专家的数量和质量参差不齐，导致我国当前的仲裁机构在化解知识产权纠纷的实践过程中地位并不突出。

知识产权纠纷的民间替代争议解决方式（以下简称民间 ADR）也可以被视为民间私力救济，通常表现形式为以行业协会或者技术认定标准为参考，由调解组织进行调解，签订民事合同，划分权利责任，进而有效地处理知识产权纠纷。民间 ADR 在处理相对简单的知识产权纠纷方面发挥了重要作用，面对较为复杂的知识产权纠纷，容易陷入死胡同。从化解纠纷的双方角色来看，民间 ADR 化解知识产权纠纷的方式更多强调的是第三人介入纠纷调解，并给出合理的解决方案，最终使当事人信服，从而达到解决纠纷的目的。

与知识产权的诉讼解决相比，知识产权纠纷"非诉讼程序中的价值取向

---

① 杨军：《我国民间性 ADR 刍论》，苏州大学 2010 年硕士学位论文。

为实现双方共赢，使得双方都能够获得最大化经济利益，而不至于在一方胜诉后，让另一方变得更坏"[①]。而这正是我们探讨知识产权纠纷多元解决机制的重要原因之一。

三、知识产权纠纷多元解决机制确立的必要性

（一）知识产权纠纷的复杂多样性构成了多元解决机制的基础

知识产权纠纷主要指的是因知识产权权利产生、归属和行使而发生的争议。以知识产权主客体之间的关系为划分标准，我们可以将知识产权纠纷划分为行政纠纷、侵权纠纷、合同纠纷和权属纠纷。[②] 由此，我们认识到知识产权纠纷的复杂多样性，也可以说，正是知识产权纠纷的复杂多样性构成了我们探讨知识产权纠纷多元解决机制的根本原因。

笔者以北大法宝查询的司法案例资料为例：案由一栏输入"知识产权纠纷案例"，案件审理法院分别设置为北京市、深圳市、郑州市，时间区间全部设置为2015年1月1日—2019年12月31日，查询到符合条件的案例与裁判文书，具体分类如图9-1、图9-2、图9-3所示。

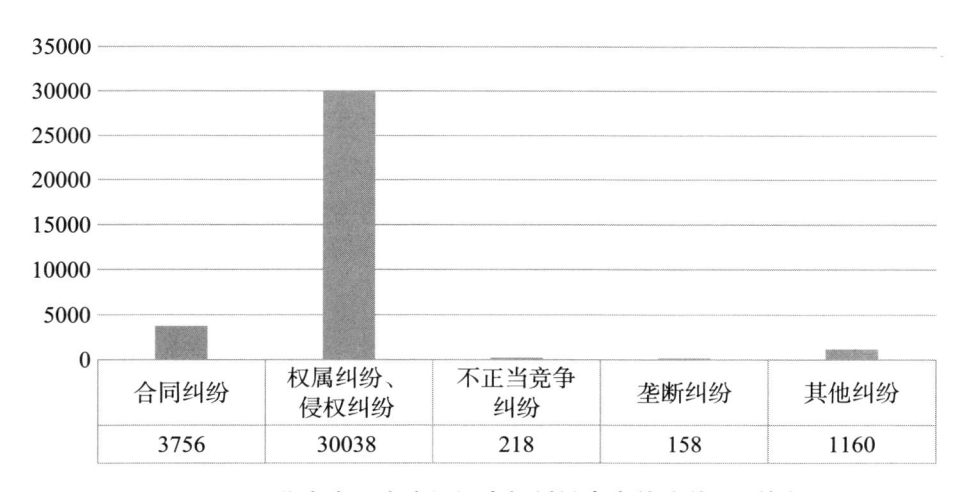

类别	合同纠纷	权属纠纷、侵权纠纷	不正当竞争纠纷	垄断纠纷	其他纠纷
数量	3756	30038	218	158	1160

图9-1 北京市可查询知识产权纠纷类案件（单位：件）

[①] 周亦鸣：《知识产权纠纷的多元解决机制建构》，载《人民论坛》2012年第5期。
[②] 倪静：《知识产权纠纷诉外解决机制研究》，厦门大学2008年博士学位论文。

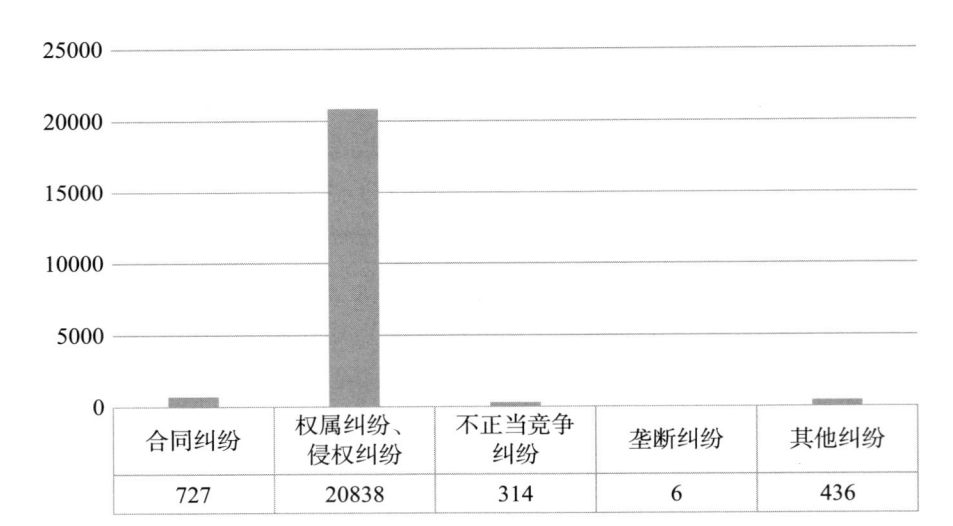

合同纠纷	权属纠纷、侵权纠纷	不正当竞争纠纷	垄断纠纷	其他纠纷
727	20838	314	6	436

图 9-2　深圳市可查询知识产权纠纷类案件（单位：件）

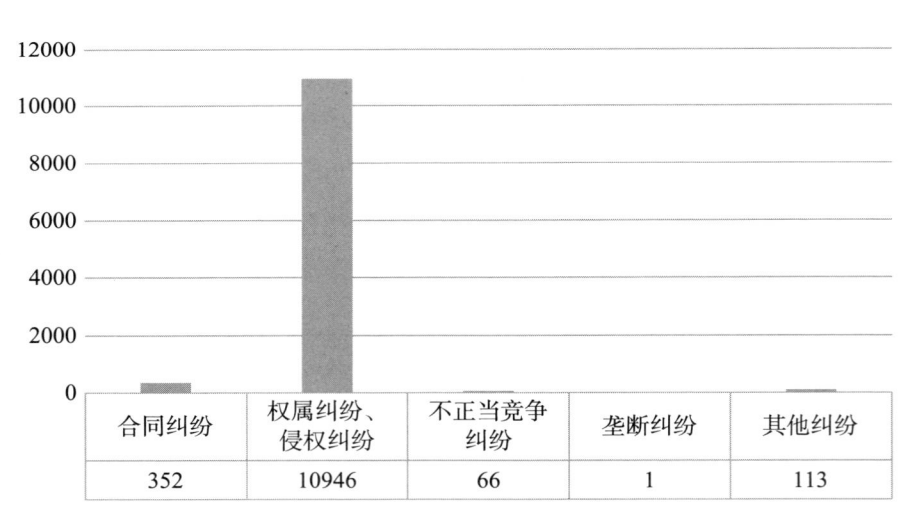

合同纠纷	权属纠纷、侵权纠纷	不正当竞争纠纷	垄断纠纷	其他纠纷
352	10946	66	1	113

图 9-3　郑州市可查询知识产权纠纷类案件（单位：件）

　　图 9-1、图 9-2、图 9-3 所依赖的数据，包括经济意义上的一线城市和二线城市，占比最高的知识产权纠纷类型为权属纠纷和侵权纠纷，其中北京占比约为 85%，深圳占比约为 93%，郑州占比约为 95%。纠纷类型的复杂性意味着纠纷主体的多元化，也表明了知识产权纠纷多元解决机制确立的必要性。

（二）以诉讼方式解决知识产权纠纷有很大的局限性

当前的知识产权纠纷多元解决机制可以被概括为"以诉为主，兼采非诉"，诉讼方式在现今的多元解决机制中占绝对主导地位，笔者丝毫不怀疑诉讼方式能有效化解知识产权纠纷，但是也要认识到其中有两个绕不开的问题：第一，我国的知识产权诉讼深受民事诉讼影响，这也导致民事审判一贯奉行的归责和追责原则被知识产权诉讼所承接，但事实上，常见的"胜败不能并存"的救济模式并不完全适用于知识产权纠纷案件审判，且很可能损害当事人的利益；[①] 第二，知识产权纠纷的当事人一般是科技型企业、科研工作者、文艺工作者，如果当事人的纠纷牵涉技术秘密或商业秘密，出于正常人的心理倾向，一定是不希望自己的商业秘密、技术秘密会"对簿公堂"，即便不怕在法庭上对质，如果涉案一方是技术企业或者知名公司，通常也不希望自己的声誉因"上法庭"而被影响。

上述两点只是从宏观方面讨论了诉讼解决知识产权纠纷存在的不足，事实上，在具体的案件解决中，诉讼方式还存在很多问题，笔者在下文将进一步展开。但无论如何，知识产权纠纷如果仅仅依靠诉讼方式来解决，其在诉讼效果、满足当事人多元化需求方面很难达到理想状态，因此，探讨多元化解决机制就很有必要。

第二节 知识产权纠纷多元解决机制境况分析

一、我国知识产权纠纷多元解决机制的境况

笔者以中国裁判文书网、庭审公开网以及实地调研查找的数据为主要参考，时间设定为2019年1月1日—2019年12月31日，地区限定为北京地区，经过检索2019年全年处理的知识产权类案件情况分析如图9-4、图9-5所示。

[①] 丛淼、徐子航：《论仲裁公信力制度的构建》，载《黑龙江省社会主义学院学报》2018年第4期。

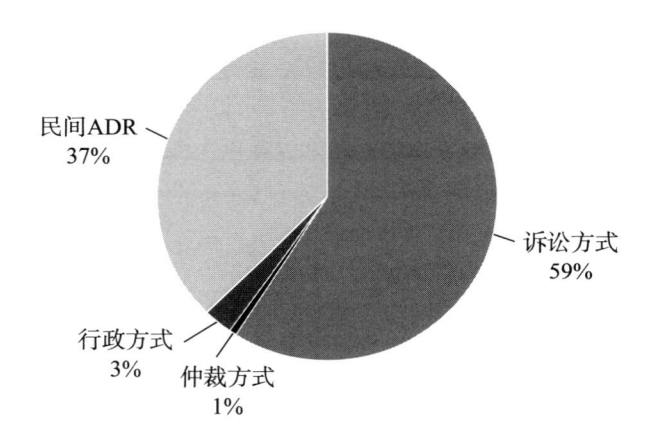

图 9-4　知识产权纠纷类案件处理方式数据统计

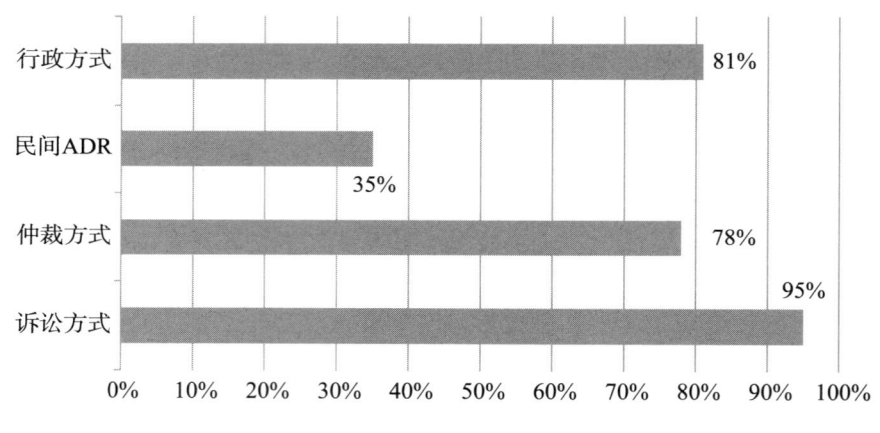

民间ADR 37%
诉讼方式 59%
行政方式 3%
仲裁方式 1%

图 9-5　知识产权纠纷类案件结案率

行政方式 81%
民间ADR 35%
仲裁方式 78%
诉讼方式 95%

通过对以上数据进行分析，可以得出以下几点结论：首先，诉讼方式在纠纷解决中占据了绝大多数，这与我国民事类纠纷解决机制的总体情况相吻合，同时表明，我国多元纠纷解决机制并未得到长足发展。其次，以民间 ADR 处理的知识产权纠纷案件的数量很多，结案率却远低于诉讼方式，从案件具体的特征（结案率）进行深层次分析，则可知以民间 ADR 成功调解结案的案件大部分属于争议不大、事实相对清楚的"小案子"，反之，复杂的知识产权纠纷则很难经由该方式得到解决。最后，以仲裁方式、行政方式解决的知识产权纠纷案件数量不多，但是结案率却很高。从仲裁方式看，出现这种情况的原因包括两点：一是仲裁机构集中于大城市，仲裁机构的仲裁员知识水平较高；二是仲裁机构接手的知识产权纠纷案件数量少，相对较容易集中骨干力量去处理该纠纷。从行政方式看，出现此种情况的原因也无外乎两点：一是行政方式化解的知识产权纠纷相对较单一，集中于专利权纠纷化解上；二是行政机关做出的行政处理决定权威高，公信力强。

以上数据足以证明，在我国当前的知识产权纠纷解决机制中，诉讼方式在化解纠纷的过程中发挥了最大作用，且其也是处理复杂、新颖知识产权纠纷案件的最多的选择。究竟是什么原因影响了其他纠纷解决机制在知识产权纠纷化解中发挥作用，同时诉讼方式的"绝对优势"是否意味着知识产权纠纷的诉讼解决方式是最完美的选择？下面，笔者将逐一分析我国目前知识产权纠纷不同解决机制中存在的问题。

二、我国知识产权纠纷多元解决机制中存在的问题

非诉纠纷解决方式尚未能在多元纠纷解决机制中占据相对重要的地位，表明这些机制尚存在不少缺陷。因而探讨其存在的问题，以充分发挥其作用，并最终将知识产权纠纷从法院分流过去就显得尤为重要。但是，鼓励和发展诉讼外的纠纷解决机制，并不代表对诉讼方式中存在的问题置之不理，只有更好地完善诉讼机制，才能真正发挥其在多元纠纷解决机制中的作用，从而形成机制内多种解决方式的良性发展。笔者通过与从事司法实践的法官交流探讨，发现其仍然存在很多问题，从而也在一定程度上影响了预期功能的实现。以下，笔者就对当下各种知识产权纠纷解决方式中存在的问题逐一进行分析。

（一）诉讼方式存在的困境

从民众面对民事类纠纷的心理偏好来看，通过法院审判无疑是化解纠纷、调和矛盾的第一选择。知识产权是一种特殊的民事权利，包含人类的智力成果。法院以其审判结果的权威性和强制执行力理所当然地被大多数人所信赖，诉讼毫无疑问地成为当事人处理纠纷时的首选，但采用诉讼方式来处理知识产权纠纷也存在如下问题。

第一，知识产权案件审判量大，可能影响审判质量。通过北大法宝、中国裁判文书网收集的数据进行梳理统计：前 5 年（2009 年 1 月 1 日—2013 年 12 月 31 日）我国涉及知识产权纠纷类的案件总数约为 10.2 万件，后 5 年（2014 年 1 月 1 日—2018 年 12 月 31 日）我国涉及知识产权纠纷类的案件总数约为 54.7 万件，这些纠纷案件最终通过法院裁判解决的案件占比超过 70%。

"诉讼中心主义"观念长期影响民众的司法观念，以北京市石景山区人民法院的调研为例，结合北京法院审判信息网公布的数据，2020 年 1 月 1 日—2 月 21 日，石景山区人民法院立案 5154 件，以此推算，该院在工作日平均接待立案约 147 个，其中涉及知识产权纠纷类案件为每天 1.3 个，这个工作强度毫无疑问是很大的。再看海淀区人民法院知识产权庭，该庭有权审理的知识产权纠纷案件类型多样，且立案数量多，案件结案率要求也高。按照现有的工作时间安排，平均每天要审结 2.4 个案件，这个工作强度无疑是很大的，案件审理的质量也需要进一步观察。

第二，知识产权诉讼中保密性要求带来的挑战。在知识产权纠纷中，有很多纠纷涉及保密性问题，以商业秘密纠纷为例，在司法实践中就存在因保密措施不到位，导致商业秘密在诸多诉讼环节被泄露的问题。

首先，在不公开审理方面，很多当事人对商业秘密纠纷以申请不公开为原则的规定不够了解，导致一些案件公开审理，而如果案件涉及第三人商业秘密，究竟哪些诉讼主体可以申请不公开规定得也不够明确。其次，在证据保全环节，由于申请人有时很难准确界定证据保全的范围，需要法官多次阐明和引导，并对保全的保密点进行调整，这就容易造成被申请人的商业秘密泄露。实践中甚至出现经过诉讼后，申请人对被申请人的商业秘密基本了然的情况，而这显然不利于保护被申请人的利益。最后，需要指出的是，某些保密环节尽管措施很到位，但容易带来其他负面影响。例如，从质证环节看，由于根据立法和司法解释规定，涉及商业秘密的证据披露对象有很大的限制，经常仅有本案代理律师才有资格接触到证据，但由于代理人本身并不具备这方面的专业知识，导致其在法庭上根本无法展开质证，使得庭审质证流于形式，难以起到查明案件真相的效果。

知识产权，尤其是专利权、新颖的发明创造，背后是科研人员智慧的结晶，一旦公之于众，必将影响权利所有人的正当利益。证据交换、法庭辩论环节，双方的争执很容易引发权利人对泄密的担忧，毕竟没有哪一个知识产权权利人愿意将自己的商业秘密、技术秘密泄露给竞争对手，对于泄露的风险很多权利人出于维权的目的也通常愿意"自饮苦酒"，因此，在知识产权诉讼解决方式中，如何更好地实现当事人对保密性的要求也是一个现实的问题。

第三，侵权禁令救济模式存在局限性。知识产权中的禁令主要有诉前禁令、诉中禁令以及停止侵权这种永久禁令。对于停止侵权这种永久禁令而言，它可以预防可能的侵权行为，但在某些类型的案件中，如果简单实施停止侵权这种禁令，有可能造成资源的巨大浪费或者带来极高的成本。可以说，"这种过度绝对的判定方式，已经不足以满足当前时代中知识产权纠纷案件的需要"①。

以专利权侵权来说，如果涉及侵权问题，必然要对专利侵权的事实给予认定，找出其中一方侵权的事实，最常见的处理结果往往是让侵权一方做出相应的赔偿，然而，我们很容易忽视被侵权人的真实感受：救济没能及时做到"对症下药"，侵权救济就丧失了先机，而且"一刀切"式的赔偿判决事后也难以弥补造成的损失。

第四，诉讼的时间长、成本高导致当事人利益受损。诉讼必然要遵循程序，考虑到知识产权中部分权利的特殊性，针对知识产权的侵权认定成本也居高不下，其结果必然是导致诉讼费、鉴定费、律师代理费一路走高。任何一个案子起诉至法院，只要当事人不撤诉，必然会按照诉讼法规定的步骤进行，每一步程序都不会少。以知识产权权属纠纷为例，双方当事人因归属权引发的争议，一旦起诉，没有哪一方当事人会愿意主动撤诉，如果遇到复杂的事实认定和评价标准问题，还需要依靠法官的智慧裁量是否构成侵权，如此做法必然会加大问题解决的复杂程度，从而也使得诉讼周期延长。

---

① 郭燕茹：《知识产权纠纷的多元解决机制建构》，载《青岛农业大学学报（社会科学版）》2016 年第 28 期。

漫长的诉讼周期，意味着将无法及时有效地保护知识产权权利人的利益，"尤其是在民事争议和刑事争议的交替状态下，导致大量的知识产权纠纷案件悬而未决"[①]。因此，大量的知识产权案件久拖不决，使得知识产权权利人的合法权利遭受了严重的侵害。根据知识产权相关法的规定，商标权、专利权和著作权都有一定的保护期限，相比之下，保护期限较短的专利权一旦陷入诉讼纠纷，就有可能对享有专利权的个人或企业带来巨大的利益损失。

与诉讼周期过长相关的另一个问题是，因诉讼带来的成本高和效率低会影响企业产品的市场占有率和企业的技术创新活力。众所周知，保护知识产权从根本意义上是对创作者的创新与创造给予激励，对于权利人而言，他最关注的是知识产权背后的市场潜力，时间成本是一个关键因素，同时对技术产品抢占市场将产生较大的影响。漫长的诉讼周期往往会消耗权利人的时间与精力，尤其是过长的诉讼期限，将无法有效保护权利人的合法权利，导致当事人面临巨额损失。因此，在司法实践中，大部分权利人都会选择放弃维权，这就极大地削弱了人们投身于技术研发与创新的热情。

可以说，正是诉讼方式存在的上述弊端，才进一步表明了我们在知识产权纠纷中寻求多元化解决机制的必要性和紧迫性。当然，我们在寻求多元化解决机制的同时，也要不断完善诉讼方式，加强和改进立法，以使得诉讼解决机制的消极方面尽可能降低。

（二）行政方式存在的困境

第一，专利侵权行政裁决与司法审查存在冲突。2000年修改后的《专利法》取消了行政机关对专利侵权纠纷的终局裁决权后，专利纠纷的行政裁决权与司法审查的冲突出现得越来越多。专利侵权纠纷的并轨制处理本来是为了给当事人更多的选择，充分发挥不同解决机制的优势，但在实施过程中却出现了一些问题。首先，当事人可能同时寻求两种方式救济，带来行政和司法资

---

① 简月：《我国知识产权纠纷解决机制现存问题研究》，载《商品与质量》2011年第7期。

源的浪费。实践中，经常有当事人在申请行政救济后，又同时向法院提起民事诉讼，或者反过来在向法院提起民事诉讼后，又申请行政机关处理；也有的当事人在行政裁决做出后，同时提起行政诉讼和民事诉讼。这种行为不仅导致了司法和行政机关资源的浪费，也容易导致不同裁决之间出现冲突和矛盾。其次，专利侵权纠纷行政裁决后，如果当事人不服该判决，依法应提起行政诉讼。此种制度很容易将专利行政机关捆绑到当事人之间的纠纷中，损害其中立地位。

第二，行政调解处理尚有不足。行政调解的制度设计很重要，它是在国家公权力的参与下所进行的调解。行政调解同其他调解一样，也具有效率高、冲突小等特点。当前，专利纠纷行政调解存在的问题主要有以下几点：首先，行政调解的范围有局限性。目前，尽管在专利侵权、著作权领域都有关于行政调解的规定，但目前多数行政调解依然局限于专利侵权，调解范围的有限性导致行政调解的优势很难充分发挥。其次，由于行政调解的强制力缺乏明确和可操作性的规定，使得很多知识产权纠纷当事人缺乏选择行政调解的意愿。目前，人民调解已经可以通过司法确认获得强制执行力，但行政调解申请司法确认的规定却不够明确。这种情况致使行政调解之后，很容易因为当事人提起民事诉讼而前功尽弃，浪费了资源，也丧失了对当事人的吸引力。最后，行政调解的程序规则不明确，缺乏中立性和透明性，很多行政调解甚至带有明显的"变身"为裁决的倾向，使得调解的制度优势很难发挥。

第三，地方知识产权局的业务能力有待提高。对2019年北京市知产局行政处理决定数量统计图进行分析，不同地域知产局的业务能力参差不齐，如图9-6所示。要充分发挥行政处理对知识产权纠纷的分流功能，就需要相关行政机关人员的业务素质经得住考验。在北上广等经济发达地区，大量知识产权纠纷的存在，培养了知识产权行政处理机关的业务素质和能力，但在内陆欠发达地区，有些地方的知产局一年也做不出太多行政处理决定，其业务素质和能力让人担忧，而反过来由于其业务能力有限，也很难吸引人们通过行政机关解决知识产权纠纷。因此，提高行政机关自身处理知识产权纠纷的能力也是迫切需要解决的问题。

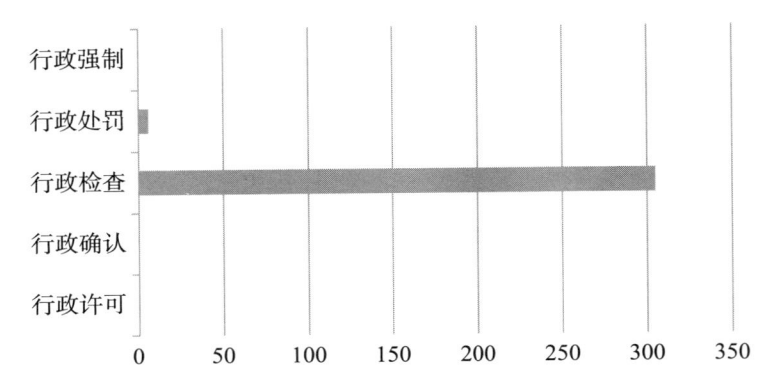

```
行政强制
行政处罚
行政检查
行政确认
行政许可
        0    50   100  150  200  250  300  350
```

图 9-6　2019 年北京市知产局行政处理决定数量统计（单位：件）

（三）仲裁方式存在的困境

相比诉讼，仲裁具有明显的低成本、高效率的优势，目前国际上很多国家都采用仲裁的方式来解决知识产权纠纷。此外，与诉讼程序相比，仲裁程序的不公开性更有利于保护当事人的知识产权。但从目前的仲裁实践效果来看，除了固有的仲裁机构诉讼化、行政化的普遍问题外，在知识产权纠纷解决上，也依然存在一些问题。

第一，仲裁机构解决知识产权纠纷的优势无法全面释放。中国国际经济贸易仲裁委员会（CIETAC）在国内的仲裁机构最具代表性，其前身为 1956 年成立的对外贸易仲裁委员会。

通过对 CIETAC 2015 年年初至 2019 年年底受理的仲裁案件进行数据分析（如图 9-7 所示），近年来，以 CIETAC 为代表的仲裁机构确实参与了很多案件的争议解决。CIETAC 在过去 5 年的平均结案率约为 90%。知识产权类纠纷案件数量最多的是 2019 年，共有 18 起案件。以小见大，国内的一些仲裁机构，如北京仲裁委员会，自身的仲裁水平本来就很高，但案件数量少，"资源闲置"现象严重。可见，仲裁方式在解决知识产权纠纷的过程中确实存在严重的功能缺位。根据国家知识产权局 2018 年发布的通知，计划每年遴选 20—30 家知识产权仲裁调解机构作为能力建设工作单位，事实上，在处理知识产权纠纷的过程中，仲裁机构的作用应该得到充分发挥。要实现这一目标，就必须突出仲裁机构业务重点，全面完善仲裁制度。

第二，知识产权仲裁的范围不够明确。根据《仲裁法》的规定，能够仲

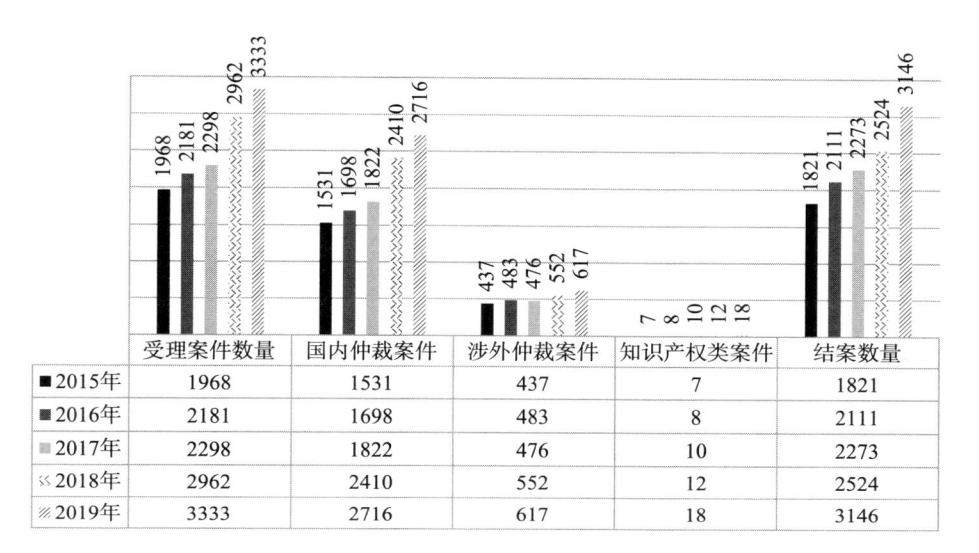

	受理案件数量	国内仲裁案件	涉外仲裁案件	知识产权类案件	结案数量
2015年	1968	1531	437	7	1821
2016年	2181	1698	483	8	2111
2017年	2298	1822	476	10	2273
2018年	2962	2410	552	12	2524
2019年	3333	2716	617	18	3146

图 9-7　2015—2019 年 CIETAC 仲裁案件数据（单位：件）

裁的事项限于合同纠纷或其他财产权益纠纷，但究竟如何理解财产权益纠纷影响了仲裁机构对知识产权案件的受理。这种情况也导致仲裁机构受理的纠纷基本限制于知识产权合同纠纷，其他与财产权益相关的纠纷较少。由此，也导致难以发挥仲裁机构解决知识产权纠纷的功能。

第三，仲裁机构尚缺乏解决知识产权的专业人才。知识产权纠纷的专业性极强，这就要求仲裁机构的仲裁员要具备专业知识，能够有效应对仲裁中遇到的知识产权纠纷。但就很多仲裁机构而言，知识产权人才普遍较为缺乏，导致在应对知识产权纠纷仲裁时有很大的掣肘。

第四，仲裁机构缺乏系统的知识产权仲裁规则。目前，仲裁机构对于受理的知识产权纠纷，基本按照《仲裁法》《民事诉讼法》的相关规定，以及仲裁机构的仲裁规则进行解决。但知识产权的专业性很强，其保密性也较高，普遍适用的仲裁规则在解决知识产权纠纷时就显得捉襟见肘。

（四）民间 ADR 存在的困境

民间 ADR 是解决知识产权纠纷的一种方式，这种方式充分发挥双方的意愿，不受复杂法律程序的影响，具有操作优势。一般认为，民间 ADR 的主要方式包含人民调解、行业调解、附设在法院的 ADR 等类型。就民间 ADR 而言，目前存在的问题有以下几点。

第一，人民调解发挥的作用很有限。目前在我国通过民间 ADR 解决知识产权纠纷的适用范围非常狭小，成功解决纠纷的案例也缺乏说服性，就如人民调解，尽管法律明确规定，通过人民调解达成的调解协议可以通过司法确认获得强制执行力，但总体来看，适合运用民间 ADR 解决的案件，普遍具备的特征包括事实清楚，争议不大，涉案标的额小，能凭借基本的价值判断做出处理结果。对当事人而言，也缺乏对人民调解机构的信任，导致当事人对通过人民调解方式解决知识产权纠纷的期望值较低。

第二，人民调解组织专业性低，保密意识淡薄。由于人民调解机构经常处理邻里纠纷等日常民间纠纷，而对于专业性强的知识产权纠纷缺乏足够经验，人员配置也有不足。因此，知识产权纠纷解决时所需要的专业性很难在一般的人民调解机构得到满足。同时，这些保密意识强的当事人，不太放心把自己的争议案件交给民间 ADR 组织去处理。人民调解组织发展现状很难做到既对当事人有利，又可以有效地解决纠纷。

第三，行业调解组织功能定位不明确，民众信任度低。从总体上看，有些行业调解机构尚未取得充分独立的地位，如果调解组织的人事任命、日常管理和业务活动也受到行政机关的引导，难免造成严重的行政依附关系。这种行政附属关系在一定程度上也会降低民众对行业调解机构的信任度。

以北京赛智知识产权调解中心为例，它是经北京市知识产权局批准成立的知识产权纠纷调解中心，之前与政府存在附属关系，独立进行知识产权的调解活动符合以非诉方式化解纠纷的发展趋势。事实上，北京赛智知识产权调解中心每年调解知识产权纠纷案件的成功率并不是很高。如图 9-8 所示，对北京赛智知识产权调解中心提供的数据（2017—2019 年）进行分析不难看出，其接受的所有调解申请中，知识产权类的调解申请占比约为 80%，案件最终调解成功的比例约为 35%，且成功调解比例基本持平。而在笔者调研时，调解中心的工作人员普遍反映，很多当事人对调解中心缺乏基本的信任，导致很多调解工作无法有效展开。

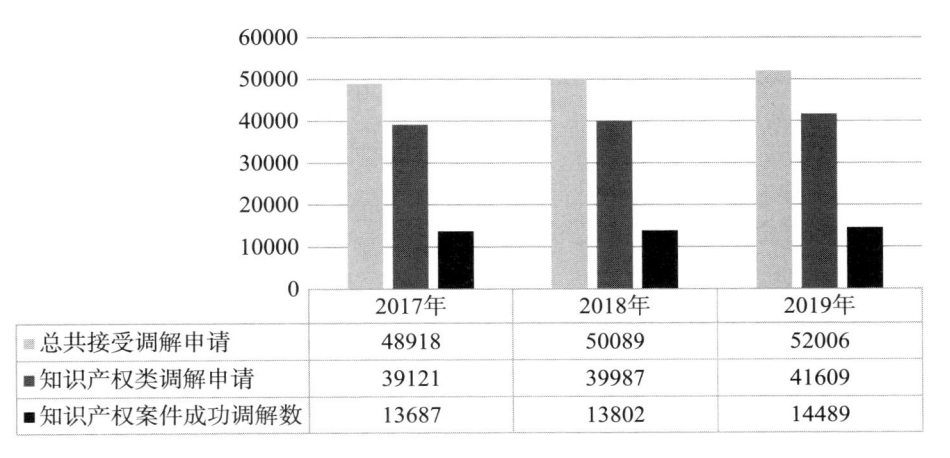

	2017年	2018年	2019年
总共接受调解申请	48918	50089	52006
知识产权类调解申请	39121	39987	41609
知识产权案件成功调解数	13687	13802	14489

图 9-8　北京赛智知识产权调解中心工作成果分析（单位：件）

事实上，以北京赛智知识产权调解中心的实力，尚且感到调解工作困难不少，就不用说其他整体实力较弱的调解组织了。可以说，知识产权调解组织的困境之一就在于对外得不到当事人的信任。

（五）不同的知识产权纠纷解决机制的衔接困境

当前的知识产权纠纷解决机制从化解的方式来看，可以分为诉讼机制与非诉机制；从纠纷化解部门的社会属性来看，可以分为公权力部门解决机制与社会解决机制。不同的纠纷化解机制本应该是互补关系，然而，就以当前的司法实践来看，不同的知识产权纠纷解决机制功能互补很难实现，在功能衔接上存在很多问题。

第一，诉讼方式被寄予过多的期待，挤占了非诉机制发挥作用的空间。根据近年来的统计数据，以诉讼方式化解的知识产权纠纷的数量远超以非诉方式化解的数量，虽然现有的知识产权纠纷多元解决机制出现了"不唯诉，多元化"的趋势，但从实践的效果来看，非诉机制发挥作用的空间远远小于诉讼机制，涉及知识产权纠纷的当事人往往会选择诉讼方式。

第二，纠纷当事人缺乏对非诉化解机制的系统认识。知识产权纠纷多元解决机制的出现并不能改变大多数当事人维权时的"固有思维"，大部分人对非诉机制尚且缺乏系统的认识，此外，无论是行政方式还是仲裁方式抑或是民间 ADR，或多或少都存在一些问题，加剧了当事人的不信任感，使得诉讼方式与非诉方式很难协同运行，当事人涉及纠纷的时候也很难根据实际情况做出正确的判断，功能衔接自然也就无法实现了。

第三节　域外典型国家知识产权纠纷解决机制研究

一、美国知识产权纠纷解决机制

（一）早期中立评估制度

美国在处理知识产权纠纷案件时，往往会由中立机构对该案件进行早期评估。早期中立评估简称 ENE，指的是专业律师会本着中立态度对案件进行评估，提出最恰当的纠纷解决机制，以切实提高处理纠纷的效率，达成和解。早在 1993 年，美国就制定了早期中立评估制度，在实践中，中立机构以早期评估方式介入知识产权纠纷审理中，不仅能够给予专业建议，提高知识产权纠纷的处理效率，同时能够释放更多的司法资源，减轻法院处理知识产权纠纷的压力。早期中立评估的主要流程包括：第一，法院对当事人所提起的知识产权诉讼进行判断，决定其是否适用早期中立评估。第二，记录人员确定早期处理评估的人选，法院通过登记备案的评估人员，通过协商来确定最终的评估人员名单。第三，至少在诉讼开始前 10 日内，当事人可以办理评估手续，并且需要互相提交评估意见书。在评估中，当事人书面通知中立评估人和对方当事人后，可以退出中立评估程序。第四，律师和当事人均应当出席早期评估，但如果在法官允许的情况下，当事人出于特殊事由可以不出席。评估程序需要当事人之外的中立者先做出说明，双方当事人提出各项要求和理由，再对存在争议的事实进行证据交换，最终由中立者根据当事人达成合意的内容制订和解计划。

出现在美国的早期中立评估制度属于非诉讼程序，这种方式能在化解知识产权纠纷时发挥重要作用，关键原因就是美国公民契约意识、权利观念很强，同时又具备成熟稳定的中立评估人。"通过评估程序所达成的和解，只需支付 120 美元就可，双方当事人都可以自由表达意见，律师代理费也仅有几千美元，且律师会根据双方当事人的意见来出具评估结果，不仅可以有效控制评估成本,也可以提高处理纠纷的效率。"① 除上述法院附设的调解程序外,在知识产权纠纷案件中,中立事实发现、仲裁调解、在你陪审团等纠纷化解方式也能达到理想的解决效果。

非诉讼解决方式在美国也十分常见,尤其在知识产权案件中,能够达到良好的分流作用。民间 ADR 主要包括仲裁、微型审理、调停等多种方式,美国社会中也出现了专业性纠纷企业,这些企业每年处理的知识产权案件多达 6 万件。美国仲裁协会是非营利性团体,目前在整个美国共建立了 35 个分会所,规模庞大,是美国处理知识产权案件当之无愧的老字号。"JAMS 和 ENDISPUTE 这两家是美国专门处理纠纷的民间企业,主要通过调停或仲裁的方式,解决当事人之间的纠纷,其纠纷处理效率高,收费低,目前这些民间企业已经成为解决知识产权纠纷的主体。"② 可以看出,有机结合诉讼解决方式和非诉讼解决方式,可以实现二者的优势互补,不仅提高了知识产权纠纷案件的处理效率,还可以降低案件的处理成本。

(二)法院附设仲裁

法院附设仲裁往往能够快速解决纠纷,分类汇总审理案件,达到分流目的。与传统的仲裁相比,法院附设仲裁具有较强的强制性,能够适用于大部分案件,且裁决并不是终局性。事实上,仲裁制度并不能适用于所有的知识产权案件,只有当知识产权纠纷的标的额在某个范围内时具备"可仲裁决性",才可以采用仲裁制度。美国早在 20 世纪 80 年代就在法律法规中加入了仲裁条款,这就极大地扩大了仲裁的适用范围,使当事人可以选择通过仲裁的方式来处理知识产权纠纷。《美国法典》第 35 编第 2 条第 1 款明确提出:"可通过仲裁方式来处理专利或专利项下权利的合同,当事人可以书面形式,就其专利权的侵权争议或有效性提交仲裁解决。"③

---

① 王钰慧:《我国知识产权纠纷多元化解决机制研究》,燕山大学 2012 年硕士学位论文。
② 江和平:《美国替代性纠纷解决机制的代表——JAMS》,载《人民法院报》2011 年 11 月 11 日,第 6 版。
③ 颜璠:《论重构我国多元、高效的知识产权纠纷解决机制》,载《科技与法律》2009 年第 2 期。

法院附设仲裁案件中，一般由三名仲裁员组成仲裁庭，当事人在仲裁庭进行陈述，证人可在仲裁期间作证，仲裁员在针对当事人和证人所做出的陈述进行审理后，可以立即做出裁决，如果当事人对裁决不服，则可以提起诉讼，开启正式审理程序。如果当事人在收到仲裁庭的裁决以后，并未申请正式审判，此时仲裁庭所出具的裁决就具备了法律效力。法院附设仲裁作为前置系统程序，可以对案件进行梳理，繁简分流，类别区分，为高效地化解知识产权纠纷铺平道路。

（三）法院附设调解

20 世纪 70 年代，美国国内就出现了很多有机结合诉讼程序和法院附设调解的处置方式，使得法院附设调解成为案件审判的前置程序。尽管早期只在小额案件中采用法院附设调解，但随着这一调解方式的逐渐普及，低风险和专业性较强的纠纷中也渐渐开始普及这一方法。

美国将附设调解划分为两种类型，一是合意型调解，二是强制性调解。这两种方式都是启动调解程序的常见形式。对于专业性较强的纠纷，往往会采用法院附设调解，如婚姻纠纷、医疗纠纷、知识产权纠纷或邻里纠纷等。如果法院认为通过调解方式能够明显解决纠纷，就会强制性要求双方当事人进行调解。调解员大部分都是受过专业培训的律师，能够在非营利性调解中发挥重要的作用，这种做法增强了调解的科学性、专业性和针对性，尤其面对棘手的技术认定问题时，在化解知识产权纠纷方面具备明显的优势。纠纷当事人可以直接在调解人员名单中选择一名调解员，双方当事人可以共同选定另一名调解员。双方当事人在调解之前需要向调解委员会提交证据，并应当以书面形式告知调解委员会争议点。在调解过程中，如果双方当事人对程序性事项达成一致意见，调解委员会就会宣布双方当事人为自愿调解，双方当事人在调解期间可以通过沟通与交流的方式交换观点和意见，不断缩小双方当事人观点和意见的差距，调解员也会斡旋于双方当事人之间，使得双方当事人能够本着平等、共赢的态度，重新交换意见，直到制定出双方当事人都认可的解决方案。调解员在获得解决方案以后还需要修改方案中的细节，最后由双方当事人签字确认。如果一方当事人拒绝接受调解协议，就将直接进入审理程序。

二、日本知识产权纠纷解决机制

日本多次展开司法改革，以确保为知识产权的发展创设良好的社会环境。日本早在 2002 年就制定了知识产权相关的基本法，其诉讼方式和非诉讼方式在化解知识产权纠纷方面都发挥了重要的作用，日本通过完善法律规定、加强法律实施，已经形成了完整、全面的法律保障机制。其制度主要包括以下几种。

（一）日本法院（知识产权案件工作机制）

司法部门是日本处理知识产权纠纷的主体。最高法院、高等法院、地方法院、家庭法院和简易法院共同构成了日本的法院体系。日本在处理知识产权纠纷时，主要实施三审终审制，二审和三审分别为控诉审和上告审。

通常到法院起诉的知识产权纠纷案件包括两类：一类是知识产权侵权纠纷案件，需要分别在地方法院、地方高等法院以及日本最高法院进行三次审理；另一类则是与知识产权相关的行政纠纷案件，一般是因不服从特许厅决定而提起诉讼，先后经由东京高等法院与最高法院实行两级审判。日本处理知识产权纠纷案件较多的城市包括大阪、东京和名古屋，这些城市的法院均设置了知识产权部，该部门将专门负责处理本城市的知识产权纠纷案件。日本立国战略自 2002 年发生根本性变化后，于 2003 年正式成立知识产权战略本部，制定并实施了《知识产权基本法》，随后为了加强对知识产权纠纷案件的处置，日本政府还专门设立了知识产权高等法院。

日本的高等法院将专门负责处理双方当事人对专利局所做决定不服的专利权上诉案件，高等法院在处理这类案件时主要采用大合议制度，大合议庭的成员由 5 名法官组成，法官会共同审理案件，通过讨论做出裁判。大合议制度在解决日本知识产权纠纷方面发挥了重要的作用。日本还专门制定了调查官制度，以解决在处置知识产权诉讼时出现的一系列技术性问题。在调查官制度出台以后，各法院都招聘了一系列专业调查官，如机械专业、建筑专业、电子专业的调查官，这些调查官懂专利技术问题，也了解相关的法律法规，能够更好地处理知识产权纠纷案件。

在专利纠纷案件立案以后，调查官就会收到该案件的卷宗，并着手调查，调查官还会为法官提供专利技术相关的咨询服务。调查官和法官在实践中往往是合作关系，调查官能够听取双方当事人的意见，并且在审判准备程序中，为法官提供可供参考的建议，必要情况下，调查官还可以和法官在审判合议期间进行沟通，这也将有利于提高法官处理知识产权纠纷案件的专业性。

（二）ADR 解决机制的应用

替代性纠纷解决机制能够在处理知识产权纠纷方面发挥重要作用，目前在日本已经得到推广与普及。民间 ADR、行政 ADR、司法 ADR 共同构成了日本的 ADR 解决机制体系，形成了完整的流程。ADR 程序能够充分体现双方当事人的合意，同时在第三方介入中间程序以后，也能够为双方当事人的沟通与互动提供契机。

法院民事调停制度、斡旋机关、仲裁机关是日本处理知识产权案件主要的 ADR 机关。目前日本已经构建了较为完善的法院民事调停制度，在司法实践中也具备较高的可操作性。民事调停委员会成员主要包括法院法官、律师、经验丰富人员三名成员，主席为法院法官。如果双方当事人在调解过程中未曾达成一致意见，其中一方当事人可不经过对方同意申请调停。在日本相关法律法规中明确提出，在双方当事人的调停过程中，调停委员会应当酌情处理案件，引导双方当事人互相沟通、互相妥协。

除司法机关以外，知识产权仲裁中心也是日本化解知识产权纠纷的重要主体，并得到了当事人的认可。律师联合会与日本代理人协会共同成立的知识产权仲裁中心，主要通过判断、调停、仲裁等不同方式解决知识产权纠纷案件，仲裁中心的成员包括拥有丰富经验的专家律师、代理人等，其解决各类知识产权纠纷问题的效率更高。

日本还制定了斡旋制度，这也是独属于日本的，可用于快速解决著作权纠纷的制度。日本的斡旋制度明确提出，如果一方当事人同意另一方当事人所提出的斡旋申请，文化厅负责人需要组成斡旋委员会，针对双方当事人的著作权纠纷予以斡旋调解，斡旋委员会成员包括著作权专家、大学教师、拥有丰富经验的律师。斡旋制度在处理著作权纠纷时效果良好，日本的当事人也对斡旋制度高度认可。

ADR 纠纷解决机制的效率更高，方便快捷度更强，且具备较好的保密性，因此，日本的当事人极为喜爱通过这一方式来处理知识产权纠纷。司法调解、和解也是 ADR 纠纷解决机制中的重要内容，这就实现了诉讼方式和非诉讼方式的有效衔接，能够切实提高日本处理知识产权纠纷的效率，日本的这一做法值得我国参考和学习。

三、对域外典型国家的知识产权纠纷多元解决机制的思考

我国在构建独立的知识产权纠纷解决机制方面还有很多可改进的空间，当前还是沿用了普通民事纠纷解决机制来处理知识产权纠纷案件。但是从立法、审判、资源和效率等多个层面来看，普通民事纠纷解决机制在处理知识产权纠纷案件时存在诸多局限性，这就导致现有的知识产权纠纷多元解决机制陷入了尴尬的境地，很难适应我国时代发展的需要，此外，为达到合理的效果，非诉机制仍多处于自发状态，未能充分发挥其应有的作用。

本书探讨了域外两个典型国家在化解知识产权纠纷时所采用的方式，并不是说美国的、日本的一定比中国现有的多元解决机制好，评价一个国家的知识产权纠纷多元解决机制是否合理要看不同的纠纷化解方式是否达到了应有的效果。这两个域外典型国家的做法，例如中立评估制度，在我国确实有很大的现实意义，在知识产权纠纷案件中构建"中立评估制度"，对于完善我国的诉讼与非诉讼的衔接，构建科学完善的多元化知识产权纠纷解决机制很有意义。

日本的 ADR 应用机制取得的巨大成功，很值得我们关注，然而，考虑到我国的现实国情，知识产权领域相关专家依然欠缺，且地域集中的现象很明显（优秀的领域专家或学者普遍集中于经济发达地区），在我国未来的 ADR 机制解决知识产权纠纷的应用中，必须因势利导，要把相关人才的培养和使用放在更高的位置，并且做好诉讼方式与非诉讼方式的对接工作。

事实上，不论是美国的早期中立评估制度、日本的 ADR 解决机制，还是它们的法院审判制度，它们所取得的实践成果都有很独特的社会因素（目前我国还不具备），这个独特之处体现在：美国、日本抑或是其他非诉机制很成功的国家，都具备公民私权强大，公权力限制多的特征。换句话说，只有在

私权够强大，公权力干涉少的前提下，非诉机制才会发挥更大的作用，当事人在选择纠纷化解方式时，才会更多地考虑诉讼方式以外的纠纷化解方式。

域外一些典型国家的民间组织之所以可以发挥重要的纠纷化解作用，是因为域外这些国家的民间组织的成长土壤不同于国内，私权强大的国家公权力受到的限制多。我国不能照搬域外的全部做法，但是域外存在的一些纠纷化解方式还是可供借鉴的，时代也呼唤我们制定的知识产权纠纷解决机制朝着更高效、更便捷的方向发展，这个发展和变革的过程需要我们在实践中不断地发现新问题，解决新问题。

第四节　我国知识产权纠纷多元解决机制的完善

知识产权纠纷多元解决机制的完善是一个系统的工程，需要多种解决机制之间形成良性关系。由于司法解决的终局性和强制性，更多当事人愿意诉诸司法，从而也使得目前把知识产权纠纷从法院分流出去的效果并不理想。但是，笔者认为，在多元纠纷解决机制完善过程中，应尽量鼓励民众通过诉讼以外的方式解决纠纷；而当纠纷的解决必须使用诉讼这一方式时，也能提供给民众一个公正、高效的诉讼制度。这样既可以减轻司法诉讼压力，也可以真正满足人们对知识产权纠纷解决的多元化需求，并真正体现司法解决是最后一道防线的法治原则。为了更好地实现这一目标，应尽量完善各种不同的纠纷解决方式中存在的问题，并在此基础上，做好诉讼和非诉解决方式的对接。

一、知识产权纠纷诉讼解决机制的完善

（一）商业秘密保护方面的问题

第一，强化案件保密管理，防止出现可能导致知识产权纠纷类案件泄密的漏洞。对于知识产权案件当事人普遍关心的保密性的问题，毫无疑问，如果诉讼方式想让当事人更放心，对案件保密制度的管控应该更加重视。依照当前的诉讼机制，应该构建一套横跨立案、审判等全过程的保密规定。具体

而言，在立案阶段，对于涉及相关商业秘密的，可以通过增加保密标签、盖保密戳等行为提醒法院人员提高保密意识。相关文书的送达也尽量由审判业务庭进行，减少接触保密文件的人员数量。在庭前阅卷阶段，可以根据不同的秘密等级详细规定当事人或代理人有权查阅或复制的卷宗范围，能不复制的尽量不复制；对于复制或者摘抄的相关内容也应进行登记留查；在证据保全的确定上，应当要求原告明确保密点，精准确定保密范围。

第二，确立保密令制度。保密令制度起源于英美，是"以一定强制措施作为保障，约束在诉讼中知悉商业秘密的当事人、诉讼代理人等，不得将秘密信息再向未受保密令约束的第三人泄露，以防止第三人间接知悉该商业秘密或不当利用该商业秘密的制度"①。保密令制度可以强化对涉诉商业秘密的管理，具体操作可以通过法庭设立商业秘密知情人清单，针对商业秘密的每一个细节，应当具体到个人，如果发生泄密问题，可在知情人清单里追寻泄密源头，根据"谁泄密，谁担责"的归责原则划分责任，以确保涉诉的商业秘密不被泄露。

（二）诉讼周期长、时间成本高的问题

知识产权诉讼解决带来的时间长、成本高，以及因此而影响当事人创新积极性的问题，可以通过以下几点加以改善。

第一，加强诉前和诉中调解的适用。司法调解不但能够提高诉讼效率，而且对知识产权纠纷双方当事人也是非常有利的。可以通过完善知识产权纠纷分类标准，加强诉前调解和诉中调解的力度；也可以考虑吸收社会力量加入诉前和诉中调解，建立委托调解机制。这种通过与行业协会、民间机构建立工作联动的方法可以减轻法院的审判压力。另外，有条件的地区可以考虑建立"中立评估制度"，吸收引进美国知识产权案件的"中立评估制度"，争取在法院庭审和外部的中立评估制度之间搭建好沟通桥梁，以渐进的改革推动知识产权纠纷的化解工作。

第二，加快推动审前程序改革。审前程序对于固定争议焦点，固定证据

---

① 江苏省高院课题组：《知识产权诉讼中防范商业秘密泄露问题研究》，载《法律适用》2018 年第 9 期。

具有十分重要的作用，也有利于解决诉讼迟延的问题。可以考虑进一步完善审前程序，将审前会议和庭审有效衔接起来。例如，对于通过审前会议确定的简单、争议不大的案件，可以适用更为简单快捷的开庭方式，甚至可以进行在线审理。由于固定证据和确定争议焦点等方面的功能在审前程序中加强，就可以避免在庭审中无休止的休庭或者重新调查证据影响诉讼效率。

第三，放宽知识产权纠纷的审理法院，增加小额诉讼程序的利用率。尽管小额诉讼程序已经由 2012 年民事诉讼法加以确定，但小额程序的利用率一直很低，在知识产权纠纷的解决中更是如此。要提高小额程序的利用率，就需要加强对小额程序的宣传，让民众对此有更多的了解。同时，从法官的角度，也要通过业务培训等方式，改变审判人员对小额程序适用的畏难情绪。而从小额程序自身的完善方面，可以考虑在小额程序中适用更加灵活快捷的送达方式，以充分实现小额程序快捷方便的特点；同时，要强调小额程序强制适用的特点，在案件受理后，根据案件特点，符合小额程序适用的，应一律适用小额程序。

二、知识产权纠纷行政解决机制的具体完善

（一）行政调解中的问题

第一，规范化管理行政调解流程、明确行政调解适用范围。根据知识产权纠纷案件的需要，我国有必要增设专门的知识产权行政调解附属部门，具体可以由知识产权管理部门管辖，从社会上选聘专家学者参与其中，同时要招聘更多的专业技术人才。行政调解部门的管理制度透明化，行政调解流程公开化、便利化。另外，在进一步优化调解流程和规则的基础上，扩大行政调解的范围，使其能更多地处理专利纠纷之外的著作权纠纷、商标权纠纷，充分发挥行政调解知识产权纠纷的功能。

第二，明确行政调解可以申请司法确认。行政调解的司法确认尚且缺乏明确的法律依据，笔者认为，可以借鉴人民调解机构调解民间纠纷的规定，规定行政调解的调解书可以在双方共同申请的情况下，到调解机构所在地的人民法院申请司法确认，并进而获得强制执行力。

（二）针对专利侵权行政裁决与司法审查的冲突问题

对专利侵权案件进行分类，尽量避免双轨制下的冲突问题。事实上，专利侵权纠纷和司法审查的双轨制决定两者之间的冲突是难以避免的。有观点认为应当取消专利侵权纠纷的行政裁决，但行政处理的高效率、低成本决定了其有不可替代的优势。因此，可以对具体的专利侵权纠纷进行分类，对于侵权行为明显、侵权判断比较简单的案件，可以由知识产权行政部门受理，如果侵权判断复杂，且涉及侵权损害赔偿的，可由行政机关进行调解，如果调解不成，则可建议当事人到法院诉讼。如此，可尽量避免两者之间产生冲突，造成资源浪费。

三、知识产权纠纷仲裁解决机制的完善

（一）仲裁机构解决知识产权纠纷功能发挥的问题

第一，建立专门的知识产权纠纷仲裁机构。我国现有的仲裁机构集中于北京、上海等一些经济实力强、文化创意产业发达的中心城市，当前仲裁机构审理的知识产权类案件数量并不多，以后想发挥仲裁机构的审理能力，很有必要增设专门的仲裁机构，在一些没有或者缺少仲裁机构的地区，加快建立专业性强的知识产权纠纷仲裁庭。

第二，加强知识产权仲裁庭调解功能的发挥。要想更好地发挥仲裁庭解决知识产权纠纷的功能，发挥仲裁的调解功能也是非常有必要的。仲裁庭主持的调解，专业性和公正性都能够获得当事人的较大认可，加强仲裁庭调解功能，引导当事人接受仲裁员以调解方式结案。

（二）知识产权仲裁机构可仲裁范围的问题

当前，实践中的知识产权纠纷仲裁范围集中于合同纠纷，《仲裁法》第2条也规定了其他财产权益纠纷可以仲裁。知识产权侵权纠纷具有非常明显的财产权特点，应当引导当事人选择仲裁方式处理知识产权纠纷。

（三）仲裁规则缺乏问题

为了更好地解决知识产权纠纷，可以考虑制定专门的知识产权纠纷仲裁规则，在规则制定中，应当就仲裁庭是否可以采取诉前禁令等问题进行明确，这样有助于更好地发挥仲裁庭的功能。如此，就能更有针对性地对知识产权纠纷进行解决。

四、知识产权纠纷民间 ADR 机制的完善途径

（一）人民调解委员会方面的问题

第一，吸收更专业的人员加入调解组织。针对人民调解机构专业人才缺乏的问题，可以考虑由司法局牵头，成立知识产权纠纷调解专家库，吸收大学教授、律师等专业人才加入人民调解的队伍中。通过其专业性水平的提高，可以吸引人们更多地将纠纷分流到人民调解委员会。

第二，加强人民调解机构调解员的保密观念。主要可以通过培训等方式，加强对民间 ADR 组织的成员的保密教育，提升相关人士的保密意识，在一些专职调解员上岗之前首先进行严格的保密培训，引导民间 ADR 组织集中力量去化解争议不大、事实相对清楚的"小纠纷"。

（二）民间调解机构定位不明确的问题

第一，鼓励兴建民间 ADR 组织，简化审批手续。有必要在知识产权纠纷呈现出密集性、复杂性的地区，鼓励民间人士建立知识产权民间调解组织。政府应鼓励民间 ADR 组织吸收法律从业人员或技术专家，让专家充分发挥其专业性，并且鼓励知识产权纠纷民间组织调解程序朝着规范化方向发展。

第二，行业调解组织及时找准功能定位，独立自主地进行知识产权纠纷的调解活动。这些行业调解机构由于拥有一批专业人才，应当在知识产权纠纷的民间调解中发挥更大的作用。

五、做好不同纠纷解决机构之间的协调

在充分完善上述不同的纠纷解决机制的不足之后，还需要注意的是要加强不同的纠纷解决机构的协调。由于仲裁和司法的关系为或裁或审，因此其中最主要的是协调好诉讼和调解以及行政调解之间的关系。笔者认为，在诉讼和调解的对接方面，除了现有的对人民调解和行业调解进行司法确认以外，可以考虑建立附设在法院的知识产权调解中心，该调解中心可以在立案阶段和审判阶段接受法院委托的调解，同时应制定诉调对接的具体机制，以保障其良性运转。

此外，在和行政调解的衔接方面，可以通过建立"第三方公益平台"，依托大数据技术的普及和发展，搭建诉调对接机制，探索新常态下知识产权保护的新模式、新机制。

最后，进一步完善知识产权成果转化机制，加强快速维权和联动机制建设。依托于"第三方公益平台"，将相关的知识产权纠纷信息和成果进行大数据分析，根据案件的具体情况长期跟踪处理的进展，以求知识产权纠纷能够得到及时化解。

图书在版编目(CIP)数据

互联网环境下知识产权民事诉讼制度研究 / 相庆梅主编 . —北京：中国法制出版社，2024.4
ISBN 978-7-5216-4392-3

Ⅰ.①互… Ⅱ.①相… Ⅲ.①互联网络—影响—知识产权—民事诉讼—研究—中国 Ⅳ.①D923.404

中国国家版本馆CIP数据核字（2024）第058171号

责任编辑：王雯汀　　　　　　　　　　　　　　封面设计：杨鑫宇

互联网环境下知识产权民事诉讼制度研究
HULIANWANG HUANJINGXIA ZHISHI CHANQUAN MINSHI SUSONG ZHIDU YANJIU

主编 / 相庆梅
经销 / 新华书店
印刷 / 三河市国英印务有限公司
开本 / 710毫米×1000毫米　16开　　　　　　印张 / 18.5　字数 / 293千
版次 / 2024年4月第1版　　　　　　　　　　2024年4月第1次印刷

中国法制出版社出版
书号 ISBN 978-7-5216-4392-3　　　　　　　　定价：65.00元

北京市西城区西便门西里甲16号西便门办公区
邮政编码：100053　　　　　　　　　　　　　传真：010-63141600
网址：http://www.zgfzs.com　　　　　　　　编辑部电话：010-63141824
市场营销部电话：010-63141612　　　　　　　印务部电话：010-63141606
（如有印装质量问题，请与本社印务部联系。）